新编21世纪
高等职业教育精品教材

市场营销系列

销售管理

主　编/陈　锋　曹丽丽
副主编/张　伟　沈雪龙

中国人民大学出版社
·北京·

图书在版编目（CIP）数据

销售管理 / 陈锋，曹丽丽主编．--北京：中国人民大学出版社，2023.5

新编21世纪高等职业教育精品教材．市场营销系列

ISBN 978-7-300-31660-4

Ⅰ.①销… Ⅱ.①陈… ②曹… Ⅲ.①销售管理-高等职业教育-教材 Ⅳ.①F713.3

中国国家版本馆CIP数据核字（2023）第077838号

新编21世纪高等职业教育精品教材·市场营销系列

销售管理

主　编　陈　锋　曹丽丽

副主编　张　伟　沈雪龙

Xiaoshou Guanli

出版发行	中国人民大学出版社		
社　　址	北京中关村大街31号	**邮政编码**	100080
电　　话	010－62511242（总编室）		010－62511770（质管部）
	010－82501766（邮购部）		010－62514148（门市部）
	010－62515195（发行公司）		010－62515275（盗版举报）
网　　址	http://www.crup.com.cn		
经　　销	新华书店		
印　　刷	天津鑫丰华印务有限公司		
开　　本	787 mm×1092 mm　1/16	**版　　次**	2023年5月第1版
印　　张	15.25 插页1	**印　　次**	2023年5月第1次印刷
字　　数	330 000	**定　　价**	45.00元

前言

销售是企业实现利润目标的关键环节，企业通过生产、销售产品和服务造福于社会，并通过销售取得收入和利润而实现生存与发展。从某种角度说，企业竞争的胜负取决于销售竞争的成败，因此销售和销售管理日益得到企业与社会的高度重视。

销售管理是研究企业销售管理活动的规律及策略的学科，是一门建立在管理学、市场营销学、行为科学等学科基础上的应用学科，是企业营销实践的产物。销售管理作为市场营销管理的一门分支学科，近年来得到了较快的发展。目前，国内外高校一般将销售管理列为市场营销专业学生必修的核心课程。

党的二十大指出：教育是国之大计、党之大计。培养什么人、怎样培养人、为谁培养人是教育的根本问题。本书以“立德树人”“全程育人、全方位育人”为目标，把“课程思政”和高职高专销售管理课程特点融为一体，每个项目除了设置知识目标和能力目标之外，还增加了素养目标，学生以销售经理为职业生涯发展目标，积极提升品格素养。

本书在编写过程中，借鉴理论界的最新研究成果和企业营销实践，将碎片化的知识点和技能点进行系统化的设计，构建了项目化的内容体系，其涵盖六大项目、二十五个任务。每个项目层层递进，具有如下特点：

1. 理论体系完整且层次清晰

本书以销售管理的关键流程为线索，即以“销售管理概述—销售规划管理—销售网络管理—销售团队管理—销售服务管理—销售竞争管理”为逻辑路径，内容安排循序渐进，由浅入深，突出重点，保证了理论体系的完整性。

2. 突出操作性和应用性

本书讲求教学互动，集“讲、学、演、练”于一体，既能帮助学生掌握基本理论知识，又能培养学生的实践能力。本书将项目简介、知识目标、能力目标、素养目标、项目小结、项目练习、课堂讨论、课堂延伸、训练营等融于一体。

3. 模式新颖，趣味性强

本书精选了大量的案例，并在内容中穿插了许多小故事，所有的案例和故事都浅显易懂，但是都蕴含了很深的销售管理哲理。同时，六个项目的每个任务都是从故事或者小游戏导入，每个任务结束后都安排了训练营，也是用销售管理实践的方式进行的，在很大程度上增强了知识学习的趣味性。同时本书中也有大量的内容是通过图、表的方式表达的，使内容的学习更加直观、简洁。

本书由无锡商业职业技术学院陈锋、曹丽丽担任主编，无锡商业职业技术学院张伟、沈雪龙担任副主编。陈锋负责总体策划、统稿定稿，撰写前言，并编写了项目四、项目五的全部内容；曹丽丽编写了项目二、项目三的全部内容；张伟编写了项目一的全部内容；沈雪龙编写了项目六的全部内容；无锡锡共创电子商务有限公司总经理孙明华参与了项目设计，提供了企业案例等。

在本书的编写过程中，我们博采众长，参考和借鉴了国内外许多网站及专家的著作。本书也得到了无锡锡共创电子商务有限公司相关人士的大力支持和帮助，他们为本书提供了大量来自企业一线的实战案例，在此表示诚挚的谢意。

由于编者水平有限，本书不足和不妥之处在所难免，敬请读者批评指正。

陈锋

2023 年 3 月

目录

项目一　销售管理概述

项目简介

本项目主要涉及的知识点有销售的含义、销售管理的含义、销售管理的内容；销售经理职位描述、销售经理在组织中的角色定位；销售经理的职业路径、销售经理应具备的技能、销售经理的品格素养；销售管理学的发展历程、销售管理的未来趋势等。通过本项目的学习，学生能够运用销售经理在组织中的角色定位，提前培养各角色对应的相关能力；并通过学习与培养销售经理的职业路径和销售经理的品格素养，为未来职业生涯打下坚实的基础。

学习目标

知识目标

1. 掌握销售及销售管理的含义
2. 熟悉销售管理的内容
3. 掌握销售经理职位描述
4. 熟悉销售经理的职能
5. 掌握销售经理应具备的技能与销售经理的品格素养

能力目标

1. 能够运用销售经理的职业路径，为未来职业生涯谋划
2. 能够对应销售经理在组织中的角色定位，进行相应的角色预演
3. 能够通过对销售管理的未来趋势的理解，学习新的销售技能
4. 能够运用管理学基础，将销售与管理有机结合，融会贯通

素养目标

1. 具备宏观思维和长远眼光，能够全面看待问题
2. 具备销售经理的品格素养，为未来职业生涯打下坚实的基础
3. 热爱销售工作，有吃苦耐劳的精神

任务一 销售管理认知

故事导入

销售主管“管”什么?

三位具有不同管理风格的销售经理负责某地区市场的销售，这三位销售经理给该地区市场的销售也带来了三种不同的命运。

第一位是一位40多岁的老经理，他对下属要求严格，属于家长式的管理风格，所有下属一律按照他的思路运作市场。如果哪个下属没有按照他的要求去完成各项销售工作，他就会对这个下属狠批一顿，没有哪个下属敢向他说不，这支销售团队没有任何凝聚力和激情。不到一年，这位经理因为销售业绩没有起色，销售员对其意见很大而最终“下课”。

第二位是一个刚被提拔上来的25岁左右的新经理。这位经理确实很敬业，当销售员回宾馆休息时，他可能还在客户家里。他为该地区市场做了很多工作，如开发新客户、走村入户做终端。该公司产品在该地区市场的销量有了一定的增长。但由于这位经理缺乏管理经验，始终将自己定位在销售员的角色上，对片区整体的目标达成、市场运作的主要问题、销售员的心态变化等基本上没有管理，加之很多资深的销售员对他并不是很认同，整个销售团队没有拧成一股绳，最终销售额距离公司下达的任务还有很大的差距，他也在年终述职后“下课”。

第三位是一个从其他区域调过来的资深销售经理。这位经理善于抓重点。他上任的第一件事是抓销售团队建设。他每月召开一次区域例会，会上让大家相互交流与探讨市场销售的得失；他单独与每个销售员谈心，及时关注和把握销售员的思想动态。整个销售团队的凝聚力有了很大的改善。第二件事是抓市场分析与规划。他会一个一个地找销售员，与他们回顾和分析上月销售计划达成及偏差的原因，共同探讨和研究下月的销售计划及确保销售达成增长点的销售策略。第三件事是抓市场短板。每月他会抽60%以上的时间，深入到能力相对比较差、业绩不是很好的销售员所管区域，指导并帮助销售员提高销售业绩和销售能力。不到一年时间，该地区市场已成长为公司的第一大片区。这个经理也因业绩突出被提升为该公司的营销副总。

教师启发：以上案例告诉了我们一个道理：同一产品、同一区域、同一销售员队伍，不同的销售主管将会带来不同的销售结果。

课前提问：为什么不同的销售主管会带来不同的销售结果呢？

相关知识点

一、销售的含义

销售是指企业以获利为目的，将生产和经营的产品或服务售卖出去的活动。对生产企业来讲，销售活动大多发生在与各种中间商的交易过程中；对经销商或零售商来讲，销售就是向最终消费者出售商品或服务。销售是重要的企业经营活动，是企业生存和发展的基础。在市场经济环境中，企业的前途和命运不是取决于它能生产出来多少产品或能提供多少服务，而是取决于它销售出去多少产品或服务。

销售职能与制造职能、财务职能共同构成企业经营的主要职能。制造职能和财务职能主要对应于企业的内部活动，而销售职能则对应着直接进入市场的外部活动。销售工作是企业一切工作的重中之重，企业销售工作的好坏决定企业的经营绩效，决定企业的竞争成败。因此，销售在企业经营活动中具有不可替代的地位，是经营管理活动的中心内容。

（一）销售的中心是顾客说服

销售是指以说服顾客接受某种观点、建议或采取某种行动为主要特征的活动过程。所以销售是说服，并让顾客接受你的观点、产品、劳务。说服是销售的重要手段，也是销售的核心。

（二）销售活动具有双重目的

销售活动是买卖双方互惠互利，同时满足了销售方和顾客的需要，具有双重目的性。

（三）销售活动的三要素

销售者、销售对象（顾客）、销售商品是销售活动不可或缺的三个基本要素。

1. 销售者

销售者是主动向顾客销售产品的销售主体，包括各类销售员。销售员是销售活动的主体，是企业与顾客之间的桥梁和纽带，其行为是否合理、有效，决定着销售过程的最终结果。在市场竞争日益激烈的现代商品经济活动中，销售员必须具备良好的素质，掌握销售活动所必需的市场营销知识，善于运用行之有效的销售方法与技巧。

2. 销售对象（顾客）

销售对象是接受销售员销售的主体，包括消费者、中间商、生产者三种身份的顾客。销售对象既包括各种年龄、各种受教育水平、各种收入水平和各种性格的个人购买者，也包括不同规模、不同经营范围的中间商，它们为转卖或加工后转卖而购买商品，还包括各种各样的生产企业，它们为生产或管理的需要而购买生产设备、原材料和辅助材料。此外，各种非营利组织，如政府机关、学校、社团等，也属于销售对象。

3. 销售商品

销售商品是被销售员推销，而被销售对象接受的标的，包括各种有形商品和无形商品。销售商品是销售活动的客体。按照不同标准，销售商品可以分成多种类型，比如可分为生活资料和生产资料两大类。

（四）销售是一种活动过程

销售是信息传递的过程，也是文化价值传播的过程、顾客购买活动的心理过程及商品交换的过程。了解这些过程，有利于分析销售活动中的基本要素，对于更有效地开展销售活动是十分有益的。

二、销售管理的含义

销售管理是为了实现各种组织目标，创造、建立和保持与目标市场之间的有益交换和联系而进行的分析、计划、执行、监督和控制。通过分析、计划、执行、监督及控制企业的销售活动，达到企业的销售目标。销售管理广义的解释，即销售管理是所有销售活动的综合管理；狭义的解释，专指销售人员的管理。销售管理的重心在于管理实现销售收入的过程。

销售管理活动能够帮助销售员完成客户档案管理、销售报价管理、销售订单管理、客户订金管理、客户信用检查、提货单及销售提货处理、销售发票及客户退货、货款拒付处理等一系列销售管理事务。销售管理的过程大致如下：

（1）根据公司的战略规划，确定销售目标及预算；

（2）根据销售目标和预算制定销售计划及相应的销售策略；

（3）根据销售计划和策略配备相关的资源（包括建立销售组织并对销售员进行培训等）；

（4）把公司整体的销售目标和预算进行分解，进而制定销售员的个人销售指标；

（5）销售员根据自己的目标、预算以及公司的销售策略制定自己的销售计划；

（6）对销售计划的成效及销售员的工作表现进行评估。

案 例

外松内紧，A公司大客户销售成绩斐然

A公司起家打天下的产品，是它的商用打印机和终端机（是金融行业专用的一种设备，营业员所操作的专用电脑就是终端机），目前仍然是公司持久创利的产品。通过把成百上千台打印机和终端机卖给“工、农、建、中、交”等几大银行，每次销售都会获

得几十万元甚至上千万元的订单，A公司已成为国内佼佼者。

那么这支销售队伍是如何通过销售管理打造出来的？其销售队伍管理和文化都有哪些特点？

首先，公司非常强调每个销售代表的主观能动性，鼓励每个销售代表自己想办法解决自己面临的客户问题，包括如何约见客户、如何有效地对客户进行产品展示、如何建立与客户的信任关系等，都强调要自己开动脑筋。经理可以给销售代表做拜访示范，可以出主意，但最终去做的还是销售代表自己。在公司的文化当中，很少有手把手教做业务的氛围。

其次，鼓励大家多往外跑，少在办公室停留，多到客户那里去。公司很少关注销售员是否按时上下班，而是倡导大家在业务紧的时候，一定要能顶上劲，不能掉链子。至于在平时，更多的是鼓励大家自己分配时间，自己调整安排项目的推进步调及与关键客户的接触进程。

三、销售管理的内容

（一）制定销售规划

销售规划是指对企业销售活动的计划与安排。销售规划是在销售预测的基础上，设定企业的销售策略与目标，编制销售配额和销售预算。销售规划的具体内容有：

（1）制定销售策略。销售策略是依据企业的营销策略而制定的，它涉及销售模式、销售渠道、价格政策、货款回收政策、销售远景规划和销售部门整体目标。

（2）制定销售目标。要做好销售目标的制定，首先必须对企业销售面临的环境与形势进行分析，做好销售预测，然后再制定销售目标。制定销售目标要切合企业实际，量力而行。

（3）制定销售行动方案。销售行动方案涉及销售的具体工作程序和方法，所有的销售行动方案都应当细化和量化，并定期加以检查。

（二）构建销售组织

销售规划的实现，必须借助销售员。但任何一项销售计划都不可能由一个人去实施，需要进行人员配备，构建一支高素质的销售团队。因此在确定销售计划后要合理构建销售组织，以配合销售目标的实现。构建销售组织，也就是以顾客为中心、以实现企业利润为目标建设销售团队。要设计好销售组织，就必须从销售队伍的目的和战略入手，确定销售队伍的规模与结构，并选择适当的支付报酬形式。例如：销售队伍的结构是按地区设置，还是按产品设置，抑或是按客户设置，这些都必须认真考虑。

（三）招聘和培训销售员

企业的销售活动是靠销售员来完成的。没有一支高素质的销售队伍，是难以实现销售目标的。企业要制定销售员招聘计划，明确适合企业销售工作的销售员条件，选择合理的招聘途径，公开、公平、公正地招募和选拔销售员。同时，对销售员要进行有效的培训，以提高其业务能力。要制定详细的培训计划，科学、合理地设计培训内容，有效组织和实施销售培训，并评估和考核培训效果。

（四）指挥和协调销售活动

在销售管理过程中，销售经理要对销售员的行为进行指导和协调，要将企业的营销目标与思路确切地传达到销售员，让他们达成共识。只有在销售员明白自己的行动目的后，才能更有效地工作。作为销售经理，要能够领导销售员沿正确的方向前进，要能够激励员工将销售工作做得更好。

（五）评价与改进销售活动

要想顺利完成销售目标，销售经理必须时刻关注销售员和业务的发展动向，制定各种考核标准，建立评估与考核体系，通过评估与考核来对整体销售业务进行控制。同时，还应根据实际情况对计划与目标做必要的调整和改变，通过评估与考核，使销售员提高工作效率，控制企业产品销售和整体服务质量。

课堂讨论

销售管理有哪些内容？如果你是销售经理，你打算如何安排工作？

课堂延伸

销售管理六大忌

要做好销售工作，首先要做好销售管理工作。许多企业销售业绩不佳，如产品销售不畅，应收账款一大堆，销售员没有积极性，销售费用居高不下等问题，并非由于销售策略不正确，销售员不努力，而是销售管理工作不到位造成的。许多企业的销售工作是销售黑洞，是无管理销售。

销售大忌之一：销售无计划

销售工作的基本法则是，制定销售计划和按计划销售。销售计划管理既包括如何制定一个切实可行的销售目标，也包括实施这一目标的方法。具体内容有：在分析当前市场形势和企业现状的基础上，制定明确的销售目标，回款目标和其他定性、定量目标；

根据目标编制预算和预算分配方案；落实具体执行人员、职责和时间。

然而，许多企业在销售计划的管理上存在一系列的问题：无目标明确的年度、季度、月度的市场开发计划；销售目标不是在准确把握市场机会、有效组织企业资源的基础上确定的，而是拍脑袋拍出来的；销售计划没有按照地区、客户、产品、业务员等进行分解，从而使计划无法具体落实；各分公司的销售计划是分公司与公司总部讨价还价的结果；公司管理层只是向业务员下达目标数字，却不指导业务员制定实施方案；许多企业销售计划的各项工作内容也从未具体地量化到每一个业务员头上，业务员不能根据分解到自己头上的指标和内容制定具体的销售活动方案，甚至有的业务员不知道应该如何制定自己销售方案等。由于没有明确的市场开发计划，企业的销售工作就失去了目标，各种销售策略、方案、措施不配套，预算不确定，人员不落实，销售活动无空间和时间概念，也无销售过程监控和效果检验措施。这样，在竞争激烈的市场上，企业的销售工作就像一头闯入火阵的野牛，东冲西撞，最后撞得头破血流。

销售大忌之二：过程无控制

“只要结果，不管过程”，不对业务员的销售行动进行监督和控制，这是企业普遍存在的问题。许多企业对业务员的行动管理非常粗放：对业务员宣布一个业务政策，然后把业务员像鸽子一样放飞到市场上，等待业务员给企业拿来一份份订单、开发出一片片市场。

由此造成一系列问题：业务员行动无计划、无考核；无法控制业务员的行动，从而使销售计划无实现保证；业务员的销售活动过程不透明，企业经营的风险增大；业务员工作效率低下，销售费用高；业务员的销售水平无法提高，业务员队伍建设不力等。没有耕耘，哪有收获？不对销售过程进行有效的管理控制，就不会有良好的业绩结果。

销售大忌之三：客户无管理

一粒麦子有三种命运：一是磨成面被人们消费掉，实现自身的价值；二是作为种子播种，结出一粒丰硕的果实，创造出新的价值；三是由于保管不善，麦子霉烂变质，失去自身的价值。这就是说，管理得当，麦子就会实现自身的价值或是为人类创造出新的价值；管理不善，就会失去自身的价值。

同样的道理，企业对客户管理有方，客户就会有销售热情，会积极地配合厂家的政策，努力销售产品；管理不善，就会导致销售风险。然而许多企业对客户并没有进行有效的管理。结果，企业既无法调动客户的销售热情，也无法有效地控制销售风险。目前，销售过程中普遍存在的问题，如客户对企业不忠诚、窜货现象、应收账款成堆等，都是企业对客户管理不当的结果。

销售大忌之四：信息无反馈

信息是企业决策的生命。业务员身处市场一线，最了解市场动向，消费者的需求特点、竞争对手的变化、经销商的要求，这些信息要及时地反馈给企业，对企业决策有着重要的意义。另外，销售活动中存在的问题也要迅速向上级报告，以便管理层及时做出对策。然而，许多企业没有建立起一套系统的业务报告体系，未及时地收集和反馈信息。业务员的工作成果包括两方面：一是销售额，二是市场信息。对企业的发展而言，销售额不重要，重要的是市场信息。因为销售额是昨天的，是已经实现的，已经变成现实的东西是不可改变的，因此它对企业没有意义。有意义的是市场信息，因为它决定着企业明天的销售业绩、明天的市场。然而，许多企业既没有向业务员提出过收集信息的要求，也没有建立一套业务报告系统，以便能够及时收集和反馈信息。

企业销售工作出了问题并不可怕，可怕的是企业不能够及时地发现营销活动各个环节中发生的问题，并在管理上做出及时的反馈，使这些问题得以迅速解决而不至于给企业造成重大危害。

为什么有些企业客户档案长期不真实？为什么有些企业应收款不断发生而得不到纠正？为什么有些企业给公司造成的同类事件反复发生而不能根治？为什么有些企业在营销方面的严重问题长期不能发现，一旦发现，则已经处于破产边缘，无力回天？其根本原因是对企业营销管理过程中发生的各种信息无监控管理，尤其是无及时的制度性的管理反馈。

销售大忌之五：业绩无考核

许多企业没有对业务员的销售业绩定期进行考核。企业对业务员定期进行定量和定性考核，包括考核业务员的销售结果，如销售额、回款额、利润额和客户数；考核业务员的销售行动，如业务员每天平均拜访次数、每次访问所用时间、每天销售访问的平均收入、每次访问的平均费用、每百次访问平均得到的订单数、一定时间内开发的新客户数、一定时间内失去的老客户数、业务员的费用在总销售额所占的比重等。对业务员进行定性考核，如考核业务员的合作精神、工作热情、对企业的忠诚度、责任感等。对业务员的考核，一方面是决定业务员报酬、奖惩、淘汰与升迁的重要依据，从而调动业务员的积极性；另一方面对业务员的业绩进行检讨和分析，可以帮助业务员进步。销售管理的一个重要内容就是培养业务员的销售能力，业务员不进步，就不会提高销售业绩。

销售大忌之六：制度不完善

许多企业无系统配套的销售管理制度和与各项销售管理制度相匹配的销售管理政策。一个企业的销售工作要想不出大的问题，先决条件是，在企业的销售管理制度上要没有明显的缺陷和遗漏，销售管理制度系统配套、互相制衡，并有相应的销售管理政策与之相匹配。有的企业对违反企业规定，给企业造成重大损失的销售员，从制度上制定了严厉的处罚规定。但实际上这些处罚规定无法实施，因为企业没有制定相应的配套制度，致使一些靠吃回扣发了财而对企业造成巨额无主应收款的业务人员，一旦事发就一走了之，企业在事实上无法对其进行惩处。很多企业的销售管理制度不配套，好像缺了一块板的“木桶”，存不住水。其特征是：许多应当受到鼓励的没有受到鼓励，一些应当受到惩处的行为没有在制度上做出规定；该鼓励的行为缺乏制度上的奖励规定，对禁止的行为缺乏相应的处罚制度。

训练营

训练任务——认识销售管理

【任务目标】

帮助学生结合实际，认识销售与销售管理的概念与内容。

【任务内容】

（1）通过日常体验，初步了解销售和销售管理。

（2）通过资料搜集，深入理解销售和销售管理。

【任务要求】

（1）由授课教师主持训练。

（2）每组安排一名同学负责记录、汇总。

（3）活动结束后，要求每组选出一名代表在课堂上汇报讨论的心得。

（4）准备时间为 10 分钟。

【任务组织】

认识销售管理训练任务组织表如表 1-1 所示。

表 1-1　认识销售管理训练任务组织表

活动项目	具体实施	时间	备注
认识销售管理训练	（1）假设全班有 48 人，将学生分成 8 个小组，每个小组 6 个人。 （2）小组分工协作，学习并讨论销售和销售管理。 （3）8 个小组在教师指导下，同时进行讨论。 （4）组织学生讨论认识销售管理训练过程中遇到的问题。	30 分钟	教室中每组一桌六椅、分组资料

【任务评价】

认识销售管理训练任务评价表如表 1-2 所示。

表 1-2　认识销售管理训练任务评价表

评价指标	评价标准	分值	评估成绩	所占比例
认识销售管理训练任务效果	1. 对销售和销售管理的理解	20		70%
	2. 能识别训练中易犯的错误	20		
	3. 遵守活动时间	20		
	4. 对销售和销售管理汇报理解深刻	20		
	5. 效果明显	10		
	6. 活动评估	10		
教学过程	出勤、态度热情	100		30%
小组综合得分				

任务二 销售岗位认知

故事导入

如何成功地完成从销售员到销售主管的角色转换?

夏主管是一位刚刚被提升的新销售主管，手下有3位销售代表。刚到任时，他总结了自己的一些成功经验，如区域管理、销售技巧、及时跟单等。他利用自己的成功经验不断地为他的同事解决工作中的难题，终于赢得了同事的叹服，成为地区中的攻坚能手。

夏主管认为，对做市场来说，客户是最重要的，特别是主要客户，更是公司的资产，也更需要主管来把握。因此他大部分时间都在抓主要客户，发展良好的客户关系。随着时间的流逝，夏主管也知道了主管的工作就是管理，要建立管理系统。管理是什么呢？管理就是通过各种办法让销售代表完成计划。当然夏主管还留了一手，万一手下的3位销售代表完不成计划，他自信依靠自己良好的客户关系，依然能保证完成区域的总计划。

夏主管要求销售代表严格完成公司规定的日报表、客户资料表、每周工作计划表、费用明细表等，要笔迹工整、内容翔实，以便公司查看。这些表他亲自每周收一次，仔细查看每个销售代表填写的是否符合要求，不合要求的退回重写。

夏主管认为管理者要有鉴别他人的能力，比如与销售代表一起去拜访，一次就能搞清楚销售代表的工作能力，找出销售代表的问题，要其改正。夏主管也认为现在的销售代表更精明了，要很快发现其问题越来越难，但他认为这更有助于提高自己的能力。工作一段时间后，夏主管发现，他使了很多力，可他的区域业绩一般，人员虽然更多了，有5位销售代表，但4位都是新人。经咨询上级，他才认识到发展与保留人员也是他的工作。于是夏主管开始筛选人才，分析谁具有潜力。经过长时间的严格考查，夏主管公正地认为销售代表乙很好，能严格要求自己并按时完成上司布置的所有任务，业绩也不错，肯定能成为一个以身作则的管理人。于是夏主管亲自找到乙，告诉他公司对人才的重视，期望能保留并发展他。其目的是让乙更努力地工作、更出色地完成计划。乙也的确更勤奋。

夏主管身为主管满一年了。这一年，他尽力去完成上级交给他的任务，年终时业绩尚可，但是又有两位新销售代表提出辞职，虽然他们满口感谢与钦佩夏主管。后来，夏主管的上级换了一个新人，来到他的区域指导工作，给他的评价为C级。这意味着他得重新上岗，夏主管非常茫然。

教师启发： 不同岗位的销售员各有各的角色定位。

课前提问： 夏主管为什么没能顺利完成角色的转换呢？

相关知识点

一、销售经理的职业路径

销售经理的职责是规划、执行和协调支持产品销售和服务的所有活动，如分销、客户管理、人员管理等。销售经理是一个富有挑战性的职业，不同于其他职位，其工作效果显而易见。有人对《财富》500强公司调查表明，销售和营销经理是进入高级管理层的最佳路径。销售经理首先是一个管理者，而管理是一项特殊的技能。销售经理是从销售员逐渐成长起来的，销售员被提拔到高层管理岗位上，可能是因为他们具有出色的销售能力，但他们在管理岗位上能否成功，却取决于他们的管理能力。销售经理的职业路径如图1-1所示。

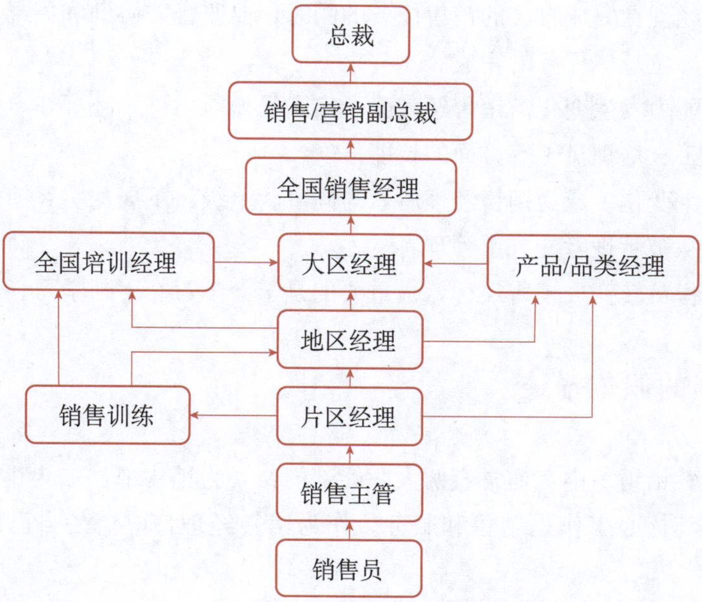

图1-1 销售经理的职业路径

(1) 销售员是销售产品或服务的人员，一般直接与顾客接触。销售员的工作具体包括：收集信息资料、制定拜访计划、进行实际销售、做好售后服务。很多公司喜欢提升那些优秀的销售员为销售主管。销售精英晋升为主管后，要迅速完成角色定位。

（2）销售主管在团队销售模式的企业中，一般是客户团队经理，负责协调这个团队进行有效的工作。销售主管属于典型的销售督导，负责对销售员进行日常监督、提供销售建议、培训等。

（3）片区经理、地区经理和大区经理都属于区域销售经理，负责若干区域的销售管理工作，对销售主管和客户团队经理的工作进行监督管理，并参与区域内的销售计划与评估活动。

（4）全国销售经理负责整个公司的销售运营工作，并负责对区域销售经理的管理。同时，全国销售经理还负责与销售区域有关的销售战略规划、营销管理和战术规划三者之间的协调工作。

（5）销售/营销副总裁、总裁都属于高层销售管理者，也是销售管理工作的最高管理职位，销售/营销副总裁直接向总裁负责。其职责包括制定企业长期的销售战略和公司层面的销售计划活动，起着沟通销售部门与公司各职能部门高层管理者的作用。

因此，销售员与销售经理在角色上要求的能力是不一样的，因此，要完成从销售员到销售经理角色的转变，必须注意以下几点：

（1）思维观念发生变化。销售经理考虑问题应从全局和长远着眼，要有战略思维，不能只考虑将自己的工作做好。

（2）职责发生变化。销售员的职责是个人任务的完成，而销售经理是组织任务的完成。因此，销售经理在完成自己的销售任务的同时，要监督、协助和指导其他销售员完成任务，以达成本单位总体任务的完成。

（3）要求的能力发生变化。销售经理除了实践操作能力外，还要学会沟通、谈判、制定计划、激励员工、培训员工等方面的技能。

（4）角色发生变化。成为销售经理后，与同事、上级、下属的关系有了改变，角色定位也不一样，即从被管理者变成了管理者。

总之，从销售员转变成销售经理，最重要的是学会学习、不断学习，以适应新变化。

二、销售经理的职位描述

在现代企业营销组织中，通常有两大职能部门：一为销售部，二为市场部。销售是企业活动的中心，其核心工作是销售和服务。作为销售经理，应清楚自己的职责及享有的职权。

（一）销售经理的岗位职责

（1）制定并完成销售部工作目标；

（2）负责销售网络的建设，并保证其合理性、健康性；

(3) 审查分销商的信誉状况；

(4) 监督检查货款及时到账；

(5) 负责销售部各项定额指标的制定和分解；

(6) 对下属的纪律行为、工作秩序、整体精神面貌负责；

(7) 对销售部预算开支的合理支配负责；

(8) 对销售部工作流程的正确执行负责；

(9) 对销售部制定的各项规章制度的执行情况负责；

(10) 对销售部所掌管的企业秘密的安全性负责。

(二) 销售经理的职权

(1) 销售部所属员工及各项业务工作的管理权；

(2) 向营销副总的报告权；

(3) 筛选客户的建议权；

(4) 重大促销活动的现场指挥权；

(5) 下级岗位调配的建议权和提名权；

(6) 对下属工作的监督检查权；

(7) 对下属工作争议的裁决权；

(8) 对下属奖惩的建议权；

(9) 对下属业绩的考核权；

(10) 对限额资金的支配权；

(11) 一定范围内的客户投诉赔偿权；

(12) 一定范围内的经销商授信额度权；

(13) 退货处理权。

案　例

销售经理的一天

小张是一家办公用品公司的地区销售经理。虽然他的每一天都有所不同，并富有挑战性，但他还是描述了他的销售管理工作的“一天”。

7:30，到达办公室。喝一杯咖啡，查看一下电话留言和电子邮件，需要回复的邮件立刻回复。

8:30，访问销售代表，作为一天的良好开端。通过与销售代表的谈话，可以知道他在做什么及准备做什么，从而知道怎样才能为他提供帮助。

9:00，阅读各种报告，并做出下一步的工作计划，如销售预测、预算和计划，补充新生力量等。剩下的时间会检查每一个销售代表的绩效和客户扩展情况，做出帮助他们改进和提高的计划。

10:00，尽量与销售代表在一起研究每一次访问的目标和策略问题，以便寻找真正的客户需求，确定满足客户利益需求的战略和程序。最后，评估销售访问效率发现需要改进的环节，并制定下一步的工作计划。

12:00，与客户和销售代表共进午餐。一般每周有几次邀请客户共进午餐的机会，目的是增进与客户的关系，增加相互了解的机会，进而更好地为客户提供满意的服务。

13:30，进行必要的销售访问，对销售代表进行现场指导与培训。

15:30，回到办公室，打几个电话，与销售代表讨论一天发生的有关事情，安排为客户送货、结算、服务等工作。

17:00，回忆一天的工作并做出第二天的工作计划，包括检查有关绩效，主要是检查与销售、利润目标相对比的业务报告，安排第二天的工作时间表。

18:30，下班。

这就是销售经理的一天。

三、销售经理在组织中的角色定位

亨利·明茨伯格（Henry Mintzberg）在《管理工作的本质》一书中介绍了管理者扮演的10种角色。这10种角色可以归纳为人际关系方面的角色、信息传递方面的角色和决策制定方面的角色。销售经理作为管理者，同样扮演着这10种角色。

（一）人际关系方面的角色

1. 挂名领导

这是经理所担任的最基本的角色。由于经理是正式的权威，是一个组织的象征，因此要履行法律性的或社会性的例行义务。作为组织的首脑，每位管理者有责任主持一些仪式，比如接待重要的访客、参加某些职员的婚礼、与重要客户进餐等。挂名领导的很多职责有时可能是日常事务，但这些日常事务的处理对组织能否顺利运转非常重要。

2. 领导者

销售经理作为一个销售部的正式负责人，要负责对下属进行激励和引导，包括对下属中的雇用、训练、评价、报酬、提升、表扬、干预以及解雇。部门的节奏通常是由销售经理决定的，销售部工作是否卓有成效取决于销售经理向部门注入的力量和远见。销售经理的无能或疏忽往往使部门的工作处于停滞不前的状态。作为领导者的角色的重要目的是把部门成员的个人需求同部门目标结合起来，以便促进成员有效地工作。

3. 联络者

联络者角色涉及的是销售经理同他所领导的部门以外的无数个人和团体维持关系的重要网络。销售经理通过各种正式的和非正式的渠道来建立和维持本部门同外界的联系。这些渠道有：参加外部的各种会议，参加各种社会活动和公共事务，与其他部门的经理互相访问或互通信息，同与销售有关的其他机构的人员进行各种正式的和非正式的交往等。联络者角色是销售经理职务中一个关键部分的开始。经理通过联络者角色同外界联系，然后通过信息传播者和谈判者角色进一步发展这种联系，并获得这种联系所提供的好处和信息。

（二）信息传递方面的角色

1. 监听者

销售经理得到的信息大致有以下五种：

（1）内部业务的信息：通过标准的业务报告、下属的特别报告、对部门工作的检查等获得。

（2）外部事件的信息：如顾客、人事联系、竞争者、同行、市场变化、政治变动、工艺技术的发展等，通过下属、同业组织、网络、报刊等获得。

（3）分析报告：从各种不同的来源（下属、同业组织或外界人员）得到各种不同事件的分析报告。

（4）各种意见和倾向：销售经理通过许多途径来更好地了解他的环境和获得各种新思想。参加各种会议，阅读顾客的来信，浏览同业组织的报告，并从各种联系人和下属那里获得各种意见和建议。

（5）压力：各种压力也是信息的来源，如下属的申请和外界人士的要求，其他部门的意见和社会机构的质问等。

2. 传播者

这是指销售经理把外部信息传播给他的部门，把内部信息从一位下属传播给另一位下属。信息可分为两种：

（1）有关事实的信息：这类信息可以用某种公认的衡量标准来判断是否正确。销售经理会收到许多有关事实的信息，并把其中的很大部分转给有关的下属。

（2）有关价值标准的信息：这类信息的一项重要作用就是在组织中传递有关价值标准，以便指导下属正确地决策。当企业对重要问题进行讨论时，都可由各部门经理提出有关价值标准的信息。

销售经理向销售员传播有关事实的信息或有关价值的信息，使下属了解情况，便于对他们的日常工作进行引导。信息传播者角色同授权问题有密切关系。因为要把处理某些事务的职务委托给下属，就必须把处理该事务的有关信息传播给下属。

3. 发言人

销售经理传播者的角色所面向的是部门内部，而其发言人角色则面向外部，把本部门的信息向周围的环境传播。

销售经理发言人的角色要求他把信息传递给两类人：第一类是其直接上级，第二类是企业之外的公众。销售经理只有把自己的信息同他所联系的人共享，才能维持他的联系网络。同时，销售经理的信息必须是即时的。在发言人的角色中，销售经理被要求在销售部门中是一位专家。由于他的地位和信息要求，销售经理也应该拥有在他那个部门和行业的许多知识。因此，部门外的各种人往往会就销售部门工作中的一些问题征求销售经理的意见。

（三）决策制定方面的角色

1. 变革者

变革者角色是指销售经理在其职权范围内充当本部门许多变革的发起者和设计者。变革者角色的活动开始于观察工作，寻找各种机会和问题。当发现一个问题或机会后，如果销售经理认为有必要采取行动来改进他的部门目前的状况，就应该提出改进方案，报上级批准后组织本部门实施。

2. 故障排除者

故障有以下类型：（1）下属之间的冲突：这是由于争夺资源、个性冲突或专业的重叠引起的；（2）部门之间的冲突：会导致资源的损失或有损失的危险。

在故障的排除中，时机是极为重要的。故障很少在例行的信息流程（如报告）中被发觉，而通常采取“紧急情报”的形式由发现故障的人上报给销售经理。销售经理则一般把排除故障置于较其他绝大多数活动都优先的地位。经理会重新安排自己的工作日程，全力投入故障排除工作，以期早日解决，争取有较充裕的时间拟订出一项改进性方案。销售经理的故障排除者角色有重大的意义，因为排除故障的决策会树立一个先例，继而对部门产生或大或小的影响。

3. 资源分配者

销售经理的资源分配者角色由以下三个部分组成。

（1）安排自己的时间。销售经理的时间是宝贵的资源之一。销售经理通过时间安排来表现某些问题的重要性。销售经理会在重要的问题上花费较多的时间；而另一些不重要的问题，只花很少的时间或根本不会花时间。

（2）安排工作。销售经理的职责是为其部门建立工作制度。要做些什么事，谁去做，通过什么机构去做，等等。这类决策涉及基本的资源分配，一般是同改进方案相联系而做出的。这些实质上就是安排下属的工作，是一种重要的资源分配形式。

（3）对重要决定的实施进行事先批准。这样销售经理就可以对资源的分配维持连续的控制。要由销售经理来批准的事项有：由下属拟订的改进性方案，对较为次要的故障的排除措施，现有程序和政策的例外情况，由下属谈判的合同，业务预算的要求等。销售经理保留销售部门所有重要决定的权力，就保证他能够把这些决定互相联系起来，使它们互相补充而防止冲突，并在资源有限的情况下选用最好的方案。假如他的这些权力分散了，就可能导致不连贯的决策和不一致的策略。

4. 谈判者

对于销售经理来说，谈判者的角色显然是最重要的角色之一。这些谈判既包括正式的商务上的谈判，也包括非正式的谈判。谈判就是当场的资源交易，要求能参加谈判的各种人有足够的权力来支配各种资源并迅速做出决定。对于销售经理来说，很多谈判场合都需要他参加并做出决定。

课堂讨论

销售经理在组织中的角色定位都有哪些？你最擅长哪个角色？

课堂延伸

定位不准，高职难牵

赵勇已经37岁了，其女儿都已经上了初中。可令人想不到的是，他如今还是一家饼干食品企业的基层营销人员。看着身边20多岁的年轻人不断超越自己，走上企业的营销中层、领导岗位，赵勇别有一番滋味在心头。那么，赵勇为何“冯唐易老，李广难封”呢？让我们看看他在职场上的“传奇”经历。

赵勇大学毕业已经15年了。刚毕业时，他被分配在一个效益较好的国有单位。可随着市场开放的不断深入，以及市场竞争的惨烈，赵勇先是下岗，继而在人才双向选择的用人大潮中找不到自己发展的方向。在这10余年的职场生涯中，赵勇做过保健品，并在此领域干了整整5年。后来，随着保健品销售热潮的终结，赵勇转而做了服装，在一家省会城市的西服总厂做了一名推销员。由于上门推销的艰辛使他很难适应，因此，经过一番反复的思想斗争后，他又告别了干了4年的服装业务。在此后的6年中，赵勇先后又做了2年的保险、3年的饲料、1年多的快速消费品，一直到今天，担任一家饼干企业的基层业务员。

赵勇的职业生涯经历在现实中很普遍，无疑也是失败的。赵勇之所以在职场上失意，原因就在于其频繁地跨行业跳槽，以及对自己不清晰的职场定位。赵勇不仅在不同的行业和领域里跳来跳去，缺乏在一个行业里深入钻研和探讨，而且对自己专业化程度的提升远远不够，造成职位难以提高，最终导致他在职场上的败局。因此，作为营销人，要想破解此种败局，就必须给自己一个准确的行业定位，不仅“术业有专攻”，而且“营销有专长”，只有成为营销高手、领域专家，待遇优厚的高职位才能向你招手，你才能在营销这个平台上游刃有余，立于不败之地。

训练营

训练任务——销售管理者访谈

【任务目标】

帮助学生结合实际，加深对销售管理的感性认识与理解。

【任务内容】

(1) 以小组为单位分别走访某一传统企业和互联网企业的销售部门；

(2) 对销售经理进行访谈，了解其职业经历、目前工作职责和胜任工作所（应）具备的素质与能力。

【任务要求】

(1) 由组长主持讨论访谈内容。

(2) 在调查访问之前，每组需根据课程所学知识制定调查访问的提纲，包括调研的主要问题与具体安排。

(3) 调研之后以小组为单位写出调研报告，内容包括：

①被调研企业的基本情况，包括企业性质、经营项目与规模；

②销售部经理工作职能、胜任该工作必备的管理技能以及所采用的管理方法等；

③访谈中哪些是令你们印象最深刻的管理职责和管理素质？

④分析“互联网+”与传统企业的融合给销售经理在观念、职责以及管理沟通等方面带来的冲击及应对措施。

(4) 每组安排一名同学负责记录、汇总。

(5) 活动结束后，要求每组选出一名代表在课堂上汇报调研结果和心得体会。

【任务组织】

销售管理者访谈训练任务组织表如表1-3所示。

表1-3 销售管理者访谈训练任务组织表

活动项目	具体实施	时间	备注
销售管理者访谈训练	(1) 假设全班有48人，将学生分成8个小组，每组6个人。 (2) 小组分工协作，学习并讨论销售管理者访谈调研内容。 (3) 8个小组根据调研公司所处行业以及小组成员的特点，同时制定调研方案并撰写调研报告（课上讨论，课下撰写）。 (4) 组织学生讨论销售管理者访谈制定过程中遇到的问题。	60分钟	教室中每组一桌六椅、分组资料

【任务评价】

销售管理者访谈训练任务评价表如表1-4所示。

表 1-4　销售管理者访谈训练任务评价表

评价指标	评价标准	分值	评估成绩	所占比例
销售管理者访谈训练任务效果	1. 包含被调研企业的基本情况，包括企业性质、经营项目与规模	20		70%
	2. 包含销售部经理工作职能、胜任该工作所必需的管理技能以及所采用的管理方法等	20		
	3. 分享访谈中印象最深刻的管理职责和管理素质	20		
	4. 有对“互联网+”与传统企业的融合给销售经理在观念、职责以及管理沟通等方面带来的冲击及应对措施的思考	10		
	5. 报告格式规范	10		
	6. 效果明显	10		
	7. 活动评估	10		
教学过程	出勤、态度热情	100		30%
小组综合得分				

任务三　销售经理素养

故事导入

李经理不堪重负

李进军（化名）2012 年毕业于某交通大学建筑工程专业，毕业后他放弃了国有企业稳定的工作，加入了 YW 公司西安分公司。YW 公司是目前国内屈指可数的软件公司，公司集研发、销售于一体，面对建筑行业提供预算软件。李进军在西安分公司的业绩独占鳌头，而且在 2015 年公司针对全国大客户的满意度抽查中名列第一。

2020 年 3 月，在市场需求的拉动下，建筑行业迅猛发展。公司决定大力开发南方市场，地区经理的人选问题马上被提上了日程。公司几经筛选，认为李进军在专业知识、攻单能力、客户意识等方面均表现出色，决定让他担任武汉分公司长沙办事处主任。

刚到长沙，李进军利用原来武汉分公司在长沙的关系，很快组建起了一支地区销售队伍。他亲自一点一滴地指导成员，辅导他们的工作技能和礼仪、带他们去拜访客户、把自己的业绩转给他们、想方设法帮助他们建立成就感、为他们争取费用……此外，李进军也会关心他们的衣食住行，请他们吃饭、唱歌。一晃五个月过去了，大家都没有休息过。

功夫不负有心人，除一个新聘员工因平时表现不积极而被开除之外，其他四个人都留了下来：小李特别勤快，主动性也很强；小赵最爱学习，刚开始电脑键盘都不熟悉的他，现在对公司产品系列倒背如流；小张非常听话，经理说的他都会严格执行；小孙虽然笨了一点儿，但是听话，而且有点怕李进军；那个走了的小黄，李进军觉得他仗着以前做过软件销售，对当地建筑行业有些了解，就处处翘尾巴，居然敢对公司的考勤制度表示不理解，像这样自以为是的人，晚走不如早走。李进军想，虽然现在的业绩主要靠自己，但他们听话，将来肯定能出成绩。

当上办事处主任一年多以后，李进军并没有带出一支合格的销售队伍，所有的业绩仍然是自己一个人在扛，最后终于不堪重负，不得不离开这家软件公司……

教师启发：作为一名销售经理，要实现由销售员向管理者的转变。销售经理应该将不同的人组织成一个团队，统筹规划并执行销售任务，做到人尽其才，发挥团队的整体作用。

课前提问：如何才能成为一位合格的销售经理呢？

相关知识点

一、销售经理的职能

销售经理作为销售部门的领导和管理者，可以概括为计划、组织、领导、控制四大基本职能。

（一）计划

计划是所有管理职能中最基本的职能。一个切实可行而又富有挑战性的计划是其他工作顺利开展的前提。若计划做得不好，接下来的组织、领导、控制等工作就会陷于被动。要制定一个切实可行而又富有挑战性的销售计划，首先要了解公司总体战略计划及营销战略计划，因为如果没有战略目标，销售部门的工作也就没有方向或者会偏离公司的战略方向。只有知道了总体战略目标是什么，才能对具体工作做出计划，并率领整个部门沿着正确的方向前进。

（二）组织

销售计划固然非常重要，但任何一项销售计划都不可能由一个人去实施，需要进行人员配备，构建一支高素质的销售团队。构建销售团队，也就是以顾客为中心、以实现企业利润为目标建设销售团队。其中包括销售人员的招聘、选用，并为他们提供必要的资源，以保证较高的工作效率。聘用多少员工以及聘用哪些类型的员工是销售经理的重要工作内容，对企业至关重要。

（三）领导

为了保证销售业务的正常运作，销售经理需要对所有的销售员进行领导，指导他们做什么、如何做、为什么做和什么时候做。如果想要销售员的行动取得理想的成效，就要设法让他们建立共识，赋予他们责任心和使命感。销售员也应当确切地知道公司对他们的要求。所以，要确保销售员了解公司总体销售目标、需要做哪些具体工作和要达到什么标准。在领导销售员工作时，销售经理要身先士卒，要有亲和力，并且对下属要多褒少贬，以激励销售员做得更好。

（四）控制

为落实计划和完成目标，销售经理要时刻关注销售员及其业务发展的动向，并制定各种衡量标准，掌握情报反馈，通过追踪考核来对整体销售业务与人员进行控制。同时，还应了解计划正在如何进行，并在必要时做一些调整，包括对销售员增加工作压力或进行制止，以防止销售员做出愚蠢或危险的事情，等等。良好的信誉与服务对企业来说至关重要，树立好的公司形象要花很长时间，而毁掉良好形象只需几分钟。所以，销售经理要做到全面了解企业状况、密切注意各项细节、定期评估绩效、判断员工如何表现，并注意重点管理等。

案　例

疏于沟通，人脉缺乏

沟通在企业内部的事务协调中，对于润滑人际关系，取得企业及上司和同事的信任，获得更多的帮助和提升，往往具有重要的意义。可在实际生活中，总有“盲人骑瞎马”的现象发生。让我们看看下面的案例。

B是一家方便食品企业的营销主管，由于踏实能干、善于动脑筋，因此他负责的市场一直运作得非常出色。但是被提升到主管岗位后，整整两年时间，他的职位却一直停滞不前。而比他还晚一点提拔上来的部分营销主管，有的已经升迁到销售经理这个位置上来了，以至于他的部下都非常纳闷，论能力和智慧，B丝毫不逊色于其他人，但为什么提升得如此缓慢呢？后来，他们经常观察和深刻体会，终于明白了B难以提升的原因。原来，B虽然务实能干、能力超群，但他却有个致命的弱点，就是不善于与领导沟通。说白了，就是不喜欢和领导说话，见了领导就躲着走，非常不善于处理人际关系。更难以理解的是，B自认为能力很强，很多时候表现出“孤芳自赏”“一任群芳妒”的样子，领导都不喜欢。想想看，不受领导喜欢的营销人，能够获得更多的发展和晋升机会吗？因此，虽然B在主管这个岗位上已经干了整整两年，但他仍然是一个基层管理人员。其实，在营销人的职业生涯规划中，懂得沟通、善于沟通，是营销人的必修课。真正聪明的营销人，是善于内外部沟通的人，他们不仅“低头走路”，更会经常“抬头看路”。他们懂得如何经营自己的人生，如何与人和谐相处。只有懂得深度沟通的人，才能在职业生涯中左右逢源，获得更多的领导的青睐和提拔机会。

二、销售经理的品格素养

擅长销售并不等于精于管理，一些人不能成为优秀的销售经理的原因可能是他太擅长销售。例如：一个因知觉敏感和行为独立而成功的销售员，要成为销售经理所需要的调整，比一个因掌握基础销售技巧而成功的销售员要更多、更困难。

一名优秀的销售经理必须具备的某些品质是可以与成功的销售员共享的，比如移情、个人积极性、自我调节能力、适应能力、诚实等。

（1）移情。移情是指站在他人的角度判断局势的能力。每个人都有自己独特的需求、期望和目标，移情是不易做到的，但移情能使销售经理与单个销售员共处。

（2）个人积极性。销售经理以其积极性创造了一种氛围。当销售团队获得了成功，团队中每个人都充分发挥了潜能，销售经理也就成功了。

（3）自我调节能力。自我调节能力是指遭受挫折后的自我恢复能力。销售经理自身需要战胜失败的能力，同时更需要帮助正处于困境中的销售员。缺乏自我调节能力，可能会使销售经理在自己或销售员失败后丧失信心。

（4）适应能力。即适应变化的能力。销售经理要能够处理每天都可能出现的种种未知的问题。在听取销售员的建议时，要保持开放的心态，吸收创造性的想法，勇于推进改革。

（5）诚实。诚实有助于销售员同客户发展相互信任的关系。为人诚实是一个人的道德标准，是一种不断修炼的结果。

三、销售经理应具备的专业知识

日本销售大师原一平在谈到销售体会时说：“就我而言，学习的时间比销售还要长，但结果却是工作效率不但不减反而上升。”销售经理应该具备以下几方面的知识：

（1）企业知识。销售经理和销售员就是企业的对外形象大使，他们同时承担着向市场和客户宣传企业形象及产品的任务。

（2）产品知识。不仅要把产品说明书读懂，了解产品的安装与使用知识，必要时，还要亲自操作一下产品，甚至试吃、试用产品。

（3）市场知识。每个企业都有竞争对手，而客户购买产品，要货比三家。作为销售经理，要具有丰富的行业知识，熟悉客户的购买行为，以此制定决策并指导销售队伍的工作。

（4）经济学知识。销售经理必须具备一定的经济学知识，这对判断市场走向、制定销售计划均有重要影响。

（5）管理学知识。主要包括战略管理、营销管理、销售管理、组织管理、人事管理、企业文化管理、制度管理、统计管理、资讯系统管理等。

（6）行为学知识。销售经理作为管理者，必须对客户、员工的心理和行为有准确的判断，以便更好地同客户交流，并管理好销售团队。

（7）财务知识。销售经理必须具有销售成本费用的概念，关注销售效益；在制定促销策略时，要知晓销售折扣和商业折扣与企业收益比较的计算等；清楚回收货款的流程；熟悉收款过程中涉及的支票、承兑汇票等相关知识。

（8）政策法规。对政策法规的了解，有助于销售经理抓住政策红利机会，规避法律风险。

课堂讨论

我适合做销售吗？

无论从薪酬角度还是从职业发展角度考虑，销售都是一个吸引人的职业。它能给从业者提供广阔的发展空间，但有的从业者经常对自己缺乏信心。下面我们就做一个测试，来看看自己是否适合做销售。下面有15个问题，请做出自己的选择：A. 经常如此；B. 有时如此；C. 几乎从未如此。

（1）你真心喜欢你周围的人吗？

（2）必要时，你会主动与人握手吗？

（3）与人谈话时，你会投以亲切的眼神吗？

（4）表达意见时，你会采用简单、清晰的方式吗？

（5）你能适时地表现幽默感吗？

（6）你能向对方举出3种以上理由，来说服对方接受你的观点吗？

（7）你的穿着是否整洁、得体，适合你所处的环境？

（8）你给人一种生活充实、成功的印象吗？

（9）遇到不如意的事时，你不容易沮丧吗？

（10）你能准确地解答关于你所主张的某一件事情吗？

（11）与人有约，你能准时赴约吗？

（12）若有人请你为其服务，你相信这也是接近对方的一次机会吗？

（13）你擅长制作各种报告、数据图表及统计资料吗？

（14）你希望从人际的接触中获得即刻的回报吗？

（15）你认为推销工作应该有固定的工作时间吗？

得分计算：

第（1）～（14）题，回答“A”得6分，回答“B”得4分，回答“C”得2分；第（15）题，回答“A”得2分，回答“B”得4分，回答“C”得6分。

得分在74～90分：恭喜你，你是个天生的销售员。你喜欢与人接近，知道如何与人相处，销售商品时也非常诚恳、踏实；你所销售的任何产品或服务几乎都很有价值，因为你优秀的销售能力，甚至可以把梳子卖给和尚；对于销售这个工作，你会觉得很刺激，很少有疲倦感。

得分在51～73分：这个分数算是中等，表示你拥有销售的潜力，只要经过努力及训练，你仍可以成为一个杰出的销售员。不过最重要的是，你是否具有销售的热忱，因为其他方面的弱点都是可以克服的。

得分在30～50分：奉劝你最好不要从事销售工作，因为你会很不快乐。你可以考虑其他无须如此积极进取、与人接触频繁、非常繁忙的工作，这并不是你本身具有不足或什么毛病，而是销售工作不适合你。

课堂延伸

销售经理职位晋升的7个阶段

第一阶段：不知所措。当一个人面对新变化的时候，他往往会感到无所适从。

第二阶段：淡化或否定变化。他可能有时间重新整理一下自己的思维，全面分析和认识这些变化。

第三阶段：消沉。一个人真正认识到他必须对自己的生活习惯、社会关系等进行全面的调整。

第四阶段：接受现实。以乐观的态度接受现实，心甘情愿地放弃对过去的留恋。

第五阶段：磨炼。尝试新的行为方式，逐渐适应新的环境。

第六阶段：寻找新的价值。注意力开始转变到如何尝试去认识和了解新的事物。

第七阶段：内在化。在最后一个阶段中，个人可能把新的价值融入自己的行为当中。

训练营

训练任务——“销售经理”岗位的竞聘

【任务目标】

理解一名合格的销售经理的主要任务，以及需要具备的能力。

【任务内容】

设定一个企业招聘销售经理的虚拟场景，全班同学参与“销售经理”岗位的竞聘，并完成以下任务：

（1）搜集该企业的资料，了解销售经理的主要任务以及需要具备的能力。

（2）准备竞选发言。

（3）向全班同学发表“销售经理”竞选演讲。

【任务要求】

（1）选定一个企业，简单介绍企业的情况，并发布“招聘启事”，招聘一名销售经理。

（2）每位同学搜集该企业的相关资料。

（3）撰写报告，制作PPT，准备好竞选发言。

（4）召开课堂“销售经理”竞聘会，每位同学发表5分钟竞选演讲。

（5）全班同学按自己对销售管理的理解，选出一名优秀的销售经理。

【任务组织】

销售经理招聘训练任务组织表如表1-5所示。

表1-5 销售经理招聘训练任务组织表

活动项目	具体实施	时间	备注
销售经理招聘训练	（1）假设全班有48人，将学生分成8个小组，每组6个人。 （2）小组分工协作，学习并讨论销售经理需要具备的能力。 （3）8个小组中每位同学发表5分钟竞选词。 （4）通过竞选演讲选出销售经理。	60分钟	教室中每组一桌六椅、分组资料

【任务评价】

销售经理招聘训练任务评价表如表1-6所示。

表1-6 销售经理招聘训练任务评价表

评价指标	评价标准	分值	评估成绩	所占比例
销售经理招聘训练任务效果	1. 搜集该企业的资料，了解销售经理的主要任务以及需要具备的能力	20		70%
	2. 竞选发言准备充分	20		
	3. 竞选PPT制作精美，重点突出	20		
	4. 选拔过程公平公正	10		
	5. 格式规范	10		
	6. 效果明显	10		
	7. 活动评估	10		
教学过程	出勤、态度热情	100		30%
小组综合得分				

任务四 销售管理趋势

故事导入

平安人寿推进全面数据化经营转型

中国平安人寿保险股份有限公司（下称“平安人寿”）宣布，为顺应科技创新浪潮及行业变化趋势，打造智能化经营体系，持续强化客户经营导向等，公司将开启全面数据化经营转型，通过实施“2355”改革工程计划，构建五大职能中心和五大销售区域，以强化科技赋能和价值经营，确保公司战略稳步推进及业务持续增长。

据了解，所谓“2355”改革工程计划，即“两步走”实现全面数据化经营、做大做强“三个渠道”、构建“五大职能中心”和“五大销售区域”。

在数据化经营方面，第一步，平安人寿将建立全面数据化雏形，实现经营、销售、服务等流程智能化。第二步，通过数据驱动经营，提升公司经营效率和客户服务水平。

在渠道建设方面，平安人寿将持续发力个险、银保及“线上十区拓”三大渠道。在个险渠道，针对代理人群体进行统一的管理和差异化经营，借助AI+代理人、远程培训等科技手段，赋能代理人队伍，助力提升队伍的产能、收入及留存率。在银保渠道，深耕平安银行、重点银行及中小银行等渠道，不断提升银保渠道占整体业务的比率。在“线上十区拓”渠道，进一步构建线上客户服务和客户运营能力，帮助销售成果转化。

在组织架构方面，平安人寿将重构东区、西区、南区、北区、中区五大销售区域，及渠道管理、运营、产品、共同资源、投资管理五大职能中心。五大销售区域将强化销售支持，落实区域竞争机制，强化以业绩为导向的“竞争、激励、淘汰”机制，以全新阵型激发业务推动活力。五大职能中心将采用中心大部制，以客户需求为导向，通过AI、BI重构流程，构建端到端销售支持、数据运营、客户服务体系及作业流程，驱动前中后台高效运转。

中国平安联席CEO李源祥表示：“平安人寿是集团最重要的子公司。一直以来，公司都在积极谋求新的转型和更好的发展。这次改革，是平安人寿全面数据化经营的重要步骤，也是平安人寿重要的一次管理层面的战略升级。”

李源祥指出：“组织架构改革分设一、二元事业群，效果非常好，按各自市场特征和发展目标，有针对性地投入资源，贴近了市场需求，取得了不错的经营业绩。本次组织架构变革，主要是配合整个集团全面数据化经营转型的需要，搭建总部超强大脑，提升经营管理的先知、先觉、先行能力，确保政策的前瞻性、统一性。总部的五大中心，主要扮演指挥部、参谋部、弹药库、后勤部等角色。此次一、二元事业群拆分成五大作战区，将进一步提高执行敏捷性及执行效率，提高市场战斗力，强化公司内良性 PK，增强危机意识。此外，总部将优化部门建制，重新设计业务流程及岗位，实现部门对业务端到端的运行，降低沟通成本，提高管理效率。"

平安人寿表示，本次转型公司将围绕渠道、产品、客服、运营四个方面深入开展，旨在实现"强总部、促竞争、客户导向"三大目标。"2355"改革工程计划的实施，将贯彻公司数据驱动、科技赋能和价值经营三大策略，为客户提供更优质的产品和服务，助力公司业绩稳健增长并持续领先市场。

教师启发：在技术进步的推动下，销售模式正在发生根本性的变化。不仅包括销售方式的改变，也包括销售员角色的改变。

课前提问：销售管理在当前环境背景下，会如何发展呢？

相关知识点

一、销售管理学的发展历程

萌芽时期（1900—1920）。美国哈佛大学开设了分销学、分销管理学。

研究时期（1921—1945）。美国哈佛大学哈里·R. 托斯德在 1921 年出版了《销售管理中的若干问题》一书；美国加州大学西蒙·李特曼教授开启了销售技巧的研究；克拉克、韦尔德、亚历山大教授开启了销售学的研究；琼斯、海杰蒂教授推动了销售管理的研究。

形成时期（1946—1955）。市场营销学与销售管理逐渐分开发展；销售学原理得到了更高层次的发展；美国学者开发了 PIN 销售技巧与适应性销售技巧。这段时期是销售管理学的形成时期，也是市场营销学的研究与形成时期。

发展时期（1956—1979）。零售管理、分销与物流管理、采购管理从销售管理中分化出去；销售学原理引入顾问式销售哲学；销售管理从队伍设计到招聘、选拔、培训与融合，再到销售薪酬设计与激励、评估等形成体系；美国的商业模式及其管理知识快速向世界传播，包括销售与销售管理。

巩固时期（1980—1992）。战略性思维被引入销售学原理与销售管理学，出现了针对销售总监的"战略性销售管理"等课程，销售管理课程受到企业销售经理的追捧。

创新与突破时期（1993 年至今）。伙伴式销售思维被引入销售学原理，战略性人力资源管理思维被引入销售管理学；销售管理逐渐分为销售团队管理（针对基层销售经理）、高效销售管理（针对中层销售经理）、战略性销售管理（针对高层管理人员）；美国西北大学凯洛格商学院长期以来一直开设“销售队伍管理”“销售学原理”两门课程；“战略性销售队伍管理”课程被欧洲及日本、新加坡等广泛引进。

二、销售管理的未来趋势

竞争激烈的商务环境对企业提出了日益多样化的挑战，在时间不变的条件下，维持一线销售员的成本会逐步升级，同时销售组织将面临增加销售额而且降低经营成本的压力，因此销售组织面临着来自竞争者、客户甚至本企业的挑战。许多销售组织正通过对销售管理做出巨大变革而对上述挑战做出反应。因此，美国学者托马斯·N. 英格拉姆（Thomas N. Ingram）等认为，销售管理出现了某些新的趋势。

（一）从交易销售到关系销售

交易销售强调对现有顾客短期内一次性的产品销售。交易销售关注单次销售的成功，销售员在交易时会重点向顾客介绍产品特征，并不注意长期的客户管理，顾客参与度也不高。

关系销售强调通过解决顾客问题并为顾客增加价值，发展与顾客的长期合作关系。关系销售不仅是为了实现销售或交易，考虑现有的顾客，还要把将来可能与之达成交易的顾客作为目标，向目标顾客表明其有能力提供更加优质的产品和服务，在双方互相信任的情况下，建立一种长期的合作关系。

随着经济全球化，传统交易销售模式正日益被关系导向的销售方式替代。这就要求销售员不再强调在短期内能销售产品，而是能通过解决顾客问题、提供机遇并在更长时间内为顾客业务增加价值等发展长期的顾客关系。一些大公司，像福特、施乐、TCL 和联想等公司，就大量地减少了供应商的数量。这些公司只想与一个或少数几个供应商打交道，不再为一种产品或服务而与许多供应商打交道。因为这些购买者都希望与少数供应商建立长期的关系，供应商没有选择余地，它们要想销售产品只能接纳关系销售的方式。所以，企业在销售管理中应树立关系导向的原则。销售管理的关键任务是决定适合于具体顾客特点的关系类型。

在数字化技术及移动网络兴起的今天，数字化营销、数字化销售成为一种新的现象和趋势，企业销售管理者要利用微博、社交软件、在线社群等社会化媒体与顾客建立数字化关系，以维护与顾客的全方位关系。

（二）从个人销售到团队销售

过去销售英雄在企业大行其道，今天“单枪匹马”“超级明星式”的销售员的重要性在许多销售组织内逐渐下降，特别是当重点从仅销售产品转向解决顾客问题、增加顾客价值时。在许多情况下，一个人不会拥有判断和解决顾客问题所需要的全部知识和技巧，此时，就需要某种类型的团队工作，以便高效地解决问题。这种团队协作可以是在销售组织内不同的个人之间，也可以是在销售和市场营销部门之间，或者是在企业内不同职能部门之间。虽然已有许多不同的团队协作方法，但是从个体向团队转化有不断增长的趋势。

团队销售是以某种类型的团队开展工作。这种团队协作可以在销售组织内不同的个人之间，可以在销售和市场营销部门之间，也可以在企业内不同的职能部门之间。

（三）从关注销售量到关注销售效率

一个销售组织的基本任务是达到理想的销售量，销售员和销售经理的评估与奖励通常依据在一定时间内完成的销售量来给予。尽管如此，许多企业发现不同“销售”的效果并不一样。同样的销售量和销售额，获利程度却完全不同。有些“销售”就比其他“销售”能多赚些利润。因此，许多销售组织现在不再“为销售而销售”（只重销售量），而是更加关注销售利润和销售效率，这就使得销售管理的关注点从单纯的销售量转向了销售效率。

关注销售效率关注的是“少投入，多产出”。强调通过更有效率地做事，在成本水平一定的条件下完成更多的销售量，或者在销售量一定的情况下降低成本。一个企业如果能更快、更高效地生产产品，并以最快的速度将最好的服务提供给顾客，那么它不用花费更多时间和财力就能战胜竞争者。

提高销售效率的策略有很多，主要有以下几种：

（1）准确进行产品定位、顾客需求定位和价值定位。只有找准产品定位、了解顾客需求，才能知己知彼、有的放矢。

（2）分析提升销售策略的要素。如产品、质量、价格、渠道、顾客满意度与忠诚度、产品创新等，使每个环节都成为利益链的关键部分。

（3）合理使用营销工具，如广告、促销活动等。不能运用好营销工具这把“宝剑”，销售效率的提升就会成为无源之水、无本之木。

（四）从管理销售到领导销售

管理式销售组织是一个官僚式、等级制的金字塔式结构，销售经理对上一级管理层负责，直接监督和控制销售员，使销售员实现预期的销售成果。各级销售经理作为“老板”管理着销售员，销售员要及时向他们汇报工作情况。这种方式在迅速变化的市场环境中难以做出灵敏的反应，于是，企业开始向“扁平化”的组织结构模式改革。对于销售经理来说，基本的趋势是“领导得多而管理得少”。

领导式销售组织的层级扁平化，销售经理的角色和他们与销售员的关系发生了变化，销售员在现场有了更多的决策权力。对于销售经理来说，最重要的是他应该具有领导能力，是一个领导者。这意味着销售经理的任务是帮助销售员更好地工作，而非控制和评价销售员。有些人可以成为伟大的销售员，但却没有领导天赋。一个领导者不仅意味着发号施令，他必须有远见，能预见组织的前进方向，能鼓励自己的员工朝着这个方向努力，即使这个方向并不符合每个人的利益。

（五）从本地销售到全球销售

为实现利润增长的目标，越来越多的企业开始扩张。销售组织要实现从本地销售到全球销售的扩展，利用国际供应商，寻求国际合作伙伴，为来自不同国家和地区的客户服务。当今的市场是全球性的市场，产品和服务都是世界性的生产与销售，大多数企业目前都以某种方式进入国际市场，未来的销售管理可能会更加国际化。企业面临国际企业的压力与竞争，即使是那些只在国内或仅仅在国内的一个地区开展商务活动的企业，也可能与来自其他国家的企业竞争，为来自不同国家的客户服务。所有这些情况都要求销售管理要从国际化角度入手，主动进入国际市场，开展竞争。

案　例

华为手机：睡狮醒来，并非一夜成名！

在很多人眼里，华为手机一直是低调的，直到2015年，华为手机在国内知名度已达到90%，国际上也达到了70%；在中国市场，华为手机市场占有率为16.03%，超过三星13.7%和苹果11%的市场份额。到了2022年，华为手机的市场份额达到了22.6%，华为坐实了国产手机的头把交椅。

早在2016年4月，华为手机就获得了国家最高荣誉——“中国质量奖”。

华为靠什么取得了如此骄人的业绩？华为的成功不是偶然的，多种合力成就了今天的华为。

首先是对基础技术的坚持。

目前，本土手机品牌几乎都未掌握核心零部件技术，我国台湾联发科和美国高通几乎供应着整个市场。估值过百亿元的小米，所做的也只是对零部件的采购和组装，然后套上软件、硬件和服务三层“壳”而已。这种单纯的组装模式从根本上限制了利润空间。华为在服务电信大客户时，就开始持续投入芯片研发。因此，今天向消费市场转型时，华为格外游刃有余。通过整合全球16个研发中心，华为在产品研发节奏、核心供应链供货、软硬件协同方面确立了至关重要的优势。

其次是依靠强大的科技实力。

华为超过小米、三星和苹果的，不仅是在市场知名度和销量方面。过去我们说科技创新一定会想到苹果，但今天一定会想到华为。让我们再看这样一组数据：2015年苹果收入约为15 000亿元，投入研发的费用约是550亿元，占比约3.7%；华为收入约为3 950亿元，投入研发的费用高达约600亿元，占比15.2%，是苹果的4倍多。华为已累计申请了52 550项国内专利和30 613项国外专利，2015年国内申请6 200项专利，国外申请2 800项专利，专利申请总量全球第一。

最后是依托耕耘多年的海外渠道。

华为做手机已经很多年，只不过长期以来它都是做贴牌和运营商定制生意，中国移动、中国联通和中国电信，都是华为的服务对象。在海外市场，华为终端同样成绩斐然，客户几乎覆盖所有全球知名的电信运营商，只是作为一个低调的“幕后英雄”，消费者在这些运营商定制的手机上，看不到“华为”两个字。

虽然做“白牌”让华为远离了消费者，但多年的海外市场耕耘，使其深谙当地市场的规范与管理之道。在互联网冲击下的国内市场，华为和其他老牌企业一样，并不占优势。但相对规范、更少竞争、更多利润的海外市场，对于华为而言却是一个聚宝盆。那些在本土市场表现不俗的品牌，在海外市场的渠道规模都远不如华为。以西班牙为例，华为占据当地24%的市场份额，在意大利也拿下了20%的市场份额。华为可以轻松地将海外市场作为本土市场的“输血”管道。

课堂讨论

你能想象到的销售管理未来会如何发展?

课堂延伸

销售的革命

传统意义上的销售正在迅速地消失，销售正处在变革的阶段，而这些变革正在改变着“销售”的方方面面。

1. 新销售

从传播价值到创造价值。随着产品的同质化、竞争的加剧以及销售数字的跌落，今天的销售队伍认识到，成功靠的不再是对产品和服务价值的传播，而是为客户创造价值这一关键能力。

2. 全新的采购世界

全球化、财务重组以及信息爆炸等，都对企业的决策环境造成了巨大的影响，并改变了公司和消费者对成本和价值的态度。新的采购概念正在影响着当代企业的采购观念，采购世界充满了讨论“战略采购”“伙伴关系”和“供应链管理”问题的嘈杂声。

3. 三种正在出现的销售模式

(1) 交易型销售。购买者对自己需要的产品或服务有着充分的了解，并知道最适合他的产品是什么。在这种销售中，销售员几乎没有机会通过发掘客户需求来创造价值。

（2）顾问型销售。购买者对产品或服务没有全面的了解，需要销售员的帮助和引导才能做出购买决策。在这种销售中，销售员通过帮助客户发掘其需求，创造更多的价值。

（3）企业型销售。主要适用于大型的、战略性的B2B销售。在企业型销售中，产品和服务可能不太重要，企业型销售需要将客户和供应商的战略利益结合起来，而且需要在多个部门中存在创造重大价值的可能性。

4. 探索新的销售流程

销售是整个客户价值创造和传递的一部分，而价值的创造和传递都是通过订单获得流程产生的。优秀的销售流程有六大特征：

（1）是否以客户为中心；

（2）能否改进并适应环境；

（3）能否为利益相关者——顾客、企业和销售员创造价值；

（4）能否提高效率；

（5）能否帮助销售员成功销售；

（6）能否根据实际情况灵活调整。

5. 重新思考渠道

渠道管理已经成为热门话题，渠道的重要性与日俱增且变化迅速，任何一家企业都面临着渠道建设和改进的问题。许多企业正在想办法改进现有的渠道，包括调整以适应快速变化的环境；确保渠道成员能够长期生存并从中受益；改善供应商渠道以降低流转成本；调整渠道成员，确保渠道高效运转；优化渠道，为客户提供更好的价值；增加或转移到更好的渠道；与合作伙伴进行渠道共享；谨慎应对渠道冲突等。

6. 改变销售队伍

销售队伍管理是销售管理中最重要也最关键的环节，市场大环境的变化要求销售队伍随时调整，以便在激烈的市场竞争中脱颖而出。进行销售队伍变革需要注意以下四点：

（1）价值创造远景。有效的远景能够体现出现有销售队伍的不足，并指导组织进行变革，同时激发销售员的工作激情。

（2）建设能够创造价值的组织结构。组织结构的确定必须与业务系统的众多因素结合，如研发、设计、生产或后勤等。

（3）整合与培训销售队伍。使销售队伍成员具备更多的技巧和能力。

（4）调整绩效考核制度与薪酬体系。绩效与薪酬是影响销售员工作效率和热情的重要因素，企业必须优化考核制度与薪酬体系，以确保销售队伍能够高效运转。

训练营

训练任务——设想销售管理未来趋势

【任务目标】

帮助学生合理设想销售管理未来趋势。

【任务内容】

(1) 通过日常体验，初步设想销售管理未来趋势；

(2) 通过资料搜集，分析所设想的销售管理未来趋势的原因。

【任务要求】

(1) 由授课教师主持训练；

(2) 每组安排一名同学负责记录、汇总；

(3) 活动结束后，要求每组选出一名代表在课堂上汇报讨论的心得；

(4) 准备时间为 10 分钟。

【任务组织】

设想销售管理未来趋势训练任务组织表如表 1-7 所示。

表 1-7 设想销售管理未来趋势训练任务组织表

活动项目	具体实施	时间	备注
设想销售管理未来趋势训练	(1) 假设全班有 48 人，将学生分成 8 个小组，每组 6 个人。 (2) 小组分工协作，学习并讨论设想销售管理未来趋势。 (3) 8 个小组在教师指导下，同时进行讨论。 (4) 组织学生讨论设想销售管理未来趋势训练过程中遇到的问题。	30 分钟	教室中每组一桌六椅、分组资料

【任务评价】

设想销售管理未来趋势训练任务评价表如表 1-8 所示。

表 1-8 设想销售管理未来趋势训练任务评价表

评价指标	评价标准	分值	评估成绩	所占比例
设想销售管理未来趋势训练任务效果	1. 对设想销售管理未来趋势的了解	20		70%
	2. 能识别训练中易犯的错误	20		
	3. 遵守活动时间	20		
	4. 对设想销售管理未来趋势汇报中对趋势原因的分析	20		
	5. 效果明显	10		
	6. 活动评估	10		
教学过程	出勤、态度热情	100		30%
小组综合得分				

超链接：陈经理的成功

项目小结

销售是指企业以获利为目的，将生产和经营的产品或服务售卖出去的活动。销售管理是为了实现各种组织目标，创造、建立和保持与目标市场之间的有益交换和联系而进行的分析、计划、执行、监督和控制。通过计划、执行、监督及控制企业的销售活动，以达到企业的销售目标。

销售经理的职责是规划、执行和协调支持产品销售和服务的所有活动，如分销、客户管理、人员管理等。销售是企业活动的中心，其核心工作是销售和服务。作为销售经理，应清楚自己的职责及享有的相应职权。

销售经理的工作是非常复杂的，其技能也应是多样的。我们可以把销售经理的角色概括为挂名领导、领导者、联络者、监听者、传播者、发言人、变革者、故障排除者、资源分配者、谈判者。

销售管理呈现这样的变化趋势：从交易销售到关系销售；从个人销售到团队销售；从关注销售量到关注销售效率；从管理销售到领导销售；从本地销售到全球销售。

项目练习

一、单项选择题

1.（　　）是主动向顾客销售产品的销售主体，包括各类销售员。销售员是销售活动的主体，是企业与顾客之间的桥梁和纽带。

A. 销售者　　B. 销售对象　　C. 销售商品　　D. 销售

2.（　　）是接受销售员销售的主体，包括消费者、中间商、生产者三种身份的顾客。

A. 销售者　　B. 销售对象　　C. 销售商品　　D. 销售

3.（　　）是被销售员推销，而被销售对象接受的标的，包括各种有形商品和无形商品。

A. 销售者　　B. 销售对象　　C. 销售商品　　D. 销售

4.（　　）是指企业以获利为目的，将生产和经营的产品或服务售卖出去的活动。

A. 销售者　　B. 销售对象　　C. 销售商品　　D. 销售

5.（ ）是为了实现各种组织目标，创造、建立和保持与目标市场之间的有益交换和联系而进行的分析、计划、执行、监督和控制。

A. 销售管理　　B. 销售对象　　C. 销售商品　　D. 销售

二、简答题

1. 销售活动的三要素是什么？
2. 销售管理的内容有哪些？
3. 销售经理的职业路径是怎样的？
4. 销售经理的职能有哪些？
5. 销售管理的未来趋势有哪些？

三、案例分析题

区域经理的苦辣酸甜

区域经理意味着比城市经理更高的薪水，但也意味着更大的责任。作为一支销售队伍的领导和教练，区域经理的能力对于该区域的销售业绩起着极其重要的作用。管理一个城市的销售和管理一个区域的销售是完全不一样的概念。在一个城市做销售，哪怕你有许多个经销商，也只需要用一种思维、一个脑子去思考问题，因为毕竟处在同一个商圈。但是区域经理就不一样，在不同的城市、不同的省份之间出差工作，需要非常迅速地转换脑子、转化思维，来适应这些讲着不同方言的经销商。当销售经理意味着不断品尝各种苦辣酸甜。

苦：一个孤独的长跑者

区域经理是孤独的，他们不是坐在总部豪华的办公室里上班的人，接触客户的时间远远超过和总部人员在一起的时间。

初期苦。初期是最“苦”的时候，对于业绩，最可怕的不是完不成，而是找不到增长的机会点，但业绩增长是一个区域经理的职责，否则，公司为什么需要你这个新人呢？前任离去，你需要靠自己的经验来对这个市场进行仔细的分析，找到业绩的突破点。作为一个新的区域经理，需要养成自己的出差习惯：到一个城市，先是花半天到一天的时间来看市场，区域经理必须具有敏锐的市场观察分析能力——也就是看市场的眼光。无论到哪个城市，第一件事情就是看市场——超市、卖场、百货商店或是批发市场。

出差苦。有人觉得区域经理这个职位很舒服，能到全国各地旅游，看各地不同的风景，可是谁又知道，所有的风景对于区域经理来讲是没有丝毫意义的，他们只对这个城市的商业结构、零售店和经销商感兴趣。其实他们并不是不想去看看这些祖国的大好河山，只是因为销售指标的重任在身，所有的一切都已经变为数字化、指标化了，在区域经理眼里，已经没有风景了，而且每次的行程也总是匆匆而过；看完市场，就和经销商谈工作，在浮光掠影之中，又匆匆告别了那些出差的城市。

心苦。区域经理的苦，也是一种心苦：当完成了一个月的销售指标时，又有一个新的指标在等着自己。销售是永远没有终点的长跑，如果不能承受指标的重压，就不能成为一个优秀的区域经理。销售这个行业，是现实而残酷的。“优秀”两个字的背后，就是指标——神圣的销售指标。而几乎每一位区域经理都有完不成销售指标的时候，虽然这很大程度上并不完全是他们的责任，但是区域经理是对指标负责的。完不成销售指标，你又能找什么借口呢？那种痛苦是压抑而沉重的，是在睡觉的时候还在想着如何去完成销售，是在你本来“乌黑亮丽”的头发上长出一根根的白发。

辣：真正的强硬派是硬到骨子里

区域经理总有自己的风格。风格无所谓好坏，这是与你自己的个性和公司的出身有关系的。适当的强硬是所有区域经理应该具备的态度，尤其是在经销商管理这个领域，远离公司而又必须不折不扣地执行公司政策，每天和经销商在一起而又不受他们的“腐蚀”，是非得秉持强硬派的风格不可的。强硬不是处世之道，而是一种原则，是一种外圆内方的原则。在表象上，你可以表现得和经销商十分友好，但是在骨子里，公司的原则和政策是做不得半点修改的，也不能用这些原则上的妥协和让步，换来和经销商的“友好相处”。有人说这样的行为很“辣”，对于那些违反市场秩序来挑战这个生意游戏规则的人，辣一点又有什么不好呢？不偶尔辣一点，就会有一大群来捣乱和破坏市场秩序的经销商爬到你的头上来。

酸：为什么我们总是不如总部的人活得那么轻松

优秀的公司，真的应该多为销售员想想，在总部的同事舒服地坐在豪华的办公室里的时候，有多少销售员还奋战在市场上。他们很多甚至都没有自己的办公室。有很多销售员是多么努力地在为公司付出，总部的人甚至还不知道这个人的存在，这是多么可悲而又令人心酸的事实啊！不要忘记，没有销售员的工作，永远不会有公司的生存。

甜：和杰出的人才一起创造杰出的业绩

业绩优异、加薪升职、工作得到老板的认可，是对销售员最大的鼓励，也是区域经理心里最大的甜。

能在一个团结上进的团队中工作，也是一种甜。你的公司、你的下属，都能为着同一个目标而努力工作，你会感觉到融入整个团队和企业文化中的快乐。团队精神永远是最好的一种支持——支持着身在外地的销售员和区域经理，并把企业文化的精髓融入每个人的血液。

每次回到总部开会，或者是参加全国的销售年会，也是一种甜。每次的销售年会都能看到很多来自全国各地的销售同事，和他们一起分享工作中的苦辣酸甜，和他们一起在三亚软软的沙滩上躺着晒太阳，所有工作上的烦恼都被抛到九霄云外去了。还有比能和一群杰出的同事在一起工作更值得庆幸的事情吗？

这就是一个区域经理的工作，这就是一个区域经理的苦辣酸甜。

请问：区域销售经理有着怎样的角色？如何做好一个区域销售经理？

项目二　销售规划管理

项目简介

本项目主要涉及的知识点有销售计划的含义、销售计划的内容、制定销售计划的依据、决定销售计划的方式；销售预测的内涵、影响销售预测的因素、销售预测的方法；销售目标的内容、销售目标的制定方法；销售配额的含义、特征和作用；销售组织的特征和销售组织建立的流程等。通过本项目的学习，学生能够运用销售预测的基本方法，在制定销售配额时考虑相关因素并运用销售计划和销售配额相关知识设计销售方案；运用销售组织设计原则选择适合的销售组织类型。

学习目标

知识目标

1. 掌握销售计划的含义和内容
2. 熟悉影响销售预测的因素
3. 掌握销售目标的内容和制定方法
4. 了解销售配额的特征和作用
5. 了解销售预算的内容和方法
6. 了解销售组织的特征和建立的流程
7. 掌握销售组织设计的原则
8. 了解销售组织设计的影响因素

能力目标

1. 能够运用销售预测的基本方法进行销售预测
2. 能够运用销售目标制定方法，制定切实可行的销售目标
3. 能够运用销售配额的类型与分配方法，分配销售配额
4. 能够区分销售组织的类型，并为企业选择适合的销售组织类型

素养目标

1. 具有目标管理思维，能够制定切实可行的销售目标

2. 具有全局意识，能够进行销售规划

3. 具有创新思维和规范意识，能够进行合理的销售组织设计

任务一 销售目标管理

故事导入

某饮料公司的销售目标

销售目标的制定是一门学问，因为它关系到销售员的绩效考核和职位升迁，所以需要销售部门认真研究和谨慎对待。目标定得太低，易于达成，往往会使销售员缺乏挑战精神，容易让销售员丧失斗志和激情，从而不思进取、安于现状；目标定得太高，“踮起脚尖，甚至跳一下都够不着”，则是“鞭打快牛”，容易“揠苗助长”，引发市场后患，不利于企业和市场深入、持久的发展，因此制定符合市场实际的、科学的销售目标尤其重要。

某饮料公司4月份在湖北省实现销售收入300万元，5月份，该公司考虑到随着气温进一步升高，饮料市场全面进入旺季，同时，也为了达到缩减相应销售费用的目的，经过权衡，销售目标就定到了500万元。此销售目标一经公布和下分，整个销售中、基层人员一片哗然，因为他们心里都明白，上个月之所以完成了300万元的销售量，其实都是通过良好的客情关系、“苦口婆心”地劝说压货甚至不惜动用公司促销、返利等资源才完成的。由于湖北省是该饮料公司的老市场，市场增长空间已不是很大，因此这些“拔高”的销售任务无法往下派发。由于销售高层一再坚持，这多出的200万元销售量就硬性地层层分解下去。可是，半个月过去了，令人想不到的是，该公司销售量才完成了100多万元。这时，公司高层急忙派人下去调查，反馈的结果是，过高的销售任务让销售员和经销商“喘不过气来”，他们自认为再努力也完不成，于是消极怠工、得过且过，个别区域甚至出现与公司对抗的过激现象，整个销售团队丧失了应有的战斗力。加上5月中旬以后阴雨连绵，该饮料公司在湖北省5月份的销售目标的达成彻底落空了。

教师启发：案例中该饮料公司之所以销售目标没有达成，与该公司过分想当然、不切实际地制定销售目标息息相关。因此，销售目标的科学设定，事关营销全局，既能“加压”又能“驱动”的销售目标才是好的目标。

课前提问：应该如何制定销售目标呢？

相关知识点

一、销售计划

（一）销售计划的含义

销售计划是指实现销售目标的一连串过程的安排，即依据销售预测和营销目标，设定销售目标，编制销售配额和销售预算。销售目标是销售员能力的体现，销售配额是对销售员的最低要求，而销售预算是对销售费用的限制。销售计划是销售策略的最终体现，一份好的销售计划可以使企业的目标有条不紊地顺利实现。

古语云“凡事预则立，不预则废”。一个好的销售计划可以帮助销售员更好更快地找到合适的潜在客户，并明确拜访客户的步骤，从而达到销售目标。因此，制定合理的销售计划是完成销售目标至关重要的一环，是销售员取得良好销售业绩的基础，也是企业取得销售成功的基础。

（二）销售计划的内容

销售计划的内容主要包括如下几项。

1. 分析营销环境

对当前的社会经济状况、行业发展动态、市场状况、竞争对手及产品、销售渠道和促销工作等，必须进行详细的分析，然后，市场销售部门开始进行销售预测。这种预测要求调研部门必须与其他部门相互配合。

2. 进行销售预测

在进行环境分析的基础上，掌握整个业界的动态，预测整个市场需求；然后根据整个业界的预测值做出企业的销售预测。

3. 确定销售目标

销售部门应当把前一计划期的执行情况、对营销现状的分析、预测结果三者结合起来，提出下一计划期切实可行的销售目标。

4. 分配销售配额

根据销售目标，考虑经营者、各部门主管以及第一线负责人提供的销售额建议，决定下年度总的销售配额。同时，为了保证付诸实际行动，还必须分配销售配额。销售配额可以按时间别、部门别、地区别、产品别、客户别、人员别等来分配。

5. 编制销售预算

参考销售收入目标额、销售配额，估计销售费用额，编制销售预算。

6. 制定销售策略

确立目标以后，企业各部门要协同制定出几个可供选择的销售策略方案，以便进行评价选择。然后对各个销售策略方案进行评价，权衡利弊，从中选择最佳方案。

7. 制定实施计划

计划一经制定，就要由各部门贯彻执行，以实现销售目标。在实施计划的过程中，要明确各个部门、小组及个人的具体职责和任务。应该制定指标额度，层层分解，予以落实。还应健全销售机构和组织，严密地实施计划。要对计划加以具体的说明，使执行人员心领神会，有力地贯彻实施。具体的说明内容包括：执行计划的步骤、各步骤的负责人；每一步所需资源、时间及完成的最后期限。

8. 进行执行控制

在执行计划的过程中，要按照一定的评价和反馈制度，了解和检查计划的执行情况，评价计划的效率。但是，市场可能会出现意想不到的变化，甚至出现意外事件，如自然灾害等。销售部门要及时修订计划，或改变战略策略，以适应新的情况，保证销售计划的顺利实施，并最终实现销售目标。

案例

王鑫该怎么办？

2020 年王鑫大学毕业，由于没有工作经验，找工作非常困难，只好先选择在一家小公司做销售代表。一年后，有了工作经验，王鑫再次求职，终于在一家规模较大的企业——腾达公司谋到了一个销售职位。经过两周的产品培训，王鑫正式上岗。销售经理给王鑫下达的销售任务是 500 万元/年。500 万元？王鑫觉得有点多，以前在那家公司一年只做 100 多万元。看看其他同事，都领了几百万元的任务，据说去年的销售冠军一年做了 900 多万元。王鑫抱着试试看的心态开始了工作。接到销售任务，王鑫边跟着师父学习销售，边帮师父干活儿。公司规定师父带徒弟的时间是 3 个月，3 个月后，王鑫开始独立做业务。又过去 3 个月，王鑫只签下了 70 多万元的订单，眼看试用期到了，销售经理找王鑫谈话，讨论去留问题。为了能留下来，王鑫解释说，前半年主要是学习，后半年保证完成任务。由于腾达公司从事的是大客户销售，销售周期较长，因此公司规定，对于有潜质但在试用期内没有完成预期指标的销售代表，可以把试用期再延长半年，叫作留用观察。在正式签劳动合同时，不考虑这半年。王鑫接受了留用观察，很快，王鑫到公司已经 9 个多月了，算算销售额，还不到 200 万元，离年底只有不到 3 个月了，但他还差 300 多万元的销售额才能完成目标。经理的脸变得越来越难看，同事们也开始远离他，被辞退似乎已成定局。“我很努力地在工作，到底哪里做错了？”王鑫痛苦地想。

（三）制定销售计划的依据

企业制定销售计划的依据主要有：

1. 社会经济发展现状

社会经济发展现状是企业一切活动的经济背景，企业在制定销售计划时必须予以密切关注。经济背景包括国家的经济方针和政策、利率水平、社会购买力、经济增长率、市场动态等资料和数据。

2. 行业发展现状及动态

行业是由生产同类产品的企业构成的，与企业处于同一行业的其他企业都是该企业的竞争者。因此，企业必须关注行业发展现状及趋势，包括行业的生产规模和结构及行业所处的市场的规模和结构，主要竞争对手的市场占有率、竞争策略、行业的发展前景、技术水平等，并据此制定销售计划。

3. 企业的总体计划

企业的计划根据时间不同可分为长期计划、中期计划和短期计划，根据内容不同可分为财务计划、生产计划、产品开发计划等。销售计划必须与其他计划相协调，并以此作为制定时的依据。

4. 企业的销售管理能力

企业在制定销售计划时，应使计划与销售管理能力相匹配，做到人尽其才、物尽其用。因此，企业在制定销售计划时必须考虑销售员的数量、销售业绩和销售能力、销售业务培训等因素。

5. 企业的促销方案

企业的促销方案会影响销售量。企业在制定销售计划时，还必须考虑整体促销方案及具体的促销手段和措施。

6. 企业销售状况

企业历年的销售情况是企业制定销售计划的重要参考和依据。因此还要考虑企业近年的销售额、销售成本、销售利润等数据的变化和发展趋势。

（四）决定销售计划的方式

决定销售计划的方式有两种，即分配方式与上行方式。分配方式是一种自上而下的方式，即自经营最高层级起，往下一层层分配销售计划值，这种方式是一种演绎式的决定法。上行方式是先由销售员估计销售计划值，然后层层向上呈报，这种方法属于归纳式的方法。

由于二者各具优点，因此不易判断何者为佳。分配方式的缺点是销售员缺乏对计划的参与感，不易将上级所制定的计划视为自己的计划。反观上行方式，其缺点在于下属所预估之数不一定符合整个企业目标，故往往无法被采纳。

所以，究竟采用何种方式，应视企业内部情况而定。

在下列情况下，宜采用分配方式：（1）高层管理者对销售前线的情况了如指掌，而身处组织末梢的销售员也深深信赖高层管理者；（2）销售前线负责人信赖计划拟定者。

当销售前线负责人能以全公司的立场分析自己所属区域，而且预估值在企业的许可范围内时，则宜采用上行方式。

分配方式需认真执行，如果发现部门负责人缺乏接受销售目标的能力，就应毅然决然地予以撤换。

无论采用何种方式，在制定销售计划时，都需要良好的体制。一方面，高层管理者对销售目标应有明晰的观念；另一方面，也要观察销售员对目标的反应。双管齐下，然后决定下年度的销售计划。

欲使计划的制定更有效率，可以将分配方式与上行方式结合起来使用，二者密切配合，有利于销售计划的实施。

二、销售预测

销售预测是大多数企业计划工作的基础，销售预测一旦完成，就成为整个企业全部运作规划的关键因素。人事、财务以及其他所有部门都要根据销售预测编制下一个时期的工作计划和工作要求。销售预测在制定销售计划的过程中发挥着重要作用，可以帮助销售经理确定部门预算，并对销售指标和销售员的报酬产生影响。如果预测不准确，在此基础上制定的计划也会出现错误。显而易见，有效的销售预测在企业的成功经营中起着重要的作用。

（一）销售预测的内涵

销售预测是指在未来特定的时间内，对整个产品或特定产品的销售量与销售额的估计。销售预测是在充分考虑未来各种影响因素的前提下，结合本企业的销售实际，通过一定的分析方法，提出销售预测值。

一般来说，进行销售预测时，销售经理会关注四个指标。

第一，市场规模：指在某一特定的时期（通常为一年）内，在不考虑价格等营销行为和竞争活动的情况下，一个特定的市场所能消费的商品总量。

第二，市场潜量：指某一行业商品在特定时期内，在特定市场上的最大销售量。

第三，销售潜量：指在特定时期内，企业所能取得的最大市场份额。

第四，销售预测：企业的销售预测值，是制定销售计划的依据。

（二）影响销售预测的因素

在进行销售预测和选择最合适的销售预测方法前，必须考虑那些会对销售预测产生影响的不可控因素和可控因素。

1. 不可控因素

不可控因素是指那些会对企业未来销售产生影响，但企业又无法采取措施加以控制的因素，主要包括：

（1）需求的动向。需求是外界因素中最重要的一项。如流行的趋势、爱好的转变、生活形态的变化、人口的迁移等，均可成为产品（或服务）需求在质与量方面的影响因素，因此，必须加以分析与预测。平时就应注意收集有关对象市场资料、市场调查机构资料、购买动机调查等统计资料，以掌握市场的需求动向。

（2）经济形势的变动。销售收入深受经济形势变动的影响。近年来石油等资源问题常常造成无法预测的影响，导致企业销售收入波动。因此，为了正确预测，需特别注意资源产业的未来发展，财经界对经济政策的解读，工业生产增长率、经济增长率等相关指标的变动情况。

（3）同业竞争的动向。销售额的高低深受同业竞争者的影响。《孙子兵法》云：“知彼知己，百战不殆。”为了生存，必须掌握竞争对手在市场上的所有活动，例如：其市场重心置于何处？产品的组合价格如何？促销与服务体系如何？等等。最好能亲自观察加以确认，或从销售活动中去把握。

（4）政府、消费者团体的动向。关注政府的各种经济政策以及消费者关心的各种问题。

2. 可控因素

可控因素是指那些会对企业未来销售产生影响，而且企业本身又可以加以控制的因素。比如，营销活动策略，如由于产品策略、价格策略、渠道策略、广告及促销策略等的变更对销售额产生的影响；销售策略，如变更市场管理内容、交易条件或付款条件、销售方法等的影响；销售员，因为销售活动是一种以人为核心的活动，所以，人为因素对于销售额的实现具有深远的影响；生产状况，如能否与销售收入配合，今后是否会有问题等。

（三）销售预测的方法

销售预测的方法主要包括定性预测和定量预测两类。定性预测方法不需要太多数学和统计学的分析工具，主要根据经验判断。定量预测方法是借助数学和统计学的分析工具，通过对以往的销售记录的分析，做出对未来的预测。到底采取哪种方式应视实际情况而定，没有统一的标准。

1. 定性方法

定性方法是依靠预测者的知识、经验和对各种资料的综合分析，来预测市场未来的变化趋势，其依据是类推原则。

（1）购买者意向调查法。它是根据购买者的意见进行销售预测的方法。企业在对产品的市场无法总体把握时，往往采用这一方法，并且有很好的效果。

销售预测最有用的信息来源是购买者本身。实际调查中，企业一般根据购买者的名单接近他们，询问他们在某一特定情况下、未来的某一时间内计划购买哪些特定产品，同时请他们说明愿意从某一厂商购买的数量及所占比例，或什么因素影响他们选择卖者。如果企业可以获得这些信息，同时这些信息也很可靠，那么企业便可据此预测其未来的销售量。

采用购买者意向调查法要考虑以下问题：首先，在许多情况下，购买者是不会轻易表露他们的购买意向的；其次，要考虑消费者是否有能力回答调查中提出的问题；最后，要考虑调查所获得情报的价值与收集它的成本的比率。

（2）销售员综合意见法。它是公司根据销售员对其负责销售区域内的销售量或顾客未来需求量的估计而进行预测的一种方法。其程序是先由各区域销售员预测自己所在区域内顾客的潜在需求量，经过各地区的销售经理修正和总结后，汇总到公司，公司在对各地区销售估计值修正的基础上，得出总体估计数。

销售员综合意见法的优点：首先，销售员对当地的情况较为熟悉，并且比较接近顾客，能比较深刻地认识顾客以及看到市场的发展趋势。其次，参与销售预测，使得销售人员对估计结果较有责任感，容易接受公司下达的销售目标；同时，他们也有较大的信心完成公司的销售配额。最后，这种由小区往大区或由基层往高层预测的过程，使公司高层可以得到产品、地区、顾客、销售员的细分估计值，便于进行销售分析和管理。

销售员综合意见法的缺点：首先，销售员难免会受普遍乐观或悲观心理的影响，或者受最近销售成败的影响而做出较为极端的判断。其次，他们可能为使其下一年度销售量能超过销售配额，以获得奖金或升迁机会而故意低估预测数字。最后，销售员缺乏足够的学识与分析能力，或者没有时间做详细估计，或者根本没有兴趣或不太用心，等等，这些因素都可能使做出的估计不太准确。

（3）高级管理人员估计法。它是指由公司高级管理人员根据他们所获的事实资料，独立估计下一期（或未来期间）可能的销售量，然后将此结果公布，并请那些估计较为乐观或悲观者说明其理由、相互讨论后，由高级管理人员重新做估计，如此重复，直到彼此间的估计值集中在一个很小的范围内，最后取此范围内的中值作为预测值。

高级管理人员估计法的优点是简单明了，形成的估计值综合了多方面的意见。其缺点是所得的预测值可能不易为销售人员所接受。

（4）专家意见法。它是根据专家意见做出销售预测的方法。专家意见既可能是调查购买者与供应商取得的结果，也可能是分析过去统计资料所得出的结论。

专家意见法的优点：预测较快，费用较少。假如基本资料较少的话，用其他方法可能找不到答案，求教于专家是最好的方法，如新产品的市场销售预测。

专家意见法的缺点：专家意见比具体事实要难以使人信服。

2. 定量方法

定量方法就是根据一定数据，运用数学模型来确定各变量间的关系，并据此预测产品销售情况的变化。其特点是“凭数据说话”，能够较准确地测算市场未来的发展趋势，为销售管理决策提供确切的依据。

(1) 市场试销法。市场试销法是一种用来测试消费者对新产品接受程度的方法。对新产品来讲，消费者未曾使用，销售员、高级管理人员和其他专家都难以对其销售情况进行估计，直接的市场试销不失为一种可行的方法。

(2) 模拟分析法。模拟分析法是利用模拟技术来预测市场未来需求情况的一种方法，一般需要借助电脑技术，根据模拟的经济或市场行为结果来进行销售预测。

模拟分析法对复杂现象的预测较为有效。例如：预测总销售额时，我们可以用国民生产总值、价格及广告支出三个自变量进行模拟预测。

模拟分析法最大的优点是不需要分析被预测变量与每一个自变量间的关系，它只需模拟个别消费者的购买行为，然后将模拟结果汇总即可代表市场需求状况。

模拟分析法的主要缺点是建立模式费时、费钱，模式的有效性及可靠性不易获得验证。

目前，国内外计算机软件商已经开发了一些用于销售预测的软件，企业可借此来进行销售预测。

(3) 时间序列分析法。许多企业是根据过去的销售实绩来预测未来销售发展的。在分析销售实绩时，通常将销售实绩按照年、月的次序进行排列，以观察其变化轨迹。所谓时间序列分析法，就是采用此种方法，分析销量随时间变化的动向，从而预测未来销量的一种方法。其具体途径是：首先通过统计分析方法，证明企业历年的销售数据确实具有连续性的因果关系，然后才可用作预测未来销售发展趋势的依据。比如，某种产品历年销售量(Y)的时间序列，可按趋势(trend)、周期(cycle)、季节(season)和偶然事件(accidental events)四个主要因素进行分析。时间序列分析法就是根据上述四个要系(T，C，S，E)分析原始销售量的时间数列，再结合这些要素预测未来的销售。

趋势(T)，即人口、资金构成和技术等要素发展变化的基本情况。这可从过去销售曲线的变化规律中推测出来，也可看作过去销售曲线的自然延伸。周期(C)，即经济周期波动的影响，剔除周期性的影响，对中期预测相当重要。季节(S)，指一年中销售变化的周期固有模式，如与日、周、月或季节相关的规律性变动。这种变动往往与气候、假日、交易习惯，甚至顾客上下班时间相联系。季节性因素常作为短期销售预测的一种依据。偶然事件（E），包括暴风雪、火灾及其他偶然性的灾害、动乱等。这些因素都是可能遇到而又无法预测的。根据历史资料进行销售预测时，应剔除这些偶然因素的影响，以求得较规范的销售行为模式。

三、销售目标

（一）销售目标的内容

确定销售目标是企业制定销售计划的核心问题。销售目标必须与公司的整体营销目标相配合。一个好的销售目标能指导销售行为，激励销售员，提高管理效率，降低销售成本，增加企业利润。销售目标是在企业营销目标的基础上确定的，一般来讲，企业的销售目标应包括以下内容。

（1）销售额目标，包括部门、地区销售额，销售产品数量和市场份额等。

（2）销售费用目标，包括旅行费用、运输费用和招待费用等。

（3）利润目标，包括每一个销售员所创造的区域利润和产品利润等。

（4）销售活动目标，包括访问新顾客数、营业推广活动、访问客户总数、商务洽谈等。

销售目标又可以按地区、人员、时间等分解成各个子目标。在设定这些目标时，必须结合企业的销售策略，在此基础上调整产品结构及确定销售额，使目标具有可行性、挑战性和激励性。

（二）销售目标的制定方法

销售目标的制定要尽可能量化，因为定量的目标标准明确、易于掌握，实施中也便于控制，考评成果有明确的依据。因此，销售目标的制定方法要尽量科学，具体有以下八种方法。

1. 销售成长率确定法

销售成长率是指计划年度的销售额与上年度销售额的比率，说明了企业产品销售的发展情况。其计算公式如下：

销售成长率＝计划年度的销售额÷上年度销售额×100％

如果比率大于100％，说明企业产品计划销售情况好于上年，销售规模扩大了，销售额增加了；比率小于100％，说明企业产品计划销售额有所下降，如果不是受策略性调整的影响，那么企业的经营就存在问题。

然后，再利用销售成长率来计算计划年度的销售收入目标值，计算公式如下：

计划年度的销售收入目标值＝上年度的销售实绩×销售成长率

2. 市场占有率确定法

市场占有率是指企业经营的某产品的市场销售收入占市场上本行业同类产品总销售收

入的百分比。市场占有率也是分析企业竞争能力和企业信誉高低的一项重要指标。市场占有率越高，企业产品的知名度和竞争力就越大。其计算公式如下：

市场占有率＝本企业的产品销售收入÷本行业同类产品总销售收入×100％

3. 市场扩大率确定法

这是根据企业希望其产品（或品牌）在目标市场的地位扩大多少来决定销售收入目标值的一种方法。市场扩大率是企业产品本年度市场占有率与上年度市场占有率之比。其计算公式如下：

市场扩大率＝本年度市场占有率÷上年度市场占有率×100％

市场扩大率大于100％，表明产品的市场地位上升；市场扩大率小于100％，表明产品的市场地位下降了。

再根据市场扩大率计算计划年度的销售收入目标值，公式如下：

计划年度的销售收入目标值＝上年度的销售收入×市场扩大率

4. 损益平衡点确定法

当销售收入等于销售成本时，就达到了损益平衡。与损益平衡状态相对应的销售收入公式推导如下：

销售收入＝成本＋利润

销售收入＝变动成本＋固定成本＋利润

销售收入＝变动成本＋固定成本（损益平衡时）

变动成本随着销售收入（或销售数量）的增减而变动，故可通过变动成本率来计算每单位销售收入的增减率：

变动成本率＝变动成本÷销售收入×100％

固定成本＝销售收入－变动成本率×销售收入

接着，我们推导出下列损益平衡点公式：

损益平衡点的销售收入＝固定成本＋(1－变动成本率)

5. 经费倒推确定法

有关企业的一切营业费用、纯利等均源自销售毛利，可以说经费和销售收入的关系甚为密切，因而有必要介绍一种足以抵偿各种费用的销售收入法。

销售收入目标值＝(投入的销售费用＋预期纯利润)＋(1－销售毛利率－变动成本率)

销售毛利率＝销售毛利÷销售收入×100％

变动成本率＝变动成本÷销售收入×100％

毛利率一般根据企业上年或同行业数据计算，而变动成本率可根据历史资料计算。

6. 消费者购买力确定法

这种方法比较适合零售商选用，是企业通过估计营业范围内的消费者购买力来预测销售额的一种方法。首先，设定一个营业范围或者购买半径，调查该范围内的人口数、户数、收入所得额及消费支出额；接着调查该范围内的商店数及平均购买力。比如，日本电视最初进入中国市场时就是用消费者购买力来测算中国家电市场的规模。

7. 基数确定法

（1）根据人均销售收入求解。这是以销售效率或经营效率为基数来求销售收入目标值的一种方法。其计算公式为：

销售收入目标值＝每人平均销售收入×销售员人数

在这里，以过去趋势做单纯的预测或以下年度增长率为基准来预测也是可以的。

（2）根据人均毛利求解。即以每人平均毛利额为基数来计算计划期销售收入。其计算公式为：

销售收入目标值＝每人平均毛利额×销售员人数×毛利率

8. 销售员申报确定法

这种方法是根据企业经理层逐级累积一线销售员的申报量，借以计算企业销售收入的目标值的方法。因为一线销售员（如推销员、业务人员等）最了解销售情况，通过他们估计而申报的销售收入必然能反映当前实际状况，而且也是最有可能实现的。但是，在采用本方法时，我们务必注意以下两点：

（1）申报时尽量避免过分保守或夸大。身为第一线领导者的销售经理一定要让销售员明白，应依据自己的能力来申报“可能”实现的销售收入值。

（2）检查申报内容。一线销售经理要实时检查申报内容的可行性，审查申报内容是否符合过去趋势以及市场购买力。

课堂讨论

销售目标的制定方法有哪些？

课堂延伸

新年了，销售计划怎么做？

李杰是一家方便面企业的销售经理，自担任该职务3年以来，制定每年的销售工作计划便成了他的“必修课”。他的销售计划不仅文笔生动、描述具体，而且还往往理论联系实际，策略与实战并举，数字与表格齐下，很好地指导了他的营销团队，使他们可以按照年度计划有条不紊地开展市场推广工作。那么，李经理的年度销售计划是如何制定的呢？它又包括哪几个方面呢？

1. 市场分析

年度销售计划制定的依据，是过去一年市场形势及市场现状的分析，而李经理采用的工具便是目前企业经常使用的SWOT分析法，即企业的优劣势分析以及竞争威胁和存在的机会分析。通过SWOT分析，李经理可以从中了解市场竞争的格局及态势，并结合企业的缺陷和机会，整合和优化资源配置，使其利用最大化。比如，通过市场分析，李经理很清晰地知道了方便面的市场现状和未来趋势：产品（档次）向上走，渠道向下移（通路精耕和深度分销），寡头竞争初露端倪，营销组合策略将成为下一轮竞争的热点，等等。

2. 营销思路

营销思路是根据市场分析而做出的指导全年销售计划的“精神”纲领，是营销工作的方向和“灵魂”，也是销售部需要经常灌输和贯彻的营销操作理念。针对这一点，李经理制定了具体的营销思路，其中涵盖如下几方面：(1) 树立全员营销观念，真正体现“营销生活化，生活营销化”。(2) 实施深度分销，树立决战在终端的思想，有计划、有重点地指导经销商直接运作末端市场。(3) 综合利用产品、价格、通路、促销、传播、服务等营销组合策略，形成强大的营销合力。(4) 在市场操作层面，体现“两高一差”，即坚持“运作差异化，高价位、高促销”的原则，扬长避短，体现独有的操作特色等。李经理充分结合企业的实际确定营销思路，不仅翔实、有可操作性，而且还与时俱进，体现了创新的营销精神，因此，在以往的年度销售计划中，都发挥了很好的指引效果。

3. 销售目标

销售目标是一切营销工作的出发点和落脚点，因此，科学、合理的销售目标制定也是年度销售计划的核心部分。那么，李经理是如何制定销售目标的呢？

(1) 根据上一年度的销售数额，按照一定增长比例，比如20%或30%，确定当前年度的销售数量。

(2) 销售目标不仅体现在具体的每一个月，而且还责任到人、量化到人，并细分到具体市场。

(3) 权衡销售目标与利润目标的关系，做一个经营型的营销人才，具体表现就是合理配置产品结构，将产品销售目标具体细分到各层次产品。比如，李经理根据企业方便面产品ABC分类，将产品结构比例定位在A（高价、形象利润产品）：B（平价、微利上量产品）：C（低价：战略性炮灰产品）＝2：3：1，从而更好地控制产品销量和利润的关系。销售目标的确认，使李经理有了冲刺的对象，也使其销售目标的跟踪有了基础，从而有利于销售目标的顺利实现。

训练营

训练任务——制定销售计划

【任务目标】

掌握制定销售计划的内容和方法。

【任务内容】

（1）分析当前销售状况；

（2）制定销售计划。

【任务要求】

（1）由授课教师主持训练。

（2）每组安排一名同学负责记录、汇总。

（3）活动结束后，要求每组选出一名代表在课堂上汇报讨论出的计划。

（4）准备时间为 20 分钟。

【任务组织】

制定销售计划训练任务组织表如表 2－1 所示。

表 2－1　制定销售计划训练任务组织表

活动项目	具体实施	时间	备注
制定销售计划训练	（1）假设全班有 48 人，将学生分成 8 个小组，每组 6 个人。 （2）小组分工协作，学习并讨论如何制定销售计划。 （3）8 个小组在教师的指导下同时进行讨论。 （4）组织学生讨论制定销售计划训练过程中遇到的问题。	30 分钟	教室中每组一桌六椅、分组资料

【任务评价】

制定销售计划训练任务评价表如表 2－2 所示。

表 2－2　制定销售计划训练任务评价表

评价指标	评价标准	分值	评估成绩	所占比例
制定销售计划训练任务效果	1. 对制定销售计划的内容的规划	20		70%
	2. 制定销售计划方法运用合理	20		
	3. 遵守活动时间	20		
	4. 对制定销售计划汇报中有合理建议	20		
	5. 效果明显	10		
	6. 活动评估	10		
教学过程	出勤、态度热情	100		30%
小组综合得分				

任务二　销售配额管理

故事导入

王鑫应该这样做

依然以王鑫为例。假设王鑫从2021年1月1日开始到腾达公司上班，他的销售任务是500万元，销售额的确认以回款为准，通常的回款周期是一个月，王鑫应该如何才能完成销售目标呢？

看了这个目标，王鑫就会明白，他并不是要在12月底之前签500万元订单，而是必须在11月底之前完成，因为还要考虑回款。

如果你不是仅仅完成销售任务就满足了，那你还可以确定自己的目标数值。你可以考虑自己的收入目标，如年收入多少；或者事业发展目标，如成为销售冠军等，然后，根据自己的目标，确定一个新的销售目标。要注意，个人目标必须高于销售任务规定的目标。假设王鑫通过计算，发现完成500万元销售额，自己能获得16万元左右的收入，然而，他急于买房结婚，不满足于16万元收入，他希望一年能赚到30万元左右。那么，他可以通过公司的销售激励政策，计算他自己想要实现的目标，假设是850万元。接下来，你还必须考虑清楚如何实现这个目标，也就是考虑成功的途径，并且进一步把总目标细化成可操作的目标。

在你确定了要完成的销售额后，就要考虑，你应该从哪里获得销售额？

销售额通常来自以下几个方面：老客户重购、老客户开发、遗留的订单、增加交易金额、开发新客户。

一、老客户重购

对于有一定客户资源的销售员来说，首先考虑老客户重购，因为这部分订单比较容易获得，也比较有保障。假设一个销售员，以前有10个经常会重复购买的客户，每个客户平均每年会购买50万元的产品，那么这10个客户就会带来500万元的销售额。对于生产原料的销售员来说，老客户重购是销售订单的重要来源，因此，他们的主要任务是维护好这些客户，不让他们被竞争对手抢走。

二、老客户开发

即挖掘老客户的需求，向老客户销售新产品。老客户关系比较熟，销售比较容易。销售员可以在新一年开始之前先做好调查，使自己心中有数。

三、遗留的订单

有时谈好的订单，由于客户预算或者工作进程的原因，没有在当年签约，或者虽然签了约但已无法计入当年的销售额，如客户是在12月底签的约，需要一个月回款，而公司确认销售额就在12月底，且以回款为准。这样的订单，就可以计入下一年的销售计划中，作为订单来源。

四、增加交易金额

增加交易金额是指通过向客户销售价值更高的产品来提高销售额。例如：原来客户每次购买3台设备，每台设备100元，总额300元。现在，通过让客户购买更先进的、价值150元的设备，在采购数量不变的情况下，销售额就提高到了450元。

五、开发新客户

如果通过上述计算，依然无法获得足够的销售额，就要考虑去开发新客户。新人，由于没有积累，通常需要把重点放在新客户开发上。即便是一个有经验的销售员过去的客户资源能带来比较确定的销售额，也需要开发一些新的客户资源，作为补充手段，来确保销售任务的实现。

销售额的来源要宽裕一些，如果是850万元的销售目标，至少要规划出1 000万元的销售额来源，因为客户会有变化，预期的订单可能会落空，如果没有补充来源，很可能完不成任务。

教师启发： 如果王鑫能从一年之初就制定这样详细的销售计划，那么年末的收益基本上是可以预期的，不会出现到了9月份才发现无法完成任务的尴尬局面。所以，制定一个有效的销售配额非常重要！

课前提问： 应该如何确定销售配额呢？

相关知识点

一、销售配额的含义

（一）销售配额的内涵

销售配额是企业分配给销售组织或销售员的在一定时期内必须完成的销售任务。销售配额作为一项定量指标，可以以企业产品的销售区域、产品类型或客户类型为基础，分配给销售组织或销售员。

（二）销售配额的特征

销售配额体系是销售管理的重要职能，但是有了销售配额体系不一定能保证销售员完成任务。因此在设计销售配额时，必须使之能够激励销售员完成个人和企业的销售目标。

好的销售配额体系应具备以下特征：

（1）公平性。好的销售配额应该让销售员感到公平。销售配额给每个销售员的工作负荷应该都一样。但是，这并不意味着销售配额必须相等，因为不同的销售区域市场潜力不同，竞争程度也不同，而且销售员本身也有能力的差别。

（2）可行性。配额应该可行并兼顾挑战性。如果目标定得太高而无法实现，销售员就会失去积极性；但目标也不能定得太低，否则就起不到激励销售员的作用。

（3）灵活性。配额要有一定的弹性，能够依据环境的改变而变化。只有这样，才能保持销售员的士气。

（4）可控性。配额要有利于销售经理对销售员的销售活动进行检查，以便采取措施纠正偏离销售目标的行为。

（5）易于理解。配额的制定和内容必须能被销售员理解和接受，否则将起不到激励作用。

二、销售配额的作用

销售配额是销售经理计划销售工作的最有力的措施之一，有助于销售经理规划每个计划期的销售量及利润，安排销售员的行动。销售配额是为销售员设置的目标，对于销售经理及销售员都有很重要的作用。销售配额可以作为一把尺子来衡量销售员、销售小组或整个销售区域完成任务的状况。如果运用得当，它可以有力地激励每个销售员更好地完成任务。总之，销售配额的设置有利于销售经理及销售员有效地计划、控制、激励销售活动，以达成整个公司的销售目标。其作用如下：

（一）导引作用

销售配额就是销售员努力的方向。量化的指标便于指导销售员的工作，同时为销售员的努力指明了方向。销售经理通过比较配额的完成情况，可以发现销售组织的优势和劣势；销售员从配额的完成情况中也可以识别市场上存在的问题与机会。

好的配额设置可以使销售经理对各方面的工作进行总结。例如：不好销的产品总是隐藏于好销的产品中，如果按每种产品来分配配额，就可以发现这种情况；按地域或消费者来分配的配额，可以起同样的作用。

（二）控制作用

配额一经确定，销售员便有了作为衡量销售绩效的标准。配额的设置可以使销售员积极参与公司的活动，如设置新客户访问配额、大客户销售配额、商品展示配额等。

为了更有效地工作，配额的设置应包括销售活动的各个方面，如开拓市场的前期工作。因此，仅仅设置销售额作为配额是不够的，还应有诸如新客户拜访的数量、市场份额等。准客户的确认及其他一些辅助性销售活动的配额也应设置。因此在设置配额前，销售经理一定要全面考虑销售员应该参与的活动，并在配额上显示出来。同时，如果出现偏差，就可以在偏差出现前或前期及时采取措施加以调整。

（三）激励作用

销售经理总是在不停地寻找保持销售员士气的方法，如果配额的设置具有挑战性，就可以产生很大的激励效果，以激励销售员为实现某一目标而努力。如果目标很容易就可以实现，激励的效果就会减弱，就存在销售员变得懒散的危险，甚至这些目标也实现不了。如果目标定得过高，谁会为一个不能实现的目标而努力呢？强迫销售员实现不能实现的目标只能起反作用。也许销售员完成了销售目标，但结果却损害了与客户关系。因此，设置一个合理的配额，对组织、销售经理、销售员都会带来很大的好处。

配额常常被用来激励销售员克服困难，如某些产品销路不畅、某些产品竞争加剧，可以设置配额来激励销售员加强这方面的销售行动。

销售配额还可以用作销售竞赛的标准。销售竞赛可以激励销售员实现短期目标，如一个月确认 10 个新的准客户。

由于区域差异，竞赛配额应根据区域的特点进行调整，以便对每个销售员都是公平的。设置竞赛配额时应该注意，不要总是让最好的销售员取胜。如果竞赛不能为所有的销售员提供赢的机会，那么竞赛就会产生反作用，而实际上减弱了激励性。

（四）评价作用

销售配额为评价销售员的工作也提供了标准，如果配额的设计合理会有利于销售经理对销售员的能力进行评估。当配额直接与销售员的薪金或报酬有关时，不仅具有评价作用，而且激励作用就会更明显地体现出来。销售经理在比较销售员的实际成果与销售配额的差距后，可据此来指导销售员下一步的销售行为，以提高整体销售绩效。销售员也可以将自己的实际绩效与销售配额进行对比，找出销售工作中存在的不足和问题，从而不断地提高销售效率。

三、制定销售配额需要考虑的因素

销售经理设置销售配额时必须预测业务员区域的销售量。很多公司设置销售配额时往往基于过去的经验，还有一些经理简单地套用公司的销售预测为基数。如果公司预测的结果是提高 6%的销售量，则对每个销售员都分配 6%的销售增长。这种方法虽然简单、费用低、易管理、易理解，但是它忽略了地域状况及销售员的能力差别。有的新建区域尽管销售量小，但其销售增长率要比一些已成熟的销售区域的销售增长率大得多，因此新的销售区域提高 6%的销售量是很容易完成的，而成熟区域要提高 6%的销售量则是很困难的。

在制定销售配额时，一定要考虑区域的销售潜力。销售潜力可以反映公司销售额的成长机会，但销售潜力的预测费用高、时间长并且具有主观性，因此还应综合考虑其他因素（见表 2-3）。

表 2-3　制定销售配额要考虑的因素

区域内总的市场状况	公司战略目标	该地区过去的业绩	市场涵盖的质量
区域产品的历史	公司目标	业务员及区域收支分析	各个产品的促销时间
区域购买力指数	公司政策	销售量	产品和产品组合收入分析
每个区域前 50 名客户的收支分析	销售预测	公司以前的销售量	各个产品的广告
区域特点	活动目标	业务员以前的销售量	竞争者
消费者特点		销售潜力	销售报告

四、销售配额的类型与分配方法

（一）销售配额的类型

销售配额通常有五大类型：销售量配额、销售利润配额、销售活动配额、综合配额（前三者的综合）和专业进步配额。对任何一个具体的销售工作都可以选择那些与工作密切相关的配额。

1. 销售量配额

销售量配额是销售经理希望销售员在未来一定时期内完成的销售量，便于销售员理解自己的任务。

销售量配额是最常用的、最重要的配额，因为公司总是希望销售员实现最大销售量。销售量配额通常是在考虑市场潜力的情况下以销售预测为基础制定的。

销售经理设置销售配额时必须预测销售员所在销售区域的销售潜力，销售经理设计销售量是基于对现有市场状况的分析，因此需要研究以下因素：

（1）区域内总的市场状况；

（2）竞争者的地位；

（3）现有市场的特点和市场占有率；

（4）市场涵盖的质量（一般取决于该市场销售员的主观评价）；

（5）该地区过去的业绩，对过去的数据进行调整以适合人员、区域及公司政策的要求、新产品推出的效果、价格调整及预期的经济条件。

2. 销售利润配额

在销售活动中，企业往往重视销售量而忽略利润，设置销售利润配额的目的就是避免这种情况。公司用利润配额可以控制销售费用，进而控制毛利和利润。销售费用对公司的利润有很大的作用。销售费用控制得好坏，在很大程度上决定着公司利润的多少。销售利润配额与销售量配额一起使用可以使销售员明白收入与利润率都是公司关注的目标。例如：销售员乐于把精力花在易销售的产品和熟悉的顾客身上，但是，这样做往往利润率很低，而费用的花费与那些销售困难的产品或陌生的顾客却是一样的。因此，利润配额可以激励销售员访问更有效益的客户，销售更有效益的产品。

销售经理通常通过经济手段激励销售员控制费用。销售利润配额和销售量配额一样，与薪酬计划紧紧地联结在一起。例如：对那些将销售费用控制在一定水平的销售员给予一定的销售津贴。销售利润配额包括毛利配额和利润配额。

（1）毛利配额。公司的产品多，实现的利润不同，可以采用毛利配额。设置毛利配额，可以使销售员集中精力提高毛利，然而毛利是很难控制的。通常，销售员不负责产品定价，无法控制生产成本，在这种情况下，销售员无法完全对销售毛利负责，有些公司对销售员公开生产费用信息，并采用一定的手段让销售员随时了解费用状况。

毛利有助于说明销售任务的完成状况。如销售员 A 完成销售额达 100 000 元，而销售员 B 完成 95 000 元，仅从销售额上看，销售员 A 完成得比较好，但 A 的销售费用为 20 000元，B 的销售费用为 10 000 元，从毛利角度来看，B 的毛利更高，业绩更好。

（2）利润配额。很多经理认为利润配额是体现目标最好的形式，它与管理的基本目标直接相连。

利润配额也有一些缺点，销售员无法控制影响利润的因素，也就无法完全对自己的业绩负责。因此完全以利润来评价销售员的工作有失公平。

3. 销售活动配额

销售活动配额是用来指导销售员其他销售活动的指标，主要包括：

（1）宣传企业及产品的活动。

（2）产品演示活动。

（3）吸引新客户，鼓励其成交。

（4）展示产品和其他促销工作。

（5）提供消费者服务、帮助和建议。

（6）拜访潜在客户的活动。

（7）培养新的销售员。

销售活动配额使销售经理便于控制销售员的时间使用，即在不同销售活动中的工作分配。典型的销售活动包括销售访问，拜访准客户、新客户，产品演示，等等。不论对公司还是对销售员，这些活动的效果不会立即反映出来，但是如果市场有足够的开发潜力，就必须不断地努力。遗憾的是，在很大程度上，这些作用是由销售经理来主观评价的。销售经理必须研究对基本客户所花费的时间和所做访问的记录，依靠客观的判断来估计销售员在这些活动中的价值。

像利润配额一样，活动配额用于衡量销售员完成销售量的其他销售活动的工作量，否则销售员有可能忽视了将来的发展，而仅关心当前的利益。

有些销售活动虽不能直接实现销售收入，但对将来的销售工作影响很大，如销售报告、客户调研等，因此有必要以活动配额来评价销售员的业绩。

使用活动配额时也会遇到一些问题，如员工参与人数多，信息必须从销售员报告中获得。销售员使用这些报告时偏重数量而忽视质量，因此报告无法显示出工作实际状况。另外，由于无法直接实现销售收入，很难对销售员产生激励。通常情况下，活动配额与销售量配额和销售利润配额一起使用并配以一定的津贴奖励，可以提高销售员的积极性，使其有效地完成活动配额。

4. 综合配额

综合配额是对销售量配额、销售利润配额、销售活动配额进行综合而得出的配额。综合配额以多项指标为基础，因此更加合理。设置综合配额远比设置销售目标复杂，因为它用到权数这个概念。权数是活动重要性的量化。

当使用一个综合配额时，每一个配额依照其重要性赋予权数。对每个因素的权数设定是很重要的，表 2-4 说明了如何设定权数。

表 2-4 综合配额的计算（简例）

项目	权数	配额	实际完成额	完成率	乘权数
销售额	50	60 000	66 000	110%	5 500%
毛利	25	15 000	13 500	90%	2 250%
新顾客	15	40	30	75%	1 125%
服务、培训	10 100	60	72	120%	1 200% 12 000%

综合配额在销售经理考评销售员的业绩时，可以全面地反映销售工作的状况。

5. 专业进步配额

专业进步配额的确定主要是为了提高销售员的素质和销售能力，在经营活动中主要反映在销售员的销售技巧、专业知识和熟练程度等方面。这些配额不易量化，只能作为定性指标，因此很难设定和考核，一般用一些不可替代的相关指标，如与消费者的关系等。

（二）销售配额的分配方法

销售配额的分配方法大致如下：

（1）根据月份分配。根据月份分配即将年度目标销售额按一年 12 个月或 4 个季度来平均分摊的方法。这一方法还可将销售员所在地区、商品特征与月份结合起来，效果更好。

（2）根据业务单位分配。根据业务单位分配，是指在分配销售配额时，以小组或小区为单位进行分配。

(3) 根据地区分配。根据地区分配是指根据业务员所在地区大小与顾客购买能力进行销售配额分配。

(4) 根据产品分配。根据产品分配是指根据业务员推销产品的不同分配销售配额的方法。

(5) 根据客户分配。根据客户分配是指根据业务员所面对的客户多少和性质来确定配额大小。

(6) 根据业务员分配。根据业务员分配是指根据业务员的能力大小来分配配额。

五、销售预算

(一) 销售预算的内涵

销售预算是企业对产品销售活动费用的估算，是企业进行产品销售活动投入资金的使用计划。它规定了计划期内开展销售业务所需的费用总额、使用范围和使用方法。它不仅是销售计划的重要组成部分，也是确保销售活动按计划顺利开展的基础。

(二) 销售预算的作用

销售预算管理的目的是使销售员从单一强调销售量转变为注重费用控制和增加利润，它对销售员起到计划、协调和控制的作用。

1. 计划

销售费用是销售管理过程中主要的计划和控制工具。它对销售计划中不同项目的费用提供具体的数字化指导，使销售员可以在一定的销售费用内实现销售目标，从而保证利润目标的实现。

2. 协调

销售预算是销售管理过程中的一个主要协调管理工具。销售经理利用销售预算可以协调各方面的活动。销售活动需要费用，而费用又是有限的，因此为了合理地使用有限的费用，需要协调各种活动，使有限的费用发挥最大的作用。

3. 控制

提高利润的重要因素在于对销售费用的控制。销售费用预算总是与销售配额一起使用，其目的是控制销售员的费用水平。销售目标与销售费用的对照可以衡量销售任务完成的质量，有利于销售经理识别问题，及时采取正确的行动。

(三) 销售预算的内容

一般而言，销售预算包括以下内容。

1. 销售员的费用

(1) 薪水、佣金、红利等。

(2) 商务旅行费用：住宿费、餐饮费、交通费、招待费、杂项等。

2. 行政性销售费用

(1) 薪水、佣金、红利等。

(2) 商务旅行费用：住宿费、餐饮费、交通费、招待费、杂项等。

(3) 办公费、销售会议费用、培训费、招聘费用等。

3. 销售推广费用

销售佣金，营业推广费用，销售展览或展厅费用，价格目录费用，销售包装、运输、装卸费等。

4. 联系通信费用

邮寄费、电话费、上网费等。

5. 其他费用

房租、保险费等。

（四）确定销售预算的方法

销售经理在确定销售预算水平时，应根据企业的历史、产品的特点、营销组合的方式和市场的开发程度等多方面因素来确定采用何种方法。企业采用的预算方法各不相同，这里介绍几种常用的方法，销售经理可根据实际情况加以选择。

1. 销售百分比法

用销售百分比法确定销售预算时，最常见的做法是用上年的费用与销售百分比，结合前年的销售预测量来确定销售预算；另一种做法是对最近几年的费用销售百分比进行加权平均，将结果作为当年的销售预算。这种做法往往忽视了企业的长期目标，不利于企业大胆开拓市场。例如：企业为增加销售额需要增加新的销售员，但短期内这种决策的效果展现不出来，反而有可能增加费用，于是为了不影响短期业绩，许多企业可能不增加销售员。而从长期来看，增加销售员可以提高销售量，提高市场占有率，有可能减少费用。有时只重视短期目标可能导致销售量下降、费用下降的恶性循环，因此还需要更为灵活大胆的预算管理方法。

2. 标杆法

标杆法是以行业内主要竞争对手的销售费用为基础来确定自己的销售预算。同意用这种方法的销售经理都认为销售成果取决于竞争的实力，使用这种方法的前提是对行业及竞争对手有充分的了解。要做到这一点，需要及时得到大量的行业及竞争对手的资料。但通常情况下，得到的资料都只能反映往年的市场及竞争水平状况。所以用这种做法分配销售预算有时不能达到超越竞争对手的目的。

3. 边际收益法

这里的边际收益指每增加一名销售员所获得的效益。由于销售潜力是有限的，随着销售员的增加，收益的增加量会越来越少。而每个销售员的费用是大致不变的。因此，存在这样一个点，在这个点上，增加一个销售员，其收益和费用接近；再增加销售员，费用反而比收益要大。边际收益法要求销售员的边际收益大于零。边际收益法也有一个很大的缺点，即在销售水平、竞争状况和市场其他因素变化的情况下，要确定销售员的边际收益是很困难的。

4. 零基预算法

这种方法假定在一个预算期内每一项活动都从零开始。销售经理提出销售活动所必需的费用，并且对这次活动进行投入产出分析，优先选择那些对组织目标贡献大的活动。这样反复分析，直到把所有的活动按贡献大小排序，然后将费用按照这个序列进行分配。这种方法的缺点是：有时贡献小的项目可能得不到费用；另外，使用这种方法需经过反复论证才能确定所需的预算。

5. 目标任务法

目标任务法是销售经理根据预测确定的目标，确定实现目标必须完成的任务，并估计完成这些任务需要花费的成本，然后根据总公司利润目标来审查这些成本是否合理。如果成本过高，销售经理就应该换一种实现目标的方式，或者调整最初的目标。重复这一过程几次，直到管理层对目标以及实现目标的方式感到满意为止。

目标任务法是一种非常有用的方法，可以有效地分配达成目标的任务。很多企业都采取目标任务法或目标任务法的演变形式。这种方法要求数据充分，因而管理工作量较大，但直观易懂。

6. 投入产出法

这种方法是对目标任务法的改进。目标任务法是一定时间内费用与销售量的比较，但有时有些费用投入后，其效应在当期展现不出来，因此无法真实地反映费用销售量比率。投入产出法不强调时间性，而是强调投入与产出的实际关系，因此在一定程度上克服了目标任务法的缺点。

课堂讨论

销售配额的分配方法有哪些？

课堂延伸

一个公司的销售目标分解会

对于一个企业而言，进入11月，一年即将结束，为了来年有好的收益，会开始着手新的年度规划，只有“增收”才是企业的生存发展之道。营销规划自然就成为新的年度规划的关键所在，而销售目标分解又是这一规划的核心所在。

11月1日早上，李凡准时收到公司分解下来的销售目标。他正在看报表，就接到了来自华北大区安林的电话，大呼公司不考虑实际，竟然将自己来年的销售目标比今年1—10月的月均销售额提高了50%以上；而华南大区的目标又比自己减少了接近1/3。

李凡根据今年1—10月的月均销售数据将公司下达给自己的1.8亿元销售目标大致地划分到辖区内包括他在内的9个区域经理的身上；然后又根据各辖区的消费能力、客户状况，以及各个客户的历史销售状况进行任务的细分，使得这些任务可以很好地落实到每个客户身上。

自从从事销售管理工作以来，李凡一直主张在目标任务的分解上保持公平、公正、透明的原则。所以他每次进行目标任务分解时都会召开区域经理会议，组织大家对他分解的销售目标进行讨论、修正。

经过讨论，投票任务分解汇总表由内勤汇总出来了，李凡审视了一下8位区域经理的整体任务划分，相对都比较客观，就没有采取“去头、去尾”的措施，同时将自己的任务分解也作为一个意见，与下面8位区域经理的分解意见进行相加，直接采取了平均值，然后直接打到投影仪上进行公布。

区域任务分解最终敲定下来，李凡开始要求各区域经理将自己辖区的任务分解到辖区的客户中去。虽然针对每个区域的任务制定进行了充分的考虑，但是大家发现将实际的销售任务分解到各个客户的时候还是面临很多问题，因为有些客户明显不大稳定，完成今年的目标压力就很大，再按照大区分解下来的增长幅度给其加压，压力更大；同时有些客户，今年本身就存在问题，是明年要淘汰优化掉的客户，有部分任务确实无法分解下去。

最后，李凡用一句话对当天的销售目标分解会做出了总结：作为一个职业经理人、一个营销人，我们需要对目标负责，我们要具备解决问题的能力，我们要有推动目标落实的责任心，否则，我们这些人就失去了自己存在的价值。

训练营

训练任务——销售配额案例讨论训练

【任务目标】

帮助学生结合案例，根据所学内容，进行案例分析并提出建议。

【任务内容】

某公司有一项销售员的奖励制度，以销售量与所指定的销售配额的关系为基础来给付奖金。销售配额是由管理人员根据每个销售员所负责销售区域的客户类型、竞争情况以及前一年公司业绩和销售员个人业绩综合计算出来的。该奖励制度在实施过程中产生了以下几个问题，请提出解决这些问题的建议：

(1) 目前，那些表现最好的销售员的客户太多了。公司想缩减优秀的销售员的服务区域，并增加一些新的销售员，但是遭到杰出销售员的抗议，他们认为这是对他们优秀表现的惩罚。

(2) 成绩最好的销售员也抱怨其配额每年都在增加，并且是以他们过去的成就为基础。他们觉得这有点类似于鞭打快牛。

(3) 销售经理认为，公司没有取得足够的新客户。所谓的市场开发，就是吸引从未采购本公司产品的单位成为自己的客户，而这项任务往往需要在数年后才会见到成效。现行的奖励制度可能无法激励员工从事这类工作。

(4) 当某销售员所在地区的经济发展迅速时，他可能不需要很努力就可获得较高的薪酬。当某地区失业率高，或竞争者决定降低价格以打入新市场时，即使销售员尽力工作，其薪酬也可能减少。

这是在公司销售配额分配中经常出现的问题，请讨论解决这些问题，因为这些问题的解决直接关系公司目标任务的完成。分析问题产生的根源，并给出解决问题的方法。要求分析透彻，解决方案可行。

【任务要求】

(1) 由组长主持对案例内容的讨论。

(2) 每组安排一名同学负责记录、汇总。

(3) 活动结束后，要求每组选出一名代表在课堂上汇报讨论结果和心得体会。

【任务组织】

销售配额案例讨论训练任务组织表如表 2-5 所示。

表 2-5 销售配额案例讨论训练任务组织表

活动项目	具体实施	时间	备注
销售配额案例讨论训练	(1) 假设全班有 48 人，将学生分成 8 个小组，每个小组 6 个人。 (2) 小组分工协作，学习并讨论已发销售配额案例。 (3) 8 个小组在教师指导下，同时进行讨论。 (4) 组织学生讨论销售配额案例训练过程中遇到的问题。	60 分钟	教室中每组一桌六椅、分组资料

【任务评价】

销售配额案例讨论训练任务评价表如表 2-6 所示。

表 2－6 销售配额案例讨论训练任务评价表

评价指标	评价标准	分值	评估成绩	所占比例
销售配额案例训练任务效果	1. 能够分析问题产生的根源	20		70％
	2. 给出解决问题的方法	20		
	3. 遵守活动时间	20		
	4. 要求分析透彻，解决方案可行	20		
	5. 效果明显	10		
	6. 活动评估	10		
教学过程	出勤、态度热情	100		30％
小组综合得分				

任务三 销售组织建立

故事导入

厦门电信实行营维一体化销售组织转型

福建厦门电信在支局网格化承包经营和装维集中的基础上，大力推行网格营维一体化销售组织模式，经过一系列调优完善，基本完成试点支局网格营维一体化销售组织转型。

厦门电信着眼渠道突破，推动装维一体化承包，提升自有渠道营维协同能力。进一步扩大“合伙人”式自主创业承包经营范围，将装维工作划小经营，一部分直接划入承包经营较为成熟的支局网格，实施营维一体化承包经营；另一部分以结对子的责任挂钩方式嵌入，采取计发实做与内部承包相结合的模式推进。深化“1＋N”销售组织模式，采取“营维1＋1”，即1名营销人员＋1名维护人员协同入户的销售服务模式，以社区店为基础，建立智慧专家团队，将各类信息化应用打包成“智慧家庭”整体服务。同时，将装维嵌入网格组建“装维别动队”，以宽带装移修客户接触点为基础，采取“营维1＋1＋2”，即由社区经理1次接触客户并做1次业务引导，再由营销人员2次深度营销的模式。立足质量经营，提升装维服务能力。强化装维过程的规范管理及考核力度，将服务质量和客户感知的考核与薪酬资源匹配相挂钩；强化客户回访，发挥满意度回访的“体温计”作用，既做好客户解释工作，又及时对装维过程的不足之处整改提升；强化装维规范、客户服务组合产品及销售话术培训，提升自有人员和代装人员的客户接触及销售服务能力。

教师启发：建立完善的销售组织是确保销售业务高效运作的前提。销售部门的组织建设与管理是企业销售管理的重要内容。

课前提问：如何建立销售组织呢？

相关知识点

一、销售组织的含义

销售组织是指企业销售部门的组织，它使构成企业销售能力的人、商品、金钱、信息等各种要素得到充分利用和发挥。简而言之，就是将生产或经营的商品销售给客户的销售部门。

当一群人在一个团体内（如公司）为同一个目标而努力，就会产生“组织”的需求，换句话说，组织就是将员工在工作中的地位、职责和权利，以及他们相互间的关系，加以明确的规定。为了发挥最高效率并达到销售目标，必须组织一个强有力的销售队伍，这是对一个销售管理者的要求。销售队伍中的每个销售员都是公司在某种条件下分派来的，如何把这些人组成一个团队，并使这个团队具有强大的战斗力，是销售管理者的首要责任。

企业销售组织有四个重要概念：分工、协调、授权、团队。

（一）分工

公司为追求既定的利润目标，必须靠各部门分工合作才能完成如产品分析、采购、仓储、促销、推销、收款等工作，只有通过专业的分工，企业才能最终获得效益。产品的销售涉及促销、推销、售后服务等，客户分布在不同的区域，因此，销售员需要分工才能完成企业的销售任务。

分工导致企业销售组织的部门化与阶层化。所谓部门化，是指企业如何划分必须做的销售工作，经过划分的销售工作分配给哪一个单位去做。换句话说，销售组织的部门化，也就是把分配给各销售组织单位工作的种类、性质、范围分别加以限定。

（二）协调

分工带来工作上的绩效，但也会产生若干问题。特别是实行了目标管理后，各部门人员对公司总体目标不了解，只以部门目标为最终目标，“本位主义”妨害到公司整体的目标。企业谋求补救之道，就是运用“协调”这一方法，使部门与部门之间协调，人员彼此之间协调，相互了解沟通，消除冲突，整合力量，发挥各部门力量，达成整体效果。

销售工作是一个自由度较高的工作，销售员分布在不同的地方，更需要协调，以便按照企业的销售计划统一行动。销售经理需特别留意，要实施销售战略上的协调与业务上的联络、洽商及信息交换，以及与各部门意见的沟通，以免发生误会或不协调。总公司的销售部与分公司要联络与协调，总公司销售部的经理，应尽量找机会访问分公司或办事处，不可总是把分公司的人叫到总公司来。访问分公司时，需做必要的指示、引导、激励与慰问，不要以总公司的名义烦扰分公司的人。

（三）授权

所谓授权，是授予发布命令与执行的权力。随着企业销售工作的发展与膨胀，企业内部的销售活动分工越来越细，销售组织层次不断增加，形成了公司销售管理层、部门销售管理层、一线销售管理层、销售作业层 4 个阶层，这 4 个阶层各负其责。当销售各部门间有分歧，无法取得一致意见或销售部门在执行的细节上无法协调、公司的最大效益无法获得时，企业当局必须建立授权制度。另外，销售员一般远离公司独立作战，他们必须面对客户做出适当的反应，因而需要一定的决策权限。所以，销售经理在分配任务时，就应当授予他们一定的权限。

（四）团队

团队可定义为在特定的可操作范围内，为实现特定目标而共同合作的人。换言之，团队就是一些人一起做某件事情。团队涉及销售队伍组织的策略问题，即销售员以何种方式与目标客户接触，是单打独斗，还是采用小组推销、推销会议或推销研讨会。从目前发展的趋势看，销售工作越来越需要集体活动，需要其他人员的支持配合。因此，团队形式的小组推销（Team Selling）越来越受到重视和顾客的欢迎。

二、销售组织的特征

销售组织的特征包括以下几个方面。

（一）销售组织目标

销售组织的目标是在企业整体战略的基础上，通过各种营销活动，完成销售量，实现销售利润，提供令消费者满意的售后服务，努力扩大企业产品和服务的市场占有率，从而为企业的发展提供强有力的保证。

（二）销售组织形式

销售组织的形式是多种多样的，其一般是根据商品的性质、市场的大小、销售渠道的形式等确定的。销售组织的形式可以是单一形式，也可以是复合形式。

（三）销售组织运行

销售组织从运行来看是对各种资源的合理分配利用，销售组织的资源主要包括人、财、物、信息、商誉等。另外，销售组织需要相应的规章制度来确保组织的有效运行。

（四）销售组织变革

销售组织是一个开放的系统，与市场接触最多，它与环境发生着广泛而复杂的联系。因此，它必须适应企业内部的发展和市场环境的变化，随时进行调整和变革，从而为企业的健康发展和自身成长创造条件。

案 例

某跨国制药公司的组织结构调整

这是一家总部设在美国、制造各类药品的跨国企业。它通过“国际部”和3个“地区分部”对设立在36个国家和地区的分公司（或子公司）的国际业务进行管理。其管理机构设置和工作人员配备情况如下：设在美国本土的国际部共有250名职员；在它下面按地理区域设有3个地区分部，其中设在法国的欧洲分部有150名职员（从销售额看是最大的一个分部），设在巴西的拉丁美洲分部有30名职员，设在新加坡的亚洲分部有20名职员。这些分部负责对所属地区的分（子）公司进行控制和协调，但亚洲分部所属的日本子公司，由于其规模较大、业务特殊，实际上拥有与地区分部相同的地位。这家制药公司中，介于分（子）公司和总公司之间的管理层次有2层，共有450名职员。

由于需求层次上的差别，发展中国家分部侧重于儿童药品和抗传染病药，发达国家分部侧重于老年保健药品和抗“富贵病”药。为了更好地组织新产品开发，还鉴于日本分公司原有的特殊地位，现明确将其从分部中独立出来，直接向国际部报告工作及接受控制。

在分部组建方式进行改变的同时，分部的管理职能相应从以控制为主转变为以参谋和服务为主。配合这种职能转变，分部的管理人员只配备有制造、营销、财务、研究开发、人力资源和税务等方面的一些专家、经理、秘书人员。

为实施上述国际业务管理的组织结构改革方案，这家跨国制药公司共投资了800万美元，并花费了相当长的一段时间来修改原工作程序及培养管理人员树立新观念、学习新技能，并对被解雇人员加以安置。

该方案的实施使分（子）公司拥有了较大的经营自主权，增强了经理人员的全面管理能力，并促进了员工们的创新精神。

以这种方式改革组织结构被实践证明为对这家公司当时存在的两大问题做出了有效的反应：管理人员精减38%，使国际业务管理费用大大降低，从而提高了公司的成本竞争力；按市场类型和消费层次组织新产品开发，不仅有利于保持新产品开发中的规模经济，还可以提高公司的整体研究开发能力。值得一提的是，这家公司投入组织结构改革的800万美元，仅在不到两年的时间内就全部收回了。

三、销售组织建立的流程

（一）明确销售组织的目标

销售组织的不同层次有不同的目标。最高管理层决定销售的全盘目标，主管销售业务的负责人决定销售部门的目标。大部分销售部门的目标是：完成一定销售量，获取一定净利润，扩大市场覆盖面，为客户服务、提高客户满意度。

销售部门的目标分为长期目标和短期目标。短期目标小而明确，能较好地提高销售管理效率。与其他部门人员一样，如果指派的目标明确，开展工作将更为有效，可以避免时间、精力与金钱的浪费。

（二）设计销售组织

销售组织设计包括以下内容。

（1）职能设计。首先要明确完成何种销售活动，对销售活动进行分类。

（2）框架设计。其实质是研究分工。一般模型是金字塔形，分为纵向结构和横向结构。纵向结构是层次化的，分为高层决策层、中层管理层和基层作业层。横向结构是部门化的，一个层次里分若干个部门，每个部门设置若干个岗位，将相关工作由相应的部门和岗位承担，采用高度专业化的分工。

（3）协调方式设计。必须明确销售部门各岗位的工作报告对象，以及与相关岗位的沟通与协调方式。

（三）描述销售部门和销售岗位职责

销售部门是现代企业中最传统也最具有力量的部门，任何企业都需要高度重视销售部门。对销售部门职责和销售岗位职责的描述，是保证销售部门完成销售任务的重要基础。

销售岗位职责的描述包括销售经理岗位职责描述和销售员岗位职责描述。销售经理不是超级销售员，而是销售组织的管理者。所以一个合格的销售经理必须承担销售战略管理，完成销售区域管理和销售目标管理等。销售员的销售效果直接关系销售任务的完成，让销售员知道自己在销售活动中的权利、义务，有利于激发销售员的积极性，更有利于销售任务的完成。

（四）确定销售队伍规模

销售员的规模与企业销售战略、销售量、销售成本密切相关。但是究竟有多少销售员才是最理想的数目？这是销售组织设计必须解决的问题。

（五）建设销售团队

任何组织的团队都包含目标、定位、职权和人员 4 个要素，销售团队的建设也不例外。因此，销售经理应重点从这 4 个方面着手建设销售团队。

课堂讨论

如何建立销售组织？

课堂延伸

华为组织变革的四个阶段

华为的危机意识让人印象深刻，从最早的“华为的冬天”到“华为的红旗还能打多久”，到“下一个倒下的会不会是华为”，正是这种居安思危、以客户为中心的思考角度让华为提前洞察了市场的变化，先知先觉。华为随之进行匹配的战略变革与组织变革，走在了产业演进的前沿。

华为的组织变革演进可以分为以下阶段：

（1）2002 年前，以中国市场为核心，组织结构以集权为主要特征，专业化、规范化程度高。

（2）2003 年，集权结构向产品线结构改变，以应对快速变化的市场。

（3）2007 年，国际化全面开始。地区部升级为片区总部，成立七大片区，各大片区拆分为 20 多个地区部，指挥作战中心进一步向一线转移。

（4）2010 年，将原来按照业务类型的组织架构变为按照客户类型划分，成立面向企业、运营商和消费者三个客户群的组织架构。2014 年，华为新成立“ICT 融合的产品和解决方案组织”，以适应 ICT 行业技术融合趋势。

2018 年，华为已经形成了完善的矩阵式组织结构以实现全方位的信息沟通。横向是按照职能专业化原则设立的区域组织，为业务单位提供支持、服务和监管，使各业务群（Business Group，BG）在区域平台上以客户为中心开展各自的经营活动。纵向是按照业务专业化原则设立的四大业务群，并分别设置经营管理团队（Executive Management Team，EMT），按照其对应客户需求的规律确定相应的目标、考核和管理运作机制。这种纵横组合在各级组织都是层层嵌套的，形成业务和能力建设的双轮驱动。

训练营

训练任务——建立销售组织训练

【任务目标】

运用所学知识，选择某一行业，建立销售组织。

【任务内容】

(1) 设定一个企业销售组织的虚拟场景；

(2) 建立销售组织；

(3) 向全班同学汇报组织框架。

【任务要求】

(1) 由授课教师主持训练；

(2) 每组安排一名同学负责记录、汇总；

(3) 活动结束后，要求每组选出一名代表在课堂上汇报讨论的心得；

(4) 准备时间为 10 分钟。

【任务组织】

建立销售组织训练任务组织表如表 2-7 所示。

表 2-7 建立销售组织训练任务组织表

活动项目	具体实施	时间	备注
建立销售组织训练	(1) 假设全班有 48 人，将学生分成 8 个小组，每个小组 6 个人。 (2) 小组分工协作，学习并讨论如何建立销售组织。 (3) 8 个小组在教师指导下，同时进行讨论。 (4) 组织学生讨论建立销售组织训练过程中遇到的问题。	30 分钟	教室中每组一桌六椅、分组资料

【任务评价】

建立销售组织训练任务效果评价表如表 2-8 所示。

表 2-8 建立销售组织训练任务效果评价表

评价指标	评价标准	分值	评估成绩	所占比例
建立销售组织训练任务效果	1. 选定相应的行业企业	20		70%
	2. 能识别训练中易犯的错误	20		
	3. 遵守活动时间	20		
	4. 建立适合的销售组织	20		
	5. 效果明显	10		
	6. 活动评估	10		
教学过程	出勤、态度热情	100		30%
小组综合得分				

任务四 销售组织设计

故事导入

市场划分，与时俱进

T公司是南方一家大型上市公司，主要生产银行使用的电脑终端类产品。它把全国分为9个大区，采取的是简单的区域划分市场的方式。随着公司的发展，该公司与另一家公司强强联合，开发了打印机、银行刷卡机等新产品。随着产品线的不断增多，各个产品之间的差异性也越来越明显，公司改变了原来简单地按区域划分的方式，改成了按产品划分，在每个销售办事处，分设不同的销售小组，针对银行客户推销自己的产品。这时的市场组织方式是：销售一部负责终端类产品，销售二部负责打印机，销售三部负责金融卡具产品。也就是说，3个销售小组的销售员分别拿着不同的产品面对同一个客户进行推销。这个模式运行了不到一年就出现了不少问题：首先，客户会觉得T公司管理不规范，翻来覆去，总是你们公司的人，而且各有说辞；其次，一部分客户会从中借力，用一部的产品压二部，二部再压三部，三部再压一部，也就是两边比着要条件。客户此时的说法是："都是你们一个公司的，打印机产品可以先使用后付款，终端产品为什么不行?"另外，在这种以产品为导向的市场划分方式下，公司的销售费用增长迅速，人员利用也不充分，公司也在重复投入资源，因为每一个产品都要走接触、洽谈、公关、运作、招投标的过程。

公司意识到市场上有问题，于是再对上述产品导向模式进行改革。新模式采用以客户为导向的市场划分方式，即A销售队伍负责工商银行，B销售队伍负责农业银行，C销售队伍负责建设银行……按不同的银行来分，每个银行的销售队伍负责所有产品，包括终端类产品、打印机、金融卡具，等等。这个规划的思路其实是不错的，但是忽略了一个问题，就是一个业务员要想全面吃透这些产品的技术指标和不断变化的市场策略需要相当长的时间，并且对业务员的基础素质要求也非常高。市场上所面临的状况是：老产品卖得不错，因为大家熟悉；新产品总是卖不上量，因为绝大多数业务员对新产品都不了解，自然就"卖熟不卖生"。随后为了解决上述问题，T公司进行了进一步改革，引进了一个非常重要的岗位，即产品经理，具体做法是仍然以市场为导向来划分市场，但是公司大区一级的机构设置了产品经理职位，其职责就是负责某一个产品线在本大区所有的销售以及相关的技术支持活动。

产品经理具体做什么？简而言之有三件事情：第一件事情就是经常给一线销售队伍进行培训，帮助销售队伍熟悉各个产品；第二件事情是帮助一线销售员进行销售推动，尤其是涉及比较复杂的技术问题或解决方案，销售员需要解答时，产品经理负责跟技术人员一起帮助销售员进行解答并提出具有针对性的解决方案；第三件事情就是制定相关产品的市场或订单策略，特别是在价格、服务承诺、推荐型号等方面，产品经理甚至拥有比直线管理经理更大的权力。增加产品经理这个职位后，再配合以客户为导向的销售模式，T公司的销售情况逐渐好转，不仅各条生产线的销售业绩均衡增长，而且公司的资源投入也日趋合理。

教师启发：组织设计是否合理，很大程度上决定了企业销售管理是否有效。

课前提问：应该如何进行组织设计呢？

相关知识点

一、销售组织设计原则

销售组织的设计需要遵循以下几个基本原则。

（一）精简有效

精简有效原则是指精简机构、提高效率。精简与有效是手段与目的的关系，精简的目的是不断地提高效率。

（二）统一指挥

统一指挥是法约尔提出的一个十分重要的组织原则。统一指挥有利于销售组织明晰权责，提高销售组织运行效率。

（三）权责对等

现代组织理论认为，在管理等级链上的每一个环节、每一个岗位都应该规定其相应的职责和权力，必须遵循权责对等原则。权责对等原则在销售组织中具有重要意义。

（四）分工协调

分工是企业不断发展的必然要求，企业规模越大，专业化程度越高，分工就会越细。销售组织必然要求进行分工协作，才能提高效率。

二、销售组织设计影响因素

销售组织设计应考虑四个方面的因素。

（一）营销战略

（1）目标市场与市场定位。

（2）营销目标与市场份额目标。

（3）营销组合策略。

（二）分销渠道

（1）渠道客户状况。

（2）主要对手的渠道结构。

（三）产品要求

（1）产品生命周期。

（2）产品销售对销售员的要求。

（四）销售策略

（1）市场覆盖目标。

（2）销售量/销售额目标。

（3）顾客的维护与发展。

三、销售组织的类型

销售部门组织形式的选择要受到企业规模、所属行业、人力资源、财务、产品特性、消费者及竞争对手等因素的影响，企业应根据自身的实力及企业发展规划，精心“排兵布阵”、量力而为，用最少的管理成本获得最大的经济效益。

销售组织设计的最终成果体现为一个符合企业实际情况的销售组织机构。常用的销售组织类型包括以下几种。

（一）区域结构型销售组织

区域结构型销售组织是指以地理位置为基础来划分销售区域，在销售区域上分配销售力量而形成的销售组织。每个销售经理被指派负责一个区域，作为该区域销售企业全部产品的唯一代表，同时向更高一级的销售经理负责。

区域结构型销售组织是一种最简单、最常见的销售组织模式。

1. 区域结构型销售组织模式的优点

（1）一个区域只设一个销售经理，他必须对区域销售业绩的结果负责。

（2）区域责任能够促使销售经理与当地商界和个人加强联系。

（3）每个销售员只在一定的区域内集中开展销售活动，差旅费开支相对较少。

2. 区域结构型销售组织模式的缺点

销售活动缺乏专业化。区域经理除了管理销售队伍，还必须负责广告、销售促进、营销调研等活动。销售员必须是一个通才而不只是专才，否则如果企业的产品线较宽，客户之间存在较大差异，销售员就会遇到困难。

3. 适用企业特征

采用区域结构型销售组织的企业一般要满足以下特征。

（1）企业所经营的产品单一或相似。

（2）产品性能不太复杂。

（3）面对的顾客数量众多或顾客分布的地域广阔、分散。

（二）产品结构型销售组织

产品结构型销售组织是指企业按照不同产品或者不同产品线组建的销售组织，比如家电销售部、食品销售部等。但是在某些情况下，其基层组织会按地区来划分。

1. 产品结构型销售组织模式的优点

（1）专人负责某项产品，产品经理更加贴近市场，对市场反应更为迅速。

（2）容易实现销售商品的管理，也易于进行销售与生产之间的调整。

（3）能够使销售员成为某一产品或产品线的销售专家。

（4）销售员能够更好地满足客户日益复杂化和专业化的需求。

（5）便于控制和监督对某一产品的销售。

2. 产品结构型销售组织模式的缺点

（1）缺乏整体观念。各产品销售经理相互独立，经常为了保持各自产品的利益而发生摩擦。

（2）部门冲突。产品销售经理们未必能获得足够的权威，以保证他们有效地履行职责。这就要求他们采用各种方法取得生产部门、广告部门和其他部门的配合与支持。

（3）地域重叠，造成工作重复、成本高。容易出现同一公司多名销售员服务同一客户的情况。

3. 适用企业特征

一般来说，企业建立产品结构型销售组织的条件有以下 4 种。

(1) 拥有多种品牌或所经营的产品种类较多且产品性能差异很大。

(2) 产品比较复杂，技术含量高。

(3) 客户分属不同行业，行业差异大。

(4) 产品打入市场较晚或在市场的处境不佳。

(三) 顾客结构型销售组织

顾客结构型销售组织，就是按照顾客的类型、行业或销售途径的不同组建的销售组织。

1. 顾客结构型销售组织模式的优点

(1) 便于销售员集中精力服务某种类型的顾客，从而成为服务于某类顾客的专家。

(2) 有利于建立与客户的紧密联系，培养战略合作伙伴关系。

(3) 易于获取市场信息，为新产品开发提供思路。

(4) 可以减少销售渠道的摩擦，易于加强销售的深度和广度。

2. 顾客结构型销售组织模式的缺点

(1) 销售员需要熟悉所有产品，培训费用高。

(2) 销售区域重叠，造成工作重复、销售费用高。

(3) 销售员的离职容易给客户带来负面影响。

(4) 商品政策和市场政策受到销售对象的牵制。

3. 适用企业特征

适用顾客结构型销售组织的企业一般要满足以下 4 种条件。

(1) 企业的产品在市场上处于强有力的地位。

(2) 产品的销售量集中在一些采购量大的主要客户上。

(3) 客户的经营网点分散，但采购集中，如连锁超市。

(4) 商品的关联性强，或是在商品的处理和使用方面有较强的关联性，能够进行关联性销售。

近年来顾客结构型销售组织越来越多，这与客户导向理念是一致的。

(四) 职能结构型销售组织

职能结构型销售组织是按照不同职能组建的销售组织，按照需要完成的销售任务组织销售员，一个销售业务需要由多个部门和多个销售员承担。在职能结构型销售组织中，下级要服从直线上级的指挥，尤其是行政命令的指挥，而在专业上要听取上级职能部门的建议，对于同级职能部门的要求或建议要进行沟通协调。

1. 职能结构型销售组织模式的优点

（1）分工明确，资源配置更加清晰，有利于培养销售专家。

（2）销售员的个人力量可以得到更加充分的发挥。

（3）客户能够得到更加专业化的服务。

2. 职能结构型销售组织模式的缺点

（1）特殊功能需要有更多的销售员，导致管理费用增加。

（2）多部门面向顾客服务，客户可能会感到困惑。

（3）销售队伍庞大，销售活动缺少灵活性。

（4）管理系统复杂，各部门衔接协调有困难。

3. 适用企业特征

一般情况下，采用职能结构型销售组织的企业具有以下特征。

（1）企业规模比较大，需要将销售所需的各种职能专门化。

（2）销售分企业、经销处、办事处，广泛分散在各地区，并且销售点较多。

（3）企业所经营的产品需要大量的服务工作，而售前、售中和售后服务工作所需要的工作技能又有所不同。

（4）销售工作可以按销售内容进行分解。

为了使不同的职能有效地发挥作用，应注意以下几点：

第一，各职能间要设定明确的职能范围，密切进行相互间的联系和调整。

第二，指令系统一元化，避免因繁多的指令而造成不必要的混乱。

第三，销售组织的运行要有灵活性，避免迟缓和不适宜的情况出现。

规模较大的企业，由于销售队伍庞大，需要严密的职能协调，较多采用这种模式。例如瑞典利乐公司采用的就是职能结构型销售组织，其职能部门包括：市场开发部、工程技术部、市场支持部、设备保养部、设备维修部、配件供应部、包材供应部等。吉列公司采用这种组织模式，专设一个部门来负责产品价格的协调和商品展示的检查。

企业采用哪种类型的销售组织必须视企业特性、企业的产品、客户服务及市场组合而定。上述 4 种模式的销售组织各有利弊。销售组织是随着企业内外的环境变化而不断变化的，企业可根据实际情况选择一种适合自己的销售组织形式，也可以是 4 种形式的综合。

课堂讨论

各种销售组织类型有什么优缺点？

课堂延伸

从机器化组织转变为生态化组织

在传统工业化时代，几乎所有的公司组织都是科层制或官僚化组织，大家就像螺丝钉和齿轮，被严丝合缝地整合进一部运转的机器中。

如果在一个确定性的市场环境下，这部机器将会无往不胜。但是互联网打破了这种确定性，销售从产品本身转向了维护客户关系，而这些要求企业与客户深度互动和随机应变才能完成，机器化组织只能解决既定问题，无法应对当下的变化，于是在互联网程度较深的领域，新兴的组织形态出现了。在这类组织中，每一个小团队或者员工都是独立的个体，对外部环境自行做出最优判断，不断地改变自身以适应环境，最终整个系统在渐进式的进化中，去应对不确定性的外部影响。这种类似于自然界生态系统的组织形态，叫作生态化组织。当机器化组织的一个零部件出现问题的时候，往往导致整个机器停止运转，但生态化组织中每个个体都是一个自组织，能够有充分的资源去及时响应外界的变化要求。

训练营

训练任务——销售组织类型确定训练

【任务目标】

帮助学生根据企业情况，确定适合的销售组织类型。

【任务内容】

(1) 根据产品特点和业务需要，研究设置组织类型；

(2) 画出销售组织结构图。

【任务要求】

(1) 由授课教师主持训练；

(2) 每组安排一名同学负责记录、汇总；

(3) 活动结束后，要求每组选出一名代表在课堂上汇报讨论的心得；

(4) 准备时间为 10 分钟。

【任务组织】

销售组织类型确定训练任务组织表如表 2-9 所示。

表 2-9 销售组织类型确定训练任务组织表

活动项目	具体实施	时间	备注
销售组织类型确定训练	(1) 假设全班有 48 人，将学生分成 8 个小组，每组 6 个人。 (2) 小组分工协作，学习并讨论适合的销售组织类型。 (3) 8 个小组在教师指导下，同时进行讨论。 (4) 组织学生讨论销售组织类型确定训练过程中遇到的问题。	30 分钟	教室中每组一桌六椅、分组资料

【任务评价】

销售组织类型确定训练任务效果评价表如表2-10所示。

表2-10 销售组织类型确定训练任务效果评价表

评价指标	评价标准	分值	评估成绩	所占比例
销售组织类型确定训练任务效果	1. 对各种销售组织类型优缺点的掌握	20		70%
	2. 能识别训练中易犯的错误	20		
	3. 遵守活动时间	20		
	4. 根据产品特点和业务需要，确定销售组织类型	20		
	5. 效果明显	10		
	6. 活动评估	10		
教学过程	出勤、态度热情	100		30%
小组综合得分				

超链接：KAM是一项组织变革

项目小结

销售计划是指实现销售目标的一连串过程的安排，即依据销售预测和营销目标，设定销售目标，编制销售配额和销售预算。企业制定销售计划的依据主要有：社会经济发展现状，行业发展现状及动态，企业的总体计划，企业的销售管理能力，企业的促销方案和企业销售状况等。销售预测是大多数企业计划工作的基础，销售预测一旦完成，就成为整个企业全部运作规划的关键因素。制定销售计划，主要有定性和定量两种方法。

销售配额是企业分配给销售组织或销售员的在一定时期内必须完成的销售任务。销售配额作为一项定量指标，可以以企业产品的销售区域、产品类型或客户类型等为基础，分配给销售组织或销售员。销售配额的分配方法主要有根据月份分配、根据业务单位分配、根据地区分配、根据产品分配、根据客户分配、根据业务员分配等。

销售组织是指企业销售部门的组织，它使构成企业销售能力的人、商品、金钱、信息等各种要素得到充分利用和发挥。简而言之，就是将生产或经营的商品销售给客户的销售部门。销售组织建立的流程是明确销售组织的目标、设计销售组织、描述销售部门和销售岗位职责、确定销售队伍规模和建设销售团队。销售组织设计的最终成果体现为一个符合企业实际情况的销售组织机构。销售组织的类型主要有区域结构型销售组织、产品结构型销售组织、顾客结构型销售组织、职能结构型销售组织。

项目练习

一、单项选择题

1.（　　）是指实现销售目标的一连串过程的安排，即依据销售预测和营销目标，设定销售目标，编制销售配额和销售预算。

A. 销售计划　　B. 销售预测　　C. 销售配额　　D. 销售预算

2.（　　）是大多数企业计划工作的基础，销售预测一旦完成，就成为整个企业全部运作规划的关键因素。

A. 销售计划　　B. 销售预测　　C. 销售配额　　D. 销售预算

3.（　　）是企业分配给销售组织或销售员的在一定时期内必须完成的销售任务。

A. 销售计划　　B. 销售预测　　C. 销售配额　　D. 销售预算

4.（　　）是企业对产品销售活动费用的匡算，是企业进行产品销售活动投入资金的使用计划。它规定了计划期内开展销售业务所需的费用总额、使用范围和使用方法。

A. 销售计划　　B. 销售预测　　C. 销售配额　　D. 销售预算

5.（　　）是指企业销售部门的组织，它使构成企业销售能力的人、商品、金钱、信息等各种要素得到充分利用和发挥。简而言之，就是将生产或经营的商品销售给客户的销售部门。

A. 销售组织　　B. 销售预测　　C. 销售配额　　D. 销售预算

二、简答题

1. 销售计划的内容有哪些？
2. 销售预测的内涵是什么？
3. 销售目标的内容有哪些？
4. 销售配额的特征有哪些？
5. 销售组织建立的流程是怎样的？

三、案例分析题

华为的制度化用人

从培养“狼性”到维护“狼性”，从“讲到”企业文化到“做实”企业文化，华为营销人员用自身的发展经历证实了“狼性”与“做实”的难得。华为的销售组织建设为中国本土企业树立了一个可以学习和借鉴的典范。那么，华为的营销铁军是如何锻造出来的呢？

在华为经过培训的业务人员，基本上具备了业务人员的基本素质，缺乏的就是实践经验。华为这时把通过培训的新销售员直接派往分布在全球各地的分公司或办事处，让他们在市场一线展示自己的才华并接受实践的改造。有人以为华为这样的行为是盲目的。因为一个刚刚毕业的大学生根本不可能在市场一线杀出一片天地。然而当旁人看到华为的市场在不断扩大，直到把“战火”烧到美国时，旁人才对华为的胆识产生了敬意。

在华为的销售员中，业绩最好的销售员并不是有丰富经验和经历的人，而是那些刚刚大学毕业的雄心勃勃的新员工。

华为在打造自己营销队伍的时候也逐步健全了自己的营销制度。创业初期，华为根本没有任何销售方面的制度。华为销售员凭借着自己对销售的理解去争夺用户的订单、管理客户资源。但随着销售队伍的扩大、销售区域的增多，华为觉得如何管理巨大的营销团队和客户资源成了一个必须解决的问题，因为不系统的行为规范和道德准则根本不能满足公司发展的需要。这时华为推出了《华为人行为准则》《华为员工职业道德规范》，对营销人员行为做出了基本的规范。《华为人行为准则》《华为员工职业道德规范》有很大的局限性，虽然后续的人力资源管理制度、财务与资金管理制度、流程管理制度和营销管理制度的出台使得华为的营销制度日趋完善，但是所有的制度很独立，缺乏一个统一的制度思想作为公司制度的灵魂。这时华为又推出了《华为公司基本法》（简称《基本法》）。《基本法》共六章，一百零三条，包含公司的宗旨，基本经营政策，基本组织政策，基本人力资源政策，基本控制政策，接班人和基本法的修改。《基本法》统一了华为所有的规章制度，其出台标志着公司制度建设的进一步成熟。已经出售给美国爱默生公司的华为电器和华为与美国 3COM 公司合资的华为- 3COM 公司的公司制度都是沿用华为的模式，全部由华为人打理，对方只是派驻了一名财务总监，由此可见华为的制度建设是一流的。

请问：华为的制度化用人给我们带来什么启发？

项目三 销售网络管理

项目简介

本项目主要涉及的知识点有渠道模式的选择、渠道系统的设计、渠道整合的作用和策略；销售区域的概念与分类、销售区域的作用、销售区域的设计、销售区域市场扩张的策略；窜货的表现形式、窜货现象的成因、治理窜货的对策；销售终端管理的内容、要求和策略等。通过本项目的学习，能够运用销售网络管理的知识，实施销售渠道、区域和终端策略，并能妥善处理窜货问题。

学习目标

知识目标

1. 掌握渠道模式的选择
2. 熟悉渠道系统的设计
3. 了解销售区域的概念与分类
4. 了解销售区域的作用
5. 了解窜货的表现形式
6. 掌握窜货现象的成因
7. 掌握销售终端管理的内容
8. 了解销售终端管理的要求

能力目标

1. 能够运用渠道整合策略
2. 能够根据实际情况，进行销售区域的设计
3. 能够运用销售区域市场扩张的策略
4. 能够在面临窜货问题时，运用治理窜货的对策
5. 能够运用销售终端管理策略，与终端互利共赢

素养目标

1. 兼具竞争意识和职业道德，正确看待销售渠道
2. 具备终端管理的人文关怀素养
3. 具有协调冲突的意识，面对窜货能够妥善处理

任务一 销售渠道管理

故事导入

京东继阿里巴巴之后也要跨过经销商直供零售店

2015年年末，阿里巴巴旗下1688开始布局“百城万店”的“线上+线下”模式，通过和全球优质供货商合作进行终端门店开拓，直接将商品从DC（品牌网店）经过其菜鸟物流配送到零售门店。此外，阿里巴巴B2B事业群启动城市合伙人计划，计划为城市零售店提供货源、配送等一系列服务。上述两项计划使阿里巴巴的意图一目了然——以跨过经销商直供零售店的“互联网+传统零售”方式进入传统（快速消费品）供销领域，打造下沉到城市社区的互联网服务体系。

无独有偶，刘强东在京东集团的年会上提出，2016年京东将推出由他亲自把关的“新通路事业部”。作为2016年全集团的火车头一号项目，“新通路事业部”可以说是京东在继京东到家后主力面向农村的一个创新。

在传统分销模式中，商品从出厂到消费者手中的搬运最少要5次以上，多则8～10次。这其中的物流成本还不包含渠道经销商的利润要求，如果都去掉，最少能减少30%的商品成本。

可以理解的是，阿里巴巴、京东这类模式的最大效益就在于压缩商品从工厂到消费者之间层级，通过线上订货，商品流通跨过了经销商和二级批发商，直达终端。因而搬运次数有效减少，渠道更加扁平化，商品物流效率得到大幅度提升。在阿里巴巴对经销商及二级批发商的强势打压下，中国的商品零售分销体系或将彻底被打破，而存在于中国市场三十多年的经销商也可能被这种模式彻底消灭。

然而，传统经销商们也在这种突袭下意识到了向互联网方向转型的紧迫性和重要性。但在薄弱的转型基础背后，他们只能根据自己掌握的知识去构建一个互联网转型的模式，缺乏全局性。

教师启发：阿里巴巴、京东这种商业运作模式或多或少地代表了企业未来渠道变革的发展趋势。

课前提问：应该如何选择销售渠道呢？

相关知识点

一、渠道模式的选择

企业在建立自己的销售渠道时有许多模式可以选择。按照渠道成员之间的关系来划分，企业的渠道模式主要有：传统分销渠道模式、垂直分销渠道模式、水平分销渠道模式和多渠道分销模式。

（一）传统分销渠道模式

传统分销渠道模式，是指渠道各成员之间是松散的合作关系，各自追求利润最大化，最终导致整个分销渠道效率低下。传统分销渠道模式又称松散型分销模式，顾名思义，渠道各成员之间的关系是临时的、偶然的、不稳定的。

传统分销渠道模式具有较大的灵活性，可以随时、任意地淘汰或选择分销渠道。但渠道成员各自追求利益最大化，不顾整体利益，结果会使整体分销效益下降。同时，渠道成员之间缺乏信任感和忠诚度，自然也就缺乏合作的基础，难以形成长期的、稳定的渠道成员关系。现在，选择传统分销渠道模式的企业越来越少。

比较适合选择传统分销渠道模式的企业主要是小型企业。小型企业资金实力有限，产品类型与标准处于不稳定状态，不适合采取固定的分销系统形式。例如：某企业今年生产服装，明年有可能生产床垫；今年卖米面，明年有可能卖蔬菜。小型企业的产品数量太少，不可能形成一个稳定的分销系统，因为大分销商不会与一个经营规模悬殊的企业形成紧密关系，小分销商也常常寻找大生产商合作。在市场经济不发达的时期，传统分销模式非常流行，如过去电影分销不叫分销而叫发行，生产商与分销商之间采用的就是松散型分销渠道模式。在生产较为分散的日常用品、小商品生产领域，也普遍存在传统的分销模式。

（二）垂直分销渠道模式

垂直分销渠道模式，是由制造商、批发商和零售商组成的一种统一的联合体，每个成员把自己视为分销系统中的一分子，关注整个垂直系统的成功。垂直分销渠道模式包括3种形式：公司式、契约式和管理式。垂直分销渠道模式具有广泛的适应性，无论是大企业还是小企业，无论是消费品还是生产资料，都可采用垂直分销渠道模式。

垂直分销渠道模式的优势是：合理管理库存，削减分销成本，便于把握需求动向；易于安排生产与销售，渠道控制力强；有利于阻止竞争者加入，商品质量有保障，服务水平高。垂直分销渠道模式的缺点是：维持系统的成本较高，经销商缺乏独立创造性。

1. 公司式分销系统

公司式分销系统是指一家公司通过建立自己的销售分公司、办事处或通过实施产供销一体化及横向战略而形成的分销系统。它是渠道关系中最紧密的一种，是制造商、经销商以产权为纽带，通过企业内部的管理组织及管理制度建立的。

企业可以通过以下两种方式来建立公司式分销系统：

（1）制造商设立销售分公司、建立分支机构或兼并商业机构，采用一体化的战略形成销售网络。曾经名噪一时的三株、沈阳飞龙等都依靠自建网络取得了巨大成功，但也留下了很多遗憾。

（2）大型商业企业拥有或统一控制众多制造企业和中小商业企业，形成工贸商一体化的销售网络。如日本的“综合商社”、美国的西尔斯都属于这种类型。相对于第一种方式，它具有更强大的信息及融资优势。

2. 契约式分销系统

契约式分销系统是指制造商或分销商与各渠道之间通过法律契约来确定它们之间的分销权利与义务关系，形成一个独立的分销系统。它与公司式分销系统的最大区别是成员之间不形成产权关系，与管理式分销系统的最大区别是用契约（而不是权力和实力）来规范各方的行为。当前越来越多的制造商或服务企业通过契约，将自己的产品、服务或商号、形象快捷地扩散到世界各地。

在长期的营销实践中，涌现出多种形式的契约式分销系统，主要有：

（1）以批发商为核心的自愿连锁销售网络。在实践中，许多批发商将独立的零售商组织起来，批发商不仅为零售商提供各种货物，还在许多方面提供服务。如销售活动的标准化、共同店标、订货、共同采购、库存管理、配送货、融资、培训等。这些服务往往是零售商无法获得的。这种分销网络往往集中在日杂用品、五金配件等领域。

（2）零售商自愿合作销售网络。在这一网络中，网络成员通过零售商合作社这一商业实体进行集中采购，共同开拓市场。成员间最重要的合作是集中采购，可获得较大的价格折扣，所得利润按采购比例分配，相对于以批发商为核心组织起来的销售网络，这种关系网络成员间的联系程度要松散一些，合作事项也少。

（3）特许经营销售网络。在西方，特许经营是发展最快、地位最重要的一种模式。它是指特许权授予人按协议准许被授予人使用自己已经开发出的品牌、商品、经营技术、经营规模等。为此，被授予人必须先付一笔首期特许权使用费，换得在一定区域内出售商品或服务的权利，并须遵守合同中关于经营活动的其他规定。

3. 管理式分销系统

管理式分销系统是指由一个或少数几个实力强大、具有良好品牌声望的大公司依靠自身影响，通过强有力的管理将众多分销商聚集在一起而形成的分销系统。

（三）水平分销渠道模式

水平分销渠道模式又称共生型渠道关系，是指由两个或两个以上成员相互联合在一起，共同开发新的营销机会，其特点是两家或两家以上的企业横向联合共同形成新的机构，发挥各自优势，使分销系统有效、快速地运行，实际上是一种横向的联合经营。目的是通过联合，发挥资源的协同作用或规避风险。

水平分销渠道模式的优势是：通过合作实现优势互补和规模效益；节省成本；快速拓展市场。但水平分销渠道模式也具有一定的缺陷：合作有一定冲突和困难。因此，水平分销渠道模式比较适合实力强且营销优势互补的企业。

（四）多渠道分销模式

多渠道分销模式，是指一家企业建立两条以上的渠道进行分销活动。企业的每一种渠道都可以实现一定的销售额。渠道之间的竞争既可能促进销售额的共同增加，也可能导致冲突。

二、渠道系统的设计

（一）渠道长度的设计

分销渠道长度的决定因素是企业分销渠道中中间环节的数目。而中间商是指同一产品的既买又卖者和帮助转移商品所有权的机构。商品在分销中经过的环节越多，分销渠道就越长；反之则越短。分销渠道按长度可分为 4 种基本类型：零层渠道、一层渠道、二层渠道和三层渠道。零层渠道称为短渠道，其他三种称为长渠道。利用短渠道从事的分销行为称为直接销售，简称直销。

在分析与选择分销渠道长度时，企业需要考虑市场、购买行为、产品、中间商及企业自身因素等。

1. 市场因素对渠道长度的影响

分销渠道长短的选择受市场规模、居民居住集中度等因素的影响。

市场规模大，适合选用较长的分销渠道；如果市场容量十分有限，制造商可选择较短的分销渠道，把产品直接出售给零售商或最终消费者。

客户居住的高集中度形成了高聚集度，此时产品就有可能直接出售给他们，渠道具有短的特征。市场聚集度低，意味着目标客户居住分散，涉及的空间范围广，适合采取长渠道的方法，利用批发商、代理商、零售商来分销产品。

2. 购买行为因素对渠道长度的影响

体现购买行为特征的主要因素有客户购买量、客户购买频度、客户购买的季节性、客户购买探索度等。

（1）客户购买量越大，单位分销成本越低，因此有条件将产品批量地直接出售给客户。如一些办公用设备与用品，常有制造商直接向各团体单位直接销售。

（2）客户购买频度越高的产品，一次购买量越少，产品价值越低，因此越需要利用中间商进行分销。对于那些购买频度低的产品，可选择短渠道。例如：消费者几年才买一次家具，制造商就可以向他们直销。

（3）客户购买的季节性表明对产品的需求不是常年均衡的，制造商自己很难在短时间达到高铺货率，因此适合选用较长的分销渠道，大多利用批发商和零售商出售。如夏冬季节商品、节日商品等。

（4）客户购买探索度包括两方面的内容：一是购买之前比较研究的程度；二是购买过程中付出精力的多少。对于日常生活用品，人们在购买前较少进行分析比较，在购买时也不愿意花费很多时间，跑很远的路途，希望在居住或工作地点附近完成购买，因此适合较长的渠道。而对于时装、电器、家具等产品，人们在购买前往往要跑许多地方、看许多广告，进行比较选择，购买时不惜花费时间和跑较远的路途，因此可选择较短的渠道。

3. 产品因素对渠道长度的影响

产品技术性、耐用性、标准化程度、重量、价值、易腐性和周期性等会影响渠道的长度。

（1）产品技术性越强，渠道越短；技术性越弱，渠道越长。

（2）产品越耐用，渠道越短；不耐用的产品则需要较长的渠道。

（3）产品越是非标准化，渠道越短；标准化的产品则需要长渠道。

（4）产品越重，渠道越短；产品越轻，渠道越长。

（5）产品价值越大，渠道越短；价值小的产品则需要较长的渠道。

（6）产品越易腐烂，渠道越短；不易腐烂的产品所需要的渠道较长。

（7）产品生命周期越短，渠道越短；那些生命周期较长的产品则需要比较长的渠道。

4. 中间商因素对渠道长度的影响

在确定渠道长度的时候，制造商还应该考虑中间商的因素。中间商的可利用性以及选择该中间商时需付出的成本都是制造商应该考虑的问题。

中间商愿意经销制造商的产品，同时不对制造商提出过多过分的要求，会使企业更容易利用中间商，因此企业可选择长渠道的做法。越是市场紧俏畅销的产品，中间商参与的积极性越高；反之越低。有时，某类产品非常适合某些批发商或零售经营，但这些中间商正经营着同类型的竞争产品，不愿意再多经营新的对抗性产品，于是制造商只好把产品直接出售给最终消费者。如雅芳公司的化妆品当初就是因为竞争不过百货商店而被迫走上直销之路的。

同时我们还应该注意到，经济原因是影响分销渠道选择的重要因素之一。如果中间商的成本太高，或者中间商压低采购价格或者中间商要求的上架费太多，就应考虑采取较短的渠道。

中间商的功能是帮助制造商把产品及时、准确、高效地送达消费者手中。制造商在选择分销渠道时，要对中间商的服务水平进行评价，具体内容包括：是否有良好的信誉足以吸引客流，是否有较强的营销能力把产品销售出去，能否为该产品提供广告、展览等方面的促销活动，是否可以及时结算货款，等等。如果能得到肯定的答案，通常可以选择较长的渠道，否则将选择较短的渠道。

5. 企业自身因素对渠道长度的影响

企业自身也有一些因素会影响所选择渠道的长度，主要包括以下内容：

（1）企业的财务能力会影响所选择渠道的长度。一般来说，如果制造商采用直接销售渠道，则需要有足够的资金支付市场调查、广告、推销员和产品运输等方面的费用，因此必须有较强的财务能力。对于那些财务能力比较弱的企业来说，即使产品适合选用直接渠道，也不得不放弃这种思路，因为店铺投资额巨大。

（2）企业的渠道管理水平也会影响所选择渠道的长度。一般来说，假如制造商在销售管理、储存安排、零售运作等方面缺乏经验，人员素质不适合自己从事广告、推销、运输和储存等方面的工作，最好选择较长的渠道。如果制造商熟悉分销运作，具有一定时期的产品销售经验，并具有较强的销售能力和储存能力，则可选择短渠道。

（3）企业渠道控制力度的强弱也影响所选择渠道的长度。如果制造商想对分销渠道实施高强度控制，同时自身又有控制能力，一般选择较短的渠道。如果采用中间商，一方面会使制造商失去渠道控制权力，市场调查、储存、运输、广告、零售的功能大多由中间商完成，极有可能导致制造商受制于中间商；另一方面会使制造商的分销受到限制。

（二）渠道宽度的设计

分销渠道的宽度，是根据经销某种产品的批发商数量、零售商数量、代理商数量来确定的。如果一种产品通过尽可能多的销售点供应给尽可能宽阔的市场，就是宽渠道；否则，便是窄渠道。

1. 渠道宽度的类型

一般来说，渠道的宽度主要有 3 种类型：密集分销、选择分销和独家分销。

（1）密集分销。它是指制造商尽可能多地通过许多负责任的、适当的批发商、零售商推销其产品。消费者购买越是要求大量性、高频性和方便性，就越有必要和可能选择密集分销方式，它是一种最宽的分销渠道。一般来说，密集分销主要有两类：零售密集分销和批发密集分销。

（2）选择分销。它是指制造商在某一地区仅通过少数几个精心挑选的、最合适的中间商推销其产品。这样既可以使产品取得足够的市场覆盖面，又比密集分销更易控制和节省成本。

(3) 独家分销。它是指制造商在某一地区仅选择一家中间商推销其产品。通常双方协商签订独家经销合同，规定经销商不得经营竞争者的产品，以便控制经销商的业务经营，调动其经营积极性，占领市场。其目的在于调动经销商的促销积极性，同时也比密集分销、选择分销更易控制，但市场覆盖面较窄，成败受其制约，难以形成经销商之间的竞争。

2. 渠道宽度设计的影响因素

分销渠道的宽度设计主要受市场、购买行为、产品及企业自身四方面因素的影响。

(1) 市场因素对渠道宽度设计的影响。分销渠道宽窄的选择受市场规模、居民居住集中度等因素的影响。首先，市场规模越大，渠道越宽；市场规模越小，渠道越窄。其次，市场聚集度越低，渠道越宽；市场聚集度越高，渠道越窄。

(2) 购买行为因素对渠道宽度设计的影响。体现购买行为特征的主要因素有：客户购买量、客户购买的季节性、客户购买频度、客户购买探索度。

首先，客户购买量越大，单位分销成本越低，因此有条件将产品批量地直接出售给客户；而客户少量而频繁的订货，一般会利用更多的中间商。其次，客户购买季节性强的产品，制造商在应季时要求短时间达到一定的铺货率，因此适合选用较宽的分销渠道，利用尽量多的批发商和零售商，如夏冬季节商品、节日商品等；而对于那些季节性不强的商品，从时间上不要求快速上市、快速销售，因此制造商有机会通过窄渠道向消费者出售产品，风险也相对小一些。再次，客户购买频度越高的产品，一次购买量越少，产品价值越低，因此越需要利用更多的中间商进行分销；否则，可选择窄渠道。最后，人们在购买日常生活用品之前较少地进行分析比较，在购买时也不愿意花费很多时间，跑很远的路途，希望在居住或工作地点附近完成购买，因此适合较宽的渠道；而对于时装、电器、家具等产品，人们在购买之前往往要跑许多地方、看许多广告，进行比较选择，购买时不惜花费时间和跑较远的路途，因此可选择较窄的渠道。

(3) 产品因素对渠道宽度设计的影响。产品因素深刻地影响着分销渠道目标的实现，进而影响着分销渠道的宽度设计。

第一，产品越重，渠道越窄；产品越轻，渠道越宽。第二，产品价值越大，渠道越窄；产品价值越小，渠道越宽。第三，产品越是非标准化，渠道越窄；产品越是标准化，渠道越宽。第四，产品技术性越强，渠道越窄；技术性弱的产品则需要采用宽的渠道。第五，产品生命越短，渠道越窄；产品生命越长，渠道越宽。第六，耐用性也会影响渠道的宽度。耐用品一般适合较窄的分销渠道，典型的产品有住宅、汽车、家具及一些家用电器等；非耐用产品一般适合较宽的分销渠道，典型的产品为日常生活用品和小商品。

(4) 企业自身因素对渠道宽度设计的影响。一般选择长渠道的产品，市场需求广泛，产品辐射面大，与宽渠道的特征相吻合；而短渠道产品技术性强，需求专业化，因此适合较窄的渠道。

如果制造商想对分销渠道实施高强度控制，一般选择较窄的渠道；如果制造商不想对分销渠道实施高强度控制，或者没有能力实施高强度控制，则可以选择相对宽的分销渠道。

（三）渠道广度的设计

分销渠道广度，是宽度的一种扩展和延伸，是指制造商选择几条渠道进行某产品的分销活动。渠道广度的类型主要有两种：一条渠道，指的是制造商仅利用一条渠道进行某种产品分销；多条渠道，指的是制造商利用多条不同的渠道进行某种产品的分销。在实际的分销渠道建立过程中，制造商大多建立多渠道系统。在实践中，多渠道分销广泛存在，下面对多渠道组合的主要类型进行介绍。

1. 集中型组合方式

在单一产品市场组合多条分销渠道，这些渠道互相重叠，彼此竞争。如某公司在个人消费者的现货购买和小公司的大规模定制市场采取了无差异的人员销售、电话营销、网上分销三种渠道形式。

2. 选择型组合方式

对产品市场进行细分，对不同的市场选择不同的分销渠道，这些渠道不互相重叠，也不彼此竞争。如企业将市场分割为个人消费者的现货购买、小公司的大规模定制和大公司的独特解决方案三个子市场，分别采用网上分销、电话分销和人员销售三种方式，各负其责，互不干扰。

3. 混合型组合方式

即综合运用集中型和选择型两种组合方式。一般的情况是将选择型单一渠道用于某种优先权市场，集中型渠道用于较大规模的市场。如英国航空公司业务拓展的多条渠道组合，对于大型业务活动的客户服务由人员销售这个单一渠道去开拓；对于团体业务中的订票、度假规划经营，则采用了旅行社、互联网、电话营销、旅游商店等多条渠道；对于个体旅游者采用的也是互联网、电话营销、旅游商店等多条渠道的组合。

三、渠道整合

市场在变，竞争也在变。市场竞争日趋增强的激烈性和对抗性，要求企业经营更加深入和细致，提高市场资源的可控程度。而销售渠道作为企业最重要的资源之一，其“自我意识”和不稳定性对企业的经营效率、竞争力和经营安全形成的局限和威胁却逐渐显现，对销售渠道的重新整合成为企业关注的话题。

渠道整合就是建立一个互动联盟，它能通过优势互补营造集成增势的效果，增强渠道的竞争能力。

渠道整合中要特别注意以知识为核心的活性要素的作用，以此带动其他要素功能的改善，从而有利于形成现代的诚信理念、科学的营销理念、朴素的双赢理念、良好的沟通理念、发展市场的理念、相互学习的理念。

建立互动联盟是一项能够极大提升渠道优势的动态工程，通过多方协调，发挥彼此的资源优势，以实现延伸市场触角、分散市场风险、扩大优势范围的目的，达到共生共荣、协同推进、多方长远受益的效果。

（一）渠道整合的作用

渠道整合的作用是多方面的。

1. 有利于实现渠道的整体优化

在当前的竞争时代，企业营销实践的复杂度前所未有。在面对实际情况时，很容易陷入“按下葫芦浮起瓢”的怪圈之中。为此必须面向全局综合分析和解决问题，使渠道整体优化。当然，还应注意以知识为核心的活性要素的作用，以此来带动其他要素功能的改善。不少业界知名企业纷纷加强了对渠道的知识培训与提升的力度。这当然与企业自身实力不无关系，但众多的中小企业也绝不可忽视这一点，要尽可能地激发、保障知识要素在渠道中的战略作用。同时，还要善于发现系统缺损、失控和无序之源，不断寻找增强渠道系统完整、动态调试及有序演化的新途径。在此基础上，还要最大限度地发挥主观能动性，施展对市场环境的反作用力，努力使之呈现出有利于渠道系统整体优化的状态。

2. 有利于利用外部资源

随着用户群体的不断扩大，单靠制造商自身很难保证良好的技术支持和服务。事实上，在现代经济中，资源相对紧缺，自身的资源很难促使企业获得超常规发展。企业要想超常规发展，不断突破自身的局限，必须有效地利用外部资源，即“借鸡生蛋”。

制造商与经销商一体化经营，实现制造商对渠道的集团控制，使分散的经销商形成一个整合体系，渠道成员为实现自己或大家的目标共同努力，追求双赢或多赢。供应商的服务从产品研发开始，通过对渠道的全面支持，最终达到用户的认同。渠道商的服务则要同时面向供应商和客户，对于供应商要提供市场信息、用户反馈等，对于用户则要全力确保其满意度最高。服务会使渠道联盟更加稳固，供应商、渠道商和用户之间的亲和度大大增强。

为了实现多赢，仅仅在渠道内部加强合作是不够的，还需要借助与外界的有效结盟。与消费者结盟，可以更好地识别并满足消费者需求，如用友公司成立了中国计算机用户协会用友分会，匠心独具；与其他生产商、供应商结盟，可以谋求降低供应成本，增加市场触角，减轻自身技术开发压力，如业界盛行的 OEM 当属此列；与科研机构联盟，能够获得人才、技术优势。

3. 有利于化解渠道冲突

在渠道建设的过程中，不可避免地会伴随各种各样的冲突，其中最重要的就是文化冲突和渠道之间的冲突。

营销渠道本身也是一个包含多重文化的系统整体。因此，沟通必然会引出中外文化之间、地域文化之间、企业文化之间的交流或交锋。如果存在相互冲突或抵触，将会给渠道建设带来负面影响。只有对“拿来文化”进行系统整合，增进其亲和度，才能使渠道文化资源变成优势。正如法国著名的发展经济学家弗朗索瓦·佩鲁所说的，“各种文化价值才是抑制或加速经济增长的发动机”。这一点对于全世界的商家来说同样重要。

在渠道网络日益广布、渠道沟通成本成为商家竞技焦点的今天，渠道沟通的数字化已是大势所趋。近年来业界有人提出了“Channel”的理念，意在呼吁业界重视在渠道内实现信息交换、知识传递的数字化，特别是实现电子商务的重要性。其实，戴尔公司的直销引发的“渠道风暴”，是由其产品消费的个性化和沟通的畅捷带来的。信息沟通的数字化是渠道建设的当务之急。目前国内的联想、方正、东软等公司，分别建立了各自渠道的电子商务或电子管理体系，这对其他商家应该是一个很好的示范和启发。

（二）渠道整合的策略

随着信息时代的来临，几乎所有的制造商和分销商都意识到了渠道建设的重要性。渠道成本通常要占一个行业商品和服务价格的15%～40%，这个数字反映了企业通过改善经营渠道提高自身竞争力和利润率的潜力。科学设计、别出心裁的渠道整合策略往往可以为企业带来更高的回报。销售渠道如今已成为企业间竞争的一个重要筹码。畅通的销售渠道意味着成本的降低、效率的提高和利润的增加。

1. 渠道扁平化

渠道扁平化就是通过缩减分销渠道中不增值的环节或者增值很少的环节，以降低渠道成本，实现生产商与最终消费者的近距离接触，实现企业利润最大化目标，并有效地回避渠道风险，从而实现企业经营的良性发展。

每一个事物的产生发展都是受其背后的动因驱动的，营销渠道结构也不例外，但是营销渠道之所以呈现扁平化的趋势，是多种动因综合作用的结果。包括：(1) 成本效益的变化导致渠道扁平化；(2) 为获取顾客需求信息促使渠道扁平化；(3) 信息技术推动渠道扁平化；(4) 当前消费文化的变迁影响渠道扁平化；(5) 全新客户关系推动渠道扁平化；(6) 以超市、大卖场、专卖店为代表的现代新兴渠道助力渠道扁平化。

渠道扁平化是分销渠道发展的趋势，但企业渠道扁平化的目标方向不是唯一的、固定的，而是多向的、可变的，不同企业具体的发展策略是由渠道扁平化的目标所确定的。对于单个企业而言，其扁平化的轨迹和模式多种多样，但从当前渠道扁平化发展的趋势来看，其发展方向包括传统渠道层级的压缩、商场与专卖渠道的加入、直销渠道，尤其是网络分销渠道的迅速发展。

2. 渠道品牌化

品牌已经渗透到我们生活中的各个领域，产品需要品牌，服务需要品牌，分销渠道同样也需要品牌。专卖店作为渠道品牌化的一种重要方式正迅速扩展到各个行业。

一般来说，专卖店具备以下几个优点：其一，它可以作为一个展示中心，充分展示自己的产品，提升品牌形象，进而促进产品的销售。这种展示可以是常年的，不用特别投入就能做得很好。其二，它可以作为一个推广中心。用户往往会被专卖店人员专业、热情的服务打动，这样可以使用户对制造商的产品有更多的了解，从而留下较好的印象。其三，它可以作为一个培训中心。许多用户的产品知识并不很专业，这就要求制造商能够提供及时的培训。课堂上的培训，不仅许多人无法去听，而且大多是针对所有产品的，用户无法切实了解特定企业的产品，而专卖店正好提供了一个专门讲解特定企业产品使用方法的场所。其四，它还是一个销售中心。人们可以根据自己的喜好，根据自己对产品的现场印象，形成自己的逻辑推断，购买到让自己满意的产品。

开设专卖店的精髓就是渠道建设的品牌化、一体化、专业化。这样，企业就不再把销售仅仅视为一种商品的买卖，而是把销售行为上升为一种渠道品牌的经营。通过设立专卖店，企业可以建设统一的、具有个性的、符合时尚的品牌文化，实现渠道增值。而统一规范的连锁经营一改过去制造商到用户之间的各级分销商、零售商的成本层层累加方式，在很大程度上让利于消费者。

3. 渠道集成化

目前，传统渠道和新兴渠道之间的矛盾越来越突出。传统渠道主要包括大商场、中小商场以及专营店。新兴渠道可细分为如下几种：综合性连锁、品牌专卖店、集团采购、网上订购等。传统渠道和新兴渠道分别具有自己的竞争优势，并存于市场中，但是新兴渠道使传统渠道面临越来越大的挑战。

解决渠道冲突最好的办法就是渠道集成化，即把传统渠道和新兴渠道完整地结合起来，充分利用两者各自的优势，共同创造一种全新的经营模式。当然，这种方法要求供应商能够对传统渠道施以足够的控制，所以操作难度较大。

在解决传统渠道和新兴渠道冲突这一问题上，有些传统企业走得更远。比如，采取外包和联盟的战略，渠道集成已经大大突破了企业能够自主控制的边界。这或许是未来占据主导地位的解决方案。

4. 渠道伙伴化

通过渠道整合，建立伙伴型的渠道关系，各个代理商既是利益共同体，又是命运共同体。渠道本身就是一个战略的联盟，其中服务意识、服务内容、服务手段在联盟运转中起着关键的作用。这个服务的链条会使渠道联盟更加稳固，使企业、经销商和用户之间的黏性大大增强。

制造商与经销商合作的形式主要有：(1) 联合促销。制造商与经销商共同进行促销，如合作广告——经销商发布广告，制造商给予一定金额的补贴（从货款中扣除或凭单据报销）；陪同销售——制造商派销售员协助经销商向其下级客户销售；销售工具——制造商为经销商提供样品、POP 广告等。(2) 专门产品。制造商为经销商提供专门产品，既可以增强销售渠道的凝聚力，也可以减少消费者购买时对价格的比较。如制造商为大型零售商专门生产某一产品，以及经销商买断某一品牌经营等。(3) 信息共享。制造商与经销商共享市场调查、竞争形势、消费者动向等方面的信息。(4) 培训。即制造商为经销商提供销售、产品、管理和营销等方面的培训，以提高经销商的销售和管理水平。

以上几种合作方式只是伙伴关系的初级表现形式，制造商和经销商应该力争建立紧密型的伙伴关系。在紧密型的伙伴关系中，制造商与经销商共同致力于提高销售网络的运行效率、降低费用、管控市场。从制造商的角度讲，需要重视长期关系（如帮助经销商制定销售计划），渠道成员责任共担（如建立零库存管理体制），积极妥善解决渠道纠纷，制造商的销售员要担当经销商的顾问（而不仅是获取订单），为经销商提供高水平的服务。制造商为经销商提供人力、物力、财力、管理和方法等方面的支持，以确保经销商与制造商共同进步、共同成长。

5. 渠道下沉化

渠道下沉是指原本只在城市中销售的网络扩散开来，并且深入农村基层。它是一种新的营销策略，并且只在经济较发达的农村推行。

渠道下沉并非消费降级，而是消费升级的下沉。据营销专家菲利普·科特勒（Philip Kotler）的消费行为三阶段论，消费者行为可分为量的消费、质的消费和感性消费。一直以来，渠道下沉被贴上“山寨”“低价”“消费降级”的标签。《中国移动互联网 2019 春季报告》指出，2019 年 1 季度我国互联网月活用户规模达到 11.38 亿，同比增速首次跌至 4%以下。互联网用户规模增长不断收窄，互联网人口红利见顶、青壮年用户见顶以及我国一、二线城市互联网的消费潜力已经难以挖掘。

截至 2022 年年底，农村网民规模为 3.08 亿，占整体网民数的 28.9%，网络普及率为 61.9%。农村网络零售额达 2.17 万亿元，同比增长 3.6%。农村地区的宽带网络、快递配送、冷链物流等支撑服务体系进一步得到完善，“快递下乡”持续深入推进。全国乡镇快递网点覆盖率达到 95%。

一、二线城市潜力不足，而农村地区电商发展潜力巨大。因此，渠道下沉成了电子商务的重要发展方向之一。

课堂测试

渠道整合有些什么策略？

课堂延伸

拓宽销售渠道，佛山照明与苏宁大客户达成战略合作

2019 年 12 月 5 日，2020 苏宁大客户供应商大会在南京开幕。会上，佛山照明进一步深化与苏宁集团企业品牌合作关系，达成战略合作协议。

进入 2019 年，线上流量趋向饱和，人口红利逐渐消失，电商互联网明显进入下半场。在线上流量遇顶的背景下，选择继续开拓 To B 市场是当下新的风口，苏宁大客户是苏宁易购集团 B2B 公司推出的服务政企采购统一品牌形象，应用前沿技术为政企客户各类电商化采购提供行业领先的解决方案。

苏宁易购集团 B2B 公司总裁胡旭健提出，在 2020 年，苏宁大客户将以更场景、更智能和更开放的服务能力，为供应商提供全场景的渠道支持。

佛山照明表示，此举为拓宽佛山照明销售渠道有着深远的意义。借助苏宁大客户升级的服务能力，佛山照明将更能为采购商提供场景化应用及场景化的解决方案；凭借大数据进行精准营销的能力，实现将佛山照明产品精准推广到对照明等产品有需求的政企采购商，为其提供良好的服务。

近年来，佛山照明一直加快脚步，不断完善渠道网络的建设。与苏宁大客户达成战略合作，借助苏宁丰富的技术与资源，将产品与服务更好地推广并覆盖到受众。

训练营

训练任务——加盟连锁店实地调查汇报

【任务目标】

加强对加盟连锁店的感性认识，学会团队合作。

【任务内容】

（1）以小组为单位分别走访某一加盟连锁店，如奶茶店、快餐店等；

（2）撰写调研报告并汇报调研结果。

【任务要求】

（1）由授课教师主持训练；

（2）每组安排一名同学负责整理记录、汇总；

（3）活动结束后，要求每组选出一名代表在课堂上汇报讨论出的计划；

（4）准备时间为 30 分钟。

【任务组织】

加盟连锁店实地调查汇报训练任务组织表如表 3-1 所示。

表 3-1 加盟连锁店实地调查汇报训练任务组织表

活动项目	具体实施	时间	备注
加盟连锁店实地调查汇报训练	(1) 假设全班有 48 人，将学生分成 8 个小组，每组 6 个人。 (2) 小组分工协作，学习并讨论如何汇报调查结果。 (3) 8 个小组在教师指导下，同时进行讨论。 (4) 组织学生讨论加盟连锁店实地调查训练过程中遇到的问题。	30 分钟	教室中每组一桌六椅、分组资料

【任务评价】

加盟连锁店实地调查汇报训练任务评价表如表 3-2 所示。

表 3-2 加盟连锁店实地调查汇报训练任务评价表

评价指标	评价标准	分值	评估成绩	所占比例
加盟连锁店实地调查汇报训练任务效果	1. 对加盟连锁店实地调查汇报的内容的规划	20		70%
	2. 调查结果真实有效	20		
	3. 遵守活动时间	20		
	4. 对现阶段加盟连锁店运营中有合理的建议	20		
	5. 效果明显	10		
	6. 活动评估	10		
教学过程	出勤、态度热情	100		30%
小组综合得分				

任务二 销售区域管理

故事导入

杰出的销售员应该派往何处?

A 公司是一家机电设备制造公司，最近一段时间以来面临着销售额下降和严重的现金流问题。

小张是公司的销售经理，在公司的年度销售会议上，他提出了改变公司现状的计划。

按照小张的计划，公司优秀的销售员都要从他们所负责的销售额高的地区调往目前销售额低的地区。他解释说这意味着经验丰富的销售员能够在销售额低的地区集中精力打开销路，增加销售额；而经验不足的销售员可以不费力气地在销售额高的地区开展工作。小张的计划遭到了公司新老销售员的一致反对。一些资深销售员认为，自己花了好几年的时间才在所负责的区域打开局面，现在要把这个区域交给新手，然后到一个新的地区重新开始，这样很不公平。一些年轻的销售员则认为，把自己调离未开发地区的建议使自己感到非常泄气，似乎公司正在把他们看成失败者。尤其是小张提出，在新区域开发新客户并不会得到额外奖金，同时今后销售提成奖金的发放将与应收账款的回收联系在一起时，销售员们更是觉得难以容忍。会议在一片争吵中不欢而散。

小张把当天会议的情况及时向总经理王总做了汇报，他们准备商讨问题的解决方案，以便在第二天的会议上向销售员们推出，希望能够得到销售员们的认可，并进一步鼓舞士气。

教师启发：公司销售目标主要是通过划分销售区域及实现区域目标的方式来完成的，因为建立销售区域能确保潜在市场的适当覆盖，改善顾客关系，降低销售成本，同时能够有效控制和评价销售队伍，提高销售员的士气和效率，提升经营效果。

课前提问：应该如何设计销售区域呢？

相关知识点

一、销售区域的概念

销售区域也称区域市场或销售辖区，它是指在一定的时间内，分配给一个销售员、一个销售分支机构或者一个分销商的一群现实及潜在顾客的总和。销售区域可以有地理界线，也可以没有地理界线。企业一般将总体市场划分为多个细分市场，通过估计每一个细分市场的潜力及企业自身优势，选择目标市场，确定企业在竞争中的定位。一个销售区域可以被认为是一个细分市场。

一个销售区域包括分派给一名销售员的一个顾客群或是一个地理区域。其分类方法如下。

（一）按地区划分

这是指定销售区域的最普通方法。它是根据有形的（路或河流）或假设的（邮政编码或地区的界线）范围来划分不同销售区域的边界。对零售销售人员来说，其销售地区性范围可能是门市部或交易厅。如果是从事汽车零售，地区性范围可能被称作展览厅或下一个未经预约而来的客户。

（二）按行业划分

这种销售区域分配的方法不是根据它们的地区位置，而是根据它们所从事的生意类型来划分潜在客户。例如：一个销售员可能向获得经销特许权的汽车商销售，也可以向汽车使用者销售。又如：对销售石油化学制品的销售员，他的销售区域可能由产品的最终用户、产品的转售商和另一些转售商构成。

（三）按产品划分

根据这种安排，已经使用某种特定产品或服务的公司（如网络服务器）被指定给某个特定的销售员。换句话说，这种划分方法是根据使用特定产品（如某种会计软件、管理信息系统软件）的不同将潜在客户划分为销售区域。

（四）按客户名单划分

按客户名单划分即将销售员限制在目前客户的名单之内。在某些情况下，就这张客户名单，销售员同时扮演“农夫”和“狩猎者”的角色。

（五）不属于上述任何一种，或是以上几个部分的组合

一个公司可能会简单地认为任何一个准客户对一个设法先于其他人建立联系的销售员来说，就构成了他的销售区域。例如：在房地产的销售中，如果某销售员得到了那些名单，这就属于该销售员的销售区域。在这种情况下，销售区域的划分要能够保证不会有多个销售员同时与一个准客户打交道，同时不会让一批准客户没有人上门服务。

虽然销售区域有不同的划分方法，但在许多企业里，销售区域却是按地理界线来设计的。小企业在发展之初，无须设计销售区域来控制销售员的活动。随着企业规模发展壮大和市场领土的扩张，采用销售区域管理方式的优点就越来越突出。有的企业发展到相当规模，产品技术先进、结构复杂，可能会采用产品标准型或市场标准型的组织方式，但仍然有必要按地理界线来设计销售区域。

二、销售区域的作用

按地理标准划分销售区域是很多企业的销售经理必须做出的重要决策之一。销售区域设计对于销售队伍的士气、企业为顾客服务的能力及销售业绩的评价与控制都有很大的影响，依照合理的标准设计销售区域，按销售区域管理销售队伍，至少有以下几个方面的好处。

（一）有利于获得全面的市场覆盖

由于目标市场的每一个销售区域都有专人负责，就不会有被忽略或遗忘的销售“死角”。此外，好的销售区域设计可以促使销售员提高工作效率，为企业创造更大的利益。销售员会致力于开发自己的市场领地，而不必担心会出现“自己栽树，他人乘凉”的局面。每位销售员对特定的销售区域负责，可以更好地了解每个客户的需要。大多数客户也愿意与固定的销售员建立长期往来，而不喜欢每次与不同的销售员打交道，因为那样相互之间难以建立起了解与信任。这也意味着，区域设计应该具有长远眼光，销售员的安排也应相对稳定，以防止销售员的短期行为。一般来说，销售员与客户之间共同点越多越容易成功，但共同点是建立在长期接触的基础上的，良好的区域设计有助于销售员与客户之间建立长期稳定的关系，使企业、销售员和客户三方共享其利。

（二）有利于鼓舞销售队伍士气

销售区域设计对销售员的利益有极大影响，当企业希望拥有理想的市场覆盖率时，销售员也渴望获得赚取理想收入的机会。若销售区域的好坏造成销售员收入的悬殊差距，就会打击销售队伍的士气。

销售员负责保持和增加销售量，他们的任务是明确规定了的。他们知道顾客位于何处以及每隔多久去访问他们，他们还知道预期的业绩目标。这能提高销售员的业绩和士气，即一旦销售员被赋予对所在区域全体客户负责的重任，就会很自然地唤起销售员的责任感。销售员会很乐意地努力工作以使客户满意，客户的满意与信任让销售员获得成就感。销售员感到工作是有意义的，从而更倾力于自己的工作。同时，明确的区域划分体现了权责一致的原则。各区域销售员感到目标明确，相互之间不会发生争夺顾客的恶性竞争的局面。

（三）有利于改善访问质量，提升客户关系

销售员对客户的定期访问会得到客户的信任。对客户而言，销售员就是公司。以宝洁公司为例，当顾客购买时，他要找的是销售员而不是宝洁公司的办事处。与某企业的销售员打交道就是与该企业打交道，客户购买该企业的产品往往不是由于对该企业或该企业产品的偏爱，而是基于对这位销售员的信任。销售员一旦与客户之间建立起长期合作与信任的关系，企业也就留住了该客户。当客户受到定期访问时，公司的商誉和销售额也有望提高。在客户看来，经过几年努力后，一些销售员建立起了极高的信誉，为此预期客户会推迟下订单，因为他们知道销售员将在每个月的某一天或是某一特定时间前来谈生意。一些销售员甚至赢得了为某些客户订购商品的权力。

（四）有利于降低销售费用

如果每个销售区域由指定的销售员负责，就可以避免不同销售员对客户的重复访问。

销售员可以细心设计访问路线，合理利用时间，从而降低销售成本。不仅如此，一对一的访问还可以在客户心目中树立起统一的企业形象。

（五）有利于销售业绩评价与控制

按地理标准设计的销售区域，使得按地区收集销售数据比较容易。企业将不同区域的数据资料进行统计汇总和对比分析，可以很清楚地看出本企业在竞争中的优势和劣势。然后针对不同区域的问题，设计新的营销计划。此外，还可以将本企业不同地区的销售额与市场销售总额相对比，评价每个销售员的个人业绩。同时，销售区域管理还有利于成本分析和成本控制。企业通过对各销售员在不同销售活动中花费的时间与成本的分析，可以设计出更好的方案，提高工作效率，降低销售成本，并为科学地规划销售队伍规模提供数据支持。

另外，好的销售区域设计还可以促进人员推销方式与其他营销手段的协调配合。比如有的销售区域人口稀少、交通不便、市场潜力很小，不适合人员推销，销售经理可以采用广告、电话推销以及邮购等方式为这一区域的客户服务。对于技术复杂的产品，往往由一位销售员对客户负责，当客户需要的技术方面的服务超出销售员的能力时，再由销售员联系企业技术部门为之服务，以团队推销的方式为客户提供更好的服务。

当然，销售区域管理方式也有局限性，并非对所有企业都适用。首先，销售区域管理的上述优点与销售区域本身设计的“好坏”有关。销售员的活动范围被限制在各自的销售区域内，其销售业绩很大程度上受到区域特点的影响，进而影响对销售员业绩的评价及销售员获得的报酬是否公平。其次，在以销售员的人际关系为基础设计的销售方式中，没有必要按地理标准划分销售区域，比如保险推销员和房地产推销员总是将亲朋好友作为首批客户，销售员的社交圈子就是其销售区域。对于采用直销营销方式的企业而言，比如玫琳凯公司采用美容师直销的方式推销化妆品，就没有为每位销售员（即美容师）划分销售区域。

三、销售区域设计

（一）销售区域设计原则

1. 公平性原则

销售区域的设计首先要公平合理。这一原则主要体现在两个方面：所有销售区域具有大致相同的市场潜力，销售区域的工作量大致相等。只有销售潜力大致相同，销售员的业绩才具有可比性；所有销售区域工作量相等才能避免“贫富不均”，减少区域的优劣之争，提高销售队伍的士气。

2. 可行性原则

销售区域的可行性体现在三个方面。一是销售区域市场有一定的潜力；二是销售区域的市场覆盖率要高；三是销售区域的目标具有可行性，销售员通过努力是可以实现的。

3. 挑战性原则

销售区域各种目标的设计要具有挑战性，销售员要有足够的工作量，并能通过努力获得合理的收入。

4. 具体化原则

销售区域目标一定要明确，销售经理一定要让销售员知道自己要完成的目标。销售区域目标应该尽量数字化、明确、容易理解。

（二）销售区域设计的步骤

1. 划分控制单元

将整个目标市场划分为若干个控制单元，其目的是按照一定标准将它们组合成销售区域。一般可以选择省、市、区、州、县等行政区划或邮政编码区域作为控制单元。划分控制单元时，常用的两个标准是现有客户数和潜在客户数。现有客户数用来估计当前工作量，而潜在客户数是一个预测值。

控制单元应划分得尽量小一点，因为小单元可以较准确地估计其市场潜力，而且更便于管理层进行区域调整。

2. 估计每个控制单元的市场潜力

确定所在控制单元当前和潜在客户的分布和潜力。按照可获取潜在销售额和利润的大小，对客户进行 A、B、C 分类，这就为确定基本区域提供了必要的背景资料。

3. 确定基本销售区域

完成上述两项基本工作后，紧接着便是确定销售区域。确定销售区域面临两个问题：一是销售区域市场潜力，一是销售区域面积。销售经理希望各区域在客户数相等的同时，地理面积也能大致相当，以平衡各区域的工作量。举例来说，销售经理可以将客户规模最大的销售区域中的一个客户较少的控制单元重新划分给一个地理面积较小的区域，以达到新的平衡。如果面积大的区域正好与面积小的区域相邻，而且符合条件的客户正好处于两区域交界处，新的平衡就很容易实现。否则，就可能要同时调整好几个区域才能成功。

4. 配备区域销售员

企业需要将销售员分配到特定的销售区域中去，让他们各尽其能，创造出最好的销售业绩。

销售区域设计的上述流程中，都是假设销售员具有相同的销售能力，每个人在任何区域表现都一样，但是这不符合实际。事实上，销售员在能力和工作效率方面存在着明显的差异。有的公司设计一些在区域潜力和工作负荷上大小不等的销售区域，将它们分为大、中、小三种类型，将小区域分给缺乏经验的销售员，中等区域分给有经验的销售员，大区域分给经验丰富、技巧成熟的销售员。这样可以将市场机会同销售能力结合起来，体现了更高层次的公平。

5. 调整销售区域

当发生以下情况时，销售区域需要调整：

（1）销售区域潜力发生了巨变。即区域销售潜力增长太快，销售员只能做表面的维持工作，不能进一步拓展市场。这时就需要缩小销售区域或增加销售员。

（2）销售区域重叠。一个区域的顾客自愿同其他相邻区域的销售员建立业务联系，公司出于保住这一客户而允许其业务往来，那么这一区域就会因重叠而导致业务量不足。区域重叠一般是历史原因造成的，它会使销售成本增加、效率降低、销售员发生摩擦。因此，销售区域重叠是一个必须纠正的结构性缺陷。

四、销售区域市场扩张

在区域市场竞争中，如果不思进取，就会丧失已有的区域市场份额，就会被竞争对手挤出区域市场。在区域市场份额争夺战中，只有那些清楚区域市场环境、竞争对手实力等竞争情况，并采取有效策略的区域经理，才能获得区域市场份额提升的胜利。

（一）渠道扩张

区域经理的工作目标不是销量越大越好，而是获得在分销网络畅通和稳定基础上的理想市场份额。因此，他应该尽力去帮助客户拓展和维护下级渠道。

区域经理可以通过发展新的营销渠道或活化现有渠道来攻击竞争者。成功的公司扩大市场份额的一个重要的秘诀是：实施新的区域代理制，与渠道建立更紧密的合作关系。

渠道资源的争夺都是为了控制范围更大的零售终端。宝洁在中国制胜的利器就是“助销”。其基本理念就是帮客户赚钱创造双赢，具体表现为“经销商就是办事处”：一切销售管理工作都以经销商为中心；一切下级分销网络拓展、终端铺货、堆头和货架陈列等工作必须借助经销商的力量；运作机制为“渠道运作综合管理体系”，一般城市选择一家经销商作为独家总经销，由厂方派驻一位销售代表，负责全面开发和管理该区域市场，其核心职责是帮助经销商管理下属销售队伍。

（二）品牌扩张

品牌扩张，即运用事件营销、公关营销、社区营销加强品牌在区域市场的扩张，提高品牌的指名购买率，建立强大的品牌力量，在给竞争对手以坚实的品牌壁垒的同时，冲击竞争对手的消费群体。

（三）价格扩张

价格策略的运用成功与否，也是企业进一步拓展市场成功与否的关键。从市场格局来看，目前我国总体上已进入买方市场格局，市场格局决定了整个商品营销进入一个微利时代。在市场经济条件下，价格策略、价格竞争贯穿于市场经济的始终，不存在高级、低级之分，只存在价格策略出台的时机合适与否、力度大小、市场环境的选择合适与否。

运用价格扩张，针对不同层次的对手，通常在下面三种情况下采取攻击策略：

（1）攻击实力最强大、最具竞争力对手的弱点；

（2）攻击规模不足以巩固其市场且财力不足的对手；

（3）攻击销售能力与财力不足的地区性小企业。

（四）服务扩张

目前，很多企业经营设施都比较先进、齐全，相互竞争的商品在质量、价格上都大致接近或差异性比较小，服务便成为顾客是否光顾企业、是否购买企业商品的一个重要因素。由于营销服务相对于商品、资金、经营设施等硬要素来讲，是可控性和可塑性最强的一种营销手段，因此，区域经理在服务扩张上有很大的操作空间。

课堂讨论

销售配额的分配方法有哪些？

课堂延伸

蒙牛公司在津冀市场的布局

蒙牛公司在津冀市场成功的市场布局与运作，使“蒙牛”冰激凌2000年得以丰收。

1. 市场规划——营销三段论

体育竞赛中有三级跳的项目，运动员只有在每一级都发挥出最佳状态，才能取得优异的成绩。市场营销也是一个循序渐进的过程。只有经过阶段性扎实、细致的运作，才会形成一个完整的、稳定的市场。据此，蒙牛公司制定了“一年翻一番”的市场规划，即“营销三段论”。

第一阶段，依据各地域特征，以地区中心城市为圆心，划分市场类型，合理设定客户，进行地毯式铺货，迅速提高市场覆盖率，扩大公司知名度。

第二阶段，巩固原有中心网络，加强对周边县区分销商的开发与辐射；利用灵活多变的营销方式，厂商联手，对营销主渠道实行激励营销；发展培养多家“卫星经销商”，全面提高占有率。

第三阶段，健全销售网络，在扩大产品销量及公司知名度基础上，维护价格稳定，完善售后服务，使区域销售保持有序发展。

2. 市场布局——战略与战术的合理运用

津冀地区是北方各大企业激烈竞争的重点市场，在这里，和路雪、雀巢投放大量冰柜，直接占有终端市场；伊利公司凭借其数年市场拼搏占据半壁江山；另有天冰、康业、德氏、宏宝莱推出独特口味的产品；小厂家更是各显神通，求得一席之地。针对这种竞争激烈、品牌林立的市场现状，在战略上，蒙牛公司“主攻重点市场，辅建一般市场，确保全面占有”。将石家庄、张家口、保定、唐山、天津列为重点市场，指导客户进行零售店的铺设及协助分销开展工作，并进行整体市场规划和网络建设；在战术上“以中心城市为圆心，指导加强市场基础、网络、品牌建设工作”，即“修建渠道，引水浇田”这种“点面结合，迂回包剿”的市场战术，使“蒙牛”一进入2000年5月，销售量连连上升，出现供货不足、电话频频占线的旺销局面。

3. 市场开发——幽默与感情营销

从利益出发，没有一个客户不想多完成销量任务，但受经验、能力、市场基础多方面因素的限制，每个客户运作的市场效果差异很大。“蒙牛”运用幽默与感情营销，取得了事半功倍的效果。正常的业务工作开展是人与人之间发生关系，一味枯燥强硬地摊派销售任务指标，会使客户产生厌烦的心理，适得其反。与客户打交道，要多从思想上做工作，要让客户认识到除了业务往来，我们还是朋友，只有思想上沟通了，客户才能感受到公司的关怀与温暖。

2000年1月，蒙牛冰激凌订货会在公司举行。在北方，1月是非常寒冷的季节，客户自然不愿上货，公司以“既然咱们订婚了，要想成为夫妻，总得结婚吧”等幽默谈话说服客户，在不到几天时间内，津冀地区就进了第一批50多万元的产品；大年初一，公司用电话给每一个客户拜了年，这些体现了公司的关心与真情的电话让客户感动不已，津冀市场又进了第二批货。公司定期将各市场成功的经验介绍给客户，供客户借鉴。销售好的客户，公司不断给予真切的鼓励；销售差的客户，公司尽力想办法、出主意；不论多忙，最多不超过7天，公司都会跟每一个客户通电话，相互沟通。公司的不懈努力获得了客户的鼎力支持，产品供不应求，销量比原定任务翻了一番。

4. 市场运作——重点市场的核心工程

重点市场的培育和建设工作是津冀市场的核心工作，2000年，重点市场的年总销量占了本区域销量的70%左右。公司定期对津冀重点市场运作，除了强制性地进行占店率开发与考核外，还从以下几方面进行了策划和运作：

(1) 选择重点考核，并依据市场销售状况给予销售指导和终端促销、优质售后服务等支持；

(2) 合理设定分销商，避免网点密布、产品过分流通引发的价格混乱等负面效应；

(3) 保证供货，优先供货，组织地毯式铺货，保证优势产品的覆盖率和占有率，重点市场不投入大量低价位产品；

(4) 周边县区统一管理，防止“卫星经销商”在临近区域窜货、砸价；

(5) 对主渠道及规模较大的分销商实行灵活的激励政策；

(6) 对总经销采取逐月目标任务完成情况级差制奖励方案；

(7) 出台灵活多变的促销支持和优惠政策。

训练营

训练任务——销售区域设计训练

【任务目标】

帮助学生结合实际，根据所学内容进行销售区域设计。

【任务内容】

(1) 设定一个企业的虚拟场景；

(2) 为其进行销售区域设计；

(3) 向全班同学汇报设计内容。

【任务要求】

(1) 由授课教师主持训练；

(2) 每组安排一名同学负责记录、汇总；

(3) 活动结束后，要求每组选出一名代表在课堂上汇报讨论结果；

(4) 准备时间为 10 分钟。

【任务组织】

销售区域设计训练任务组织表如表 3-3 所示。

表 3-3 销售区域设计训练任务组织表

活动项目	具体实施	时间	备注
销售区域设计训练	(1) 假设全班有 48 人，将学生分成 8 个小组，每组 6 个人。 (2) 小组分工协作，学习并讨论销售区域设计内容。 (3) 8 个小组在教师指导下，同时进行讨论。 (4) 组织学生讨论销售区域设计训练过程中遇到的问题。	60 分钟	教室中每组一桌六椅、分组资料

【任务评价】

销售区域设计训练任务评价表如表 3-4 所示。

表 3-4　销售区域设计训练任务评价表

评价指标	评价标准	分值	评估成绩	所占比例
销售区域设计训练任务效果	1. 能够合理划分控制单元，估计每个控制单元的市场潜力	20		70%
	2. 确定基本销售区域	20		
	3. 遵守活动时间	20		
	4. 要求分析透彻，方案可行	20		
	5. 效果明显	10		
	6. 活动评估	10		
教学过程	出勤、态度热情	100		30%
小组综合得分				

任务三　销售窜货管理

故事导入

处理窜货的为难之处

某快速消费品企业湖北销售分公司在年终接到一些地级市经销商的投诉，反映长沙市经销商多次窜货到他们区域分公司。经过调查，该快速消费品企业拿到了长沙市经销商窜货的证据，却对如何处罚该经销商感到为难。

按照合同，可以扣除其一个季度的返利。对于快速消费品的大经销商来说，经销利润比较薄，在本已获利不大的基础上，如执行合同扣除返利则有可能将其推到竞争对手的行列。有一个全国性的大品牌正在湖北做大力推广，对该公司销量有所影响，总公司要求加大促销力度，防止经销商“跳槽”，抵制竞品的市场蚕食。如执行合同扣除返利，该经销商很可能加盟竞品经销行列。窜货的经销商通路能力很强，而该公司一时找不到适合的经销商更换，那样的话调整期销量会大受影响，也给竞品留下市场空当。

如果不对窜货的经销商进行处罚，仅仅加大对被窜货区域的促销力度，由于经销商结怨已深，这么做很可能引发经销商之间发生窜货报复大战，使市场秩序更加混乱。该快速消费品企业返利是依据销量递进的，销量越大返利越高，中小城市经销商意见很大，扬言也要窜货来冲销量。

教师启发：窜货是一种极易被忽视，但对品牌和企业经营杀伤力很强的营销病症，特别是对有深厚品牌积累的企业。窜货是一种非常严重的渠道冲突，需要企业及时慎重处理。

课前提问：该公司应该怎样处理这起窜货事件呢？

相关知识点

在销售管理中，往往会遇到一个市场营销学中没有的概念，却往往又是销售实践中让销售管理人员头痛不已的问题——窜货。窜货，又称倒货、冲货，也就是产品越区销售。

一、窜货的分类

根据窜货的表现形式及其影响程度，可以把窜货分为以下几类。

（一）自然性窜货

自然性窜货是指经销商在获取正常利润的同时，无意中向自己辖区以外的市场倾销产品的行为。这种窜货在市场上是不可避免的，只要有市场的分割就会有此类窜货。它主要表现为相邻辖区的边界附近互相窜货，或者在流通型市场上，产品随物流走向而倾销到其他地区。如果这种形式的窜货货量大，该区域的渠道价格体系就会受到影响，从而使渠道的利润下降，影响二级批发商的积极性，严重时可发展为二级批发商之间的恶性窜货。

（二）良性窜货

良性窜货是指企业在市场开发初期，有意或无意地选中了流通性较强的市场中的经销商，使其产品流向非重要经营区域或空白市场的现象。在市场开发的初期，良性窜货对企业是有好处的。一方面，在空白市场上企业无须投入就提高了其知名度；另一方面，企业不但可以增加销售量，还可以节省运输成本。只是在具体操作中，企业应注意，由于这样形成的空白市场上的渠道价格体系处于自然形态，因此企业在重点经营该市场区域时应对它再进行整合。

（三）恶性窜货

恶性窜货是指经销商为获取非正常利润，蓄意向自己辖区以外的市场倾销产品的行为。经销商向辖区以外倾销产品最常用的方法是降价销售，主要是以低于制造商规定的价格向非辖区销货。恶性窜货给企业造成的危害是巨大的，扰乱了整个经销网络的价格体系，易引发价格战，降低渠道利润；使得经销商对产品失去信心和积极性，并最终放弃经销该企业的产品；混乱的价格将导致企业的产品、品牌失去消费者的信任与支持。

企业还必须警惕另一种更为恶劣的窜货现象，即经销商销售假冒伪劣产品。假冒伪劣产品以其超低价诱惑着经销商铤而走险。经销商往往将假冒伪劣产品与正规渠道的产品混在一起销售，掠夺合法产品的市场份额，或者直接以低于市场价的价格进行倾销，打击其他经销商对品牌的信心。

由此可见，并不是所有的窜货都具有危害性，也不是所有的窜货现象都应及时加以制止。市场上有一句流行的话："没有窜货的销售是不红火的销售，大量窜货的销售是很危险的销售。"适度的窜货会形成一种热热闹闹的销售局面，有利于提高产品的市场占有率和品牌知名度。所以，我们需要严加防范和坚决打击的是恶性窜货。

二、窜货现象的成因

形成窜货的具体原因有很多，既有制造商的原因，也有经销商的原因，但"利"字贯穿了窜货的全过程。窜货是渠道成员过度追逐自身利益的必然结果，但是，制造商却是形成窜货的罪魁祸首。越区销售的事情屡屡发生，就是因为制造商对管理过程中的各个环节缺乏有效的控制，才导致某些经销商、代理商有空子可钻。

（一）管理制度有漏洞

有些企业根本没有针对窜货的管理制度，对代理商、经销商以及销售员没有严格的规定，没有奖惩措施。在问题出现时无法可依，只能就事论事，对窜货的客户处理不严，姑息纵容，警告一下、批评一下，象征性地罚款了事，甚至助纣为虐。企业的这种态度间接鼓励了经销商的窜货。在许多企业中，销售员的收入是与销售业绩挂钩的，于是有时为了多拿奖金，一些销售员或企业派驻代理商的业务代表会鼓动代理商违规操作，向其他地区发货。

（二）管理监控不力

有些企业虽有规章制度，但反应迟钝，或睁一只眼闭一只眼，有法不依。一些企业在销售的过程中患有"营销近视症"，片面追求销售量，采取短期行为，对窜货重视不够，信息反馈不及时，不能及时发现窜货现象。待情况明朗时，"星星之火"已成"燎原之势"。一些企业的分公司和销售员为了完成既定的销售目标，低价向相邻市场抛售产品。还有一些企业内部管理不善，也使得一些销售员为了一己私利争夺市场而窜货。

（三）激励措施有失偏颇

企业针对渠道成员制定的种种激励措施，一般都会以经销商完成一定额度的销售量为基准，经销商的超额完成率越高，获得的奖励越多，带来的利润越丰厚。为完成既定的销售量以获得高额奖励，许多经销商不择手段，经销商之间也会窜货。一些不道德的经销商会向其他区域市场“攻城略地”，甚至倒贴差价，赔本销售，将原本井然有序的市场搞得鸡犬不宁。还有许多企业在产品定价上分多个级别，如总经销价，总代理价，一级、二级、三级批发价等。如果总经销自己直接做终端，其中两个阶梯的价格折扣便成为相当丰厚的利润，这个价格体系所产生的空间差异非常大，形成了让其他经销商越区销售的基础。所以采取年终返利、价格折扣等激励措施应有严格的条件。

（四）代理选择不合适

这里有两层意思。一是对独家代理与多家代理商的选择不当。一般来说，制造商采取独家代理制，即在某一个区域市场内只寻找一家合作的经销商或代理商，比较容易掌控，保证市场规范有序。然而受利益驱使，许多制造商因利益驱使而不顾市场规范，只要愿拿钱来买它的货，就可以成为在当地的经销商。这样，制造商根本无法控制经销商，也就无法控制市场，企业的短期行为必然导致产品的越区销售。二是对代理商或经销商的资格审查不严。一些不合格的经销商滥竽充数，只要能赚钱，什么事都敢做，跨区销售也就在所难免了。

（五）抛售处理品和滞销品

一些企业为了一点蝇头小利，自食苦果。如规定对积压货物不予退货，让经销商自行处理。经销商为了规避风险，置企业信誉和消费者利益于不顾，将积压的、过期的甚至变质的产品拿到畅销的市场上出售；或者将区域市场内的滞销产品向其他区域市场窜货；还有不少经销商用畅销产品降价所形成的巨大销售力来带动不畅销产品的销售，从而形成窜货。经销商甚至把假冒商品与正牌商品一起卖，这种现象在食品、饮料、化妆品等有明显使用期限的产品中极其普遍。制造商得到的苦果不仅是市场混乱，更重要的是砸了自己的牌子。

三、治理窜货的对策

正所谓“一物降一物”，窜货乱价并不是不治之症。企业应从以下几个方面着手，消除恶性窜货。

（一）归口管理，权责分明

企业分销渠道管理应该由一个部门负责。多头负责、令出多门最容易导致市场的混乱。负责部门首先要制定出一套完整的管理规章制度，如代理商的资格审查，设立市场总监，建立巡视员工作制度、严格的奖惩制度等。如钱江摩托车的销售体系是每个县找一家独家代理，代理商每跨区销售一台钱江摩托车罚款 1 000 元。制度一经制定，有法必依，违法必究。

（二）签订不窜货乱价协议

制造商与各地经销商、代理商之间是平等的企业法人之间的关系，需要通过签订的经销或代理合同来约束经销商的市场行为。在合同中要明确加入“禁止跨区销售”的条款及违反此条款的惩处措施，或要求经销商、代理商缴纳市场保证金，将其销售活动严格限制在自己的市场区域内。另外，由于相当多的企业对业务人员的奖励政策是按量提成，导致本企业销售员迁就纵容经销商窜货，牟取私利。因此，在企业内部销售员之间也可签订不窜货乱价协议，加大处罚力度。应当对经销代理商之间、销售员之间的相互监督加以鼓励。

（三）加强销售渠道管理

销售管理人员具有销售渠道管理的职责。规范渠道管理应做到：第一，积极主动，加强监控。特别要关注销售终端，关注零售市场。如果某区域销量或价格有明显变化，应该及时找出原因，重点是向上搜索一级、二级代理商渠道，检查有无窜货现象发生。第二，信息沟通渠道要畅通。最关心窜货的除了制造商外就数被窜货地区的经销商或代理商了，他们往往是第一个发现问题的，所以应有一个畅通的渠道能让他们及时地反馈信息、沟通信息，以便及时掌控市场窜货状况。第三，出了问题，严肃处理。一旦确认出现窜货问题，应根据规章罚款或取消代理资格等，绝不姑息。

（四）外包装区域差异化

鉴别窜货的难题之一是如何确认货物是应销往何地的。解决的办法是制造商对销往不同地区的产品在外包装上进行区别。主要措施是：第一，给予不同编码。大件商品如汽车、摩托车、家电等都是一件商品一个编号，区分起来没问题。日用品就可以采取批次编号，发往不同地区的商品批次编号不一样就可以。第二，利用条形码。对销往不同地区的产品外包装上印刷不同的条形码。第三，通过文字标识。当某种产品在某地区的销量达到一定程度，并且外包装又无法回收利用时，可在每种产品的外包装上印刷“专供××地区销售”的字样。如日本富士胶卷销往中国市场的产品就是这么做的，其外包装也进行了单独设计。第四，采用不同颜色的商标。在不同地区，同种产品的商标在保持其他标识不变的情况下，采用不同的色彩加以区分。但这种方法要慎用，并做适当的宣传，以免给假冒产品开方便之门。

（五）建立合理的差价体系

企业的价格政策要有利于防止窜货。第一，每一级代理的利润设置不可过高，也不可过低。过高容易引发降价竞争，造成倒货；过低调动不了经销商的积极性。第二，管好促销价。每个制造商都会搞些促销活动，促销期间一般价格较低，经销商要货较多。经销商可能将其产品以低价销往非促销地区，或在促销活动结束后低价销往别的地区形成窜货。所以应对促销时间和促销货品的数量严加控制。第三，价格政策要有一定的灵活性。要有调整的空间，否则对今后的市场运作不利。还要严格监控价格体系的执行情况，并制定对违反价格政策现象的处理办法，使经销商不至于因价格差异而窜货。

（六）加强营销队伍的建设与管理

提升营销人员自身的素质对窜货的管理至关重要。第一，严格把握人员招聘、甄选和培训制度。企业应把好销售员的招聘关，挑选真正符合要求的高素质人才，在上岗前要进行严格的培训，此谓“磨刀不误砍柴工”。第二，制定鼓励人才成长的各项政策，使各销售员能人尽其才。企业应建立的主要目标有销售定额、毛利额、访问户数、新客户数、访问费用和货款回收比例等。其中，制定销售定额是企业的普遍做法。对成绩优异的销售员给予晋级、奖金、奖品和额外薪酬等实际利益，以此来调动销售员的积极性。物质激励往往与目标激励联系起来使用。对成绩优异的销售员给予表扬，颁发奖状、奖旗，授予荣誉称号等，以此来激励销售员上进。第三，严格把控营销人员的考核，建立合理的薪酬制度。绩效标准不能一概而论，管理人员应充分了解整个市场的潜力和每一位销售员在工作环境、销售能力方面的差异。绩效标准应与销售额、利润额和企业目标一致。常用的推销人员绩效指标主要有销售量、毛利、访问率、平均订单数量、销售费用、销售费用率、新客户数量等。合理的绩效评估和酬赏制度，能真正做到奖勤罚懒、奖优罚劣。评估考核时还应注意销售区域的潜量、区域形状的差异、地理条件、交通条件等对推销效果的影响，以及一些非数量化的标准，如合作性、工作热忱、责任感、判断力度等。

课堂讨论

避免窜货有什么策略？

课堂延伸

电商出手整治家电窜货

2021 年，京东家电出手整治线下实体店加盟商窜货一事，引发了不少加盟电商平台的家电经销商的关注和热议。特别是对于发现窜货行为三次以上的门店，将直接采取关店处罚，更引发了一大批经销商们的担心。

有不少京东家电加盟店的老板或利用京东家电加盟店账号下单的投机者们，纷纷告诉家电圈：短期来看，很多借助朋友、亲戚的京东家电专卖店账号，直接在线上平台下单，将货从北京卖到广州、深圳的这种线上“飞单”生意，受到很大的影响，现在根本没办法做了；中长期来看，过去很多京东家电专卖店的老板，除了线下实体店卖货外，还会通过线上平台将货卖往全国的投机性生意，也会受到影响。

那么这一轮以京东家电为代表的电商平台，出招整治线下加盟店的窜货行为，到底是短期手段还是会长期存在的管理策略？对于急于做大规模、抢夺线下渠道商生意的电商平台来说，整治窜货是不是一种“自废武功”的行为？那么京东家电整治线下加盟店的窜货行为，到底又为了什么？会引发其他开放平台商的跟进吗？

在家电圈看来，这一轮京东家电对于线下专营店的窜货行为整治，并不是简单地受到了家电企业的压力。因为，家电企业现阶段对于电商平台的货源，大部分是定制，或者专供机型，并不会对线下原有家电经销商等渠道体系产生直接的冲击；真相则是，数量越来越多的京东家电加盟店老板们，对于一些同行的线上窜货、全国飞单行为进行投诉，从而引发了京东家电的高度关注。

因为，随着京东家电专卖店在全国乡镇市场上的数量快速扩张后，镇与镇、区与区、市与市之间的京东家电专卖店竞争就变得更加激烈和白热化。如果京东家电任由这种趋势发展，各种窜货、线上“飞单”等现象持续不断，必然会引发一轮线下加盟店的乱战与恶斗，最终影响的一定是自身的经营秩序和商业利益。

由此，京东家电整治线下加盟店的窜货行为，应该不会是短期的手段，而是长期的策略和方向；同样，这也不会只是京东家电一家的开放平台商行动，随着自身加盟店数量的增加，以及网点经营压力的提升，未来包括天猫、苏宁、国美都会规范各个加盟商家和网点的经营行为。在自家的经营范围内，不能去抢夺别人家的生意，否则就会乱成一锅粥。

从这个角度来看，虽然今年以来各个零售巨头或平台再次开启了一轮面向乡镇经销商的“加盟扩张大潮”，让很多陷入发展泥潭的经销商们似乎找到了新的出路和方向，但是在家电圈看来，与之对应的是新一轮围绕乡镇市场上经销商之间的市场争夺战也全面升级。特别是在平台商的产品、品牌、资源等助力下，大量乡镇经销商为了扩大市场份额和领先优势，必然会掀起新一轮的商战。

在这种情况下，规范乡镇经销商的市场经营行为，特别是避免同一平台上各个区域加盟店间的窜货乱战势在必行，也是必然趋势。当然，这些电商、大连锁商们能不能有效根治窜货，却是另外一个层面的问题了。毕竟，需要在对手抢夺之下，平台商们也需要在整治窜货与容忍窜货之间找到一个平衡点。

训练营

训练任务——某企业窜货处理方案模拟表演

【任务目标】

运用所学知识，选择某一个企业，模拟表演如何处理窜货问题。

【任务内容】

(1) 设定一个企业的虚拟场景；

(2) 表演企业如何处理窜货问题；

(3) 请其他小组进行评价。

【任务要求】

(1) 由授课教师主持训练；

(2) 每组安排一名同学负责记录、汇总；

(3) 活动结束后，要求每组选出一名代表在课堂上汇报表演的心得；

(4) 准备时间为 10 分钟。

【任务组织】

企业窜货处理方案模拟表演训练任务组织表如表 3-5 所示。

表 3-5 企业窜货处理方案模拟表演训练任务组织表

活动项目	具体实施	时间	备注
企业窜货处理方案模拟表演训练	(1) 假设全班有 48 人，将学生分成 8 个小组，每组 6 个人。 (2) 小组分工协作，学习并讨论如何表演处理窜货问题。 (3) 8 个小组在教师指导下，同时进行讨论。 (4) 模拟表演如何处理窜货问题。	30 分钟	教室中每组一桌六椅、分组资料

【任务评价】

企业窜货处理方案模拟表演训练任务评价表如表 3-6 所示。

表 3-6 企业窜货处理方案模拟表演训练任务评价表

评价指标	评价标准	分值	评估成绩	所占比例
企业窜货处理方案模拟表演训练任务效果	1. 展现发生窜货的原因	20		70%
	2. 能妥善解决窜货问题	20		
	3. 遵守活动时间	20		
	4. 表演真实	20		
	5. 效果明显	10		
	6. 活动评估	10		
教学过程	出勤、态度和热情	100		30%
小组综合得分				

任务四 销售终端管理

故事导入

可口可乐的关系营销

可口可乐为了使其产品无处不在，采取了几大标准的分销促进策略：跟客户打招呼，检查室内外广告，了解客户的销售情况，检查陈列情况、了解剩余、建议库存；与客户探讨销售技巧，帮助客户寻找滞销品的销售途径及索取订单，向客户致谢。

终端管理归纳起来有七个字："五问、四看、三一样。"这七个字概括了企业在有效管理终端过程中所要做的一切。

五问：问销量、问效益、问趋势、问需求、问竞争。

四看：看陈列、看库存、看客流、看记录。

三一样：处理问题像警察一样，关心关怀像家人一样，扶持帮助像教师一样。

教师启发：终端促销表现在对终端卖场进行公关及争取更好的分销竞争机会方面，这就要求厂家必须开展关系营销，与终端客户建立良好的合作关系。

课前提问：应该如何对终端进行管理呢？

相关知识点

终端是让产品实现商品价值的最后一个环节，是所谓的"临门一脚"。产品从概念产生直到消费者手中，前期大量工作价值的体现都取决于终端的销售。因此没有谁会忽视销售终端管理的重要性，可是真正要将终端做透、做精却并非易事。以下将具体阐述销售终端管理内容、销售终端管理要求和销售终端管理策略。

一、销售终端管理内容

（一）终端陈列

合理的终端陈列可以起到展示商品、提升品牌形象、营造品牌氛围、提高品牌销售、提高商品的附加值、改变消费群体的生活方式、维护厂商的信誉等作用，也是导致冲动型购买的重要原因。终端陈列的方法主要有以下几点。

1. 规模化陈列

规模化陈列是指陈列产品的数量和所占空间面积的大小，形成适度规模，借此强化视觉冲击力、营造商品丰富之感，进而增加销量。

2. 集中陈列

集中陈列是将所有本企业的系列产品集中陈列，可获得关联性、整体性的品牌联想和影响力。

3. 主导品牌陈列

主导品牌陈列是指将主导或关键品牌陈列于最佳位置，即与视线平行的位置，占据最大的空间面积。

4. 新产品陈列

新产品的陈列除了按照上述方法要求外，还应开辟新的陈列空间，避免压缩本企业原产品已经占据的陈列空间。

此外，为了使产品陈列更生动，还需做到以下几点：

第一，造型。以一套相关产品为一组，按一定的艺术构思摆放，再将若干陈列组合成一个充满美感的整体。

第二，体现层次感。平面布局上的前后左右、穿插组合，立体布局上的高低远近、空间的协调，整体布局上的和谐以及对重点产品的烘托。

第三，运用光照效果。光线既要明亮又要柔和，照射角度既要突出重点产品，又不能置其他产品于不顾，光色要保持原有的色泽，避免错觉。

第四，给人以真实感。例如：将成套家具布置成房间，将厨房用品布置成厨房等。

第五，利用附属性广告制造氛围。充分利用声、光、电、图像、文字等多媒体，运用综合手段，多角度、多层次展现产品内在和外观特点、产品卖点。

（二）终端促销

终端促销是指扩大或巩固产品的市场占有率，运用各种促销方式，以刺激消费者购买产品的营销活动。本书在研究了众多终端促销方式的基础上，将终端促销方式总结为终端观察、终端支援、现场促销、关系营销。

1. 终端观察

终端观察是观察消费者在店内的购买活动、零售店员工对各品牌产品的态度以及各竞争厂家的终端市场促销活动，以便充分收集信息，制定营销对策。终端观察的内容包括：消费者生活形态的变化对购买行为及商品选择的影响；了解竞争厂家（或零售店）的活动对零售店与消费者的影响；观察零售店的场地条件、照明、路线规划、服务态度及商品组合等。总之，凡是与消费者购买行动及零售店运作有关的信息，都应包括在终端观察的范围内。

2. 终端支援

终端支援包括店外支援和店内支援：

(1) 店外支援。指厂家提供给零售店员工的各种信息资料，如消费者资料、商圈动态资料、商品信息等；经营上的知识，如销售计划、促销计划、存货控制等；金钱上的奖励，如业绩竞赛、销售奖金等，以提高零售店的经营效率。

(2) 店内支援。包括商品展示与陈列、强化品牌在终端的展露度，如争取更大、更好的陈列位置，在售点做特殊陈列，改变品牌的陈列方式，使消费者易拿、易看。

3. 现场促销

在销售现场开展促销活动是终端促销的重要内容。一走进商场，我们到处可以看到各个厂家在热热闹闹地开展各式各样的促销活动，如示范、咨询、现场表演、免费品尝等。

4. 关系营销

终端促销也表现在对终端卖场进行公关及争取更好的分销竞争机会方面，这就要求厂家必须开展关系营销，与终端客户建立良好的合作关系。

案　例

佰康：送奶到户

市场调查显示，送奶到户已经成为一种时尚，国内一些城市送奶到户的奶量已达到总需求量的50%，而本市只有少许几家乳品企业零零散散地开展了此项工作，并没有形成气候——这正是佰康乳品的契机，搞好了送奶到户，就能从源头上抓住消费者。

既然要做送奶到户，产品就要讲求“纯”“鲜”“消毒”。为此，佰康决定在产品中不添加任何成分，包括添加剂、水等，并开发出消毒鲜牛奶、AD钙鲜奶、加锌鲜奶、加铁鲜奶4种鲜奶产品。为了能够使产品的品质在价格上得到体现，同时为送奶到户留下价格空间，产品的价格稍高于本地其他同类产品。

营销通路方面，佰康选择了两条：其一，公司—经销商—零售商—大中型卖场—终端消费者；其二，公司—奶站—终端消费者。

一切准备就绪，终端促销整合活动便开始大规模展开。

1. 营业推广

在鲜奶产品上市的第一个月，开展“买三赠一”活动，利用消费者的求廉心理，激励更多人来购买，然后通过产品的品质留住顾客；在“买三赠一”促销结束后，采取过渡性的促销措施——“买奶中超值大奖”，以防止已有的用户流失。奖品（10台彩电）由用户通过抽奖获得，让“小产品，大奖项”震动长春城；对订奶的用户，实行订一年免费送一个月，让用户得到真正的实惠。

2. 硬性广告

硬性广告投入控制在15万元以内，并且都将采用报纸广告、小区广告等形式。具体做法：选择市内发行量较大的《××晚报》《新文化报》发布市区内送奶服务站地址、电话、产品信息、服务项目、服务承诺等讯息。由于送奶到户工作是一项长期的工作，所以在起初的三个月攻坚战期间，以密集型广告发布策略为主，每周一次，共刊发十二次，此后采取间歇性发布策略，每月一次；小区广告选择在每天下班时间、周六和周日，采用宣传单、展板、条幅等形式进行宣传。这些广告深入终端，费用低、效果好。

软性广告：在《××晚报》《新文化报》上刊发软性文章，各篇既系列化，具有连续性，同时又独立成篇。主题分别为：《佰康开展送奶到户，方便千万家》《如何选择送奶公司》《佰康公司赢得万众之心》，等等。

3. 公关活动

(1)“寻找受害者”活动。根据调查，以前某些公司在开展送奶到户工作中出现了很多损害消费者利益的问题，如收完奶款不给送奶、送变质奶，等等。鉴于此，佰康在报纸上征集10名受害者，邀请他们参观公司奶牛基地、加工厂，并召开座谈会，免费赠送一个月送奶服务，同时聘请他们来当送奶服务队的质量监督员。

(2)“我们的天使”形象展示活动。佰康在市大专院校招聘了100名学生，男生、女生各一半，身着公司统一设计制作的服装，打着公司的旗帜和为送奶到户制作的旗帜，列队整齐地走过长春市的主要街道，并发放传单，大造声势。

(3)“为了孩子的明天”征文活动。评选特等奖一名，赠饮一年的鲜牛奶；一等奖5名，赠饮半年的鲜牛奶；二等奖10名，赠饮三个月的鲜牛奶；三等奖30名，赠饮一个月的鲜牛奶。中奖结果在报纸上公布。

(4)“佰康奖学金”。选择几所高校，为其营销专业设立“佰康奖学金”，具体这样实施：公司与高校共设奖学金，同时倡导学生勤工俭学，利用课余时间参加公司举办的送奶到户宣传、征订活动，除了正常支付学生的日工资外，对工作业绩突出的学生予以奖励，毕业后可到佰康公司工作。

4. 终端用户管理

(1) 建立客户档案，并使其具有录入、查询、检索、修改、汇总等较为全面的功能。

(2) 对订奶客户实行分类管理，其中每天订3袋以上者为关键客户，每天订2袋者为重点客户，每天订1袋者为一般客户，对不同级别的客户采取不同的回馈措施。

(3) 公司销售部送奶到户服务中心设专职人员定期或不定期通过电话、走访等形式联系客户，听取客户意见。

(4) 成立客户投诉部门。佰康乳品通过送奶到户，虽然打了一场艰苦异常的“攻坚战”，但事实证明，这场硬仗打得及时，打得到位，打得成功。经过两个月的发展，已开发出 2 600 户，并且每天都有几十个电话打到佰康乳品咨询或订奶。显然，佰康鲜奶产品经过近七个月的市场运作，已是名声在外。

（三）终端工作人员管理

由于终端工作人员主要的工作在市场上，管理固定的零售终端，不能直接监督，日复一日易产生厌倦情绪甚至丧失工作兴趣。一旦管理失控，消极散漫之风随之蔓延，会严重影响到整个销售团队。因此，必须有一套完善的管理制度来约束终端工作人员的行为，并给予工作上的指导。企业对终端工作人员的管理应该体现在以下几个方面。

1. 实行严格的报表管理

填写工作报表是管理终端销售员最有效的办法。严格的报表制度，可以规范终端工作人员的行为，可以使他们有计划、有目标、有规则地工作。企业运用报表管理可以及时了解终端销售情况和终端销售员的工作情况。因此，企业一定要督促终端工作人员按时、准确地填写报表。主要报表有：工作日报表、周报表、月总结表、竞争产品调查表、终端岗位职责量化考证表、样品及礼品派送记录表、终端分级汇总表等。

2. 对终端人员进行培训

终端培训的目的是使终端人员通过有计划的、连续的系统学习而获得知识、技能、态度乃至行为的定向改进，以使其能够按照企业预期的标准或水平完成所承担或将要承担的工作，来提升终端竞争力。企业一方面要增加终端工作人员的责任心与成就感，另一方面要注重提升终端销售员的业务技能，及时帮助他们解决问题，以使其能够适应更高的工作要求。

3. 进行终端监督

对终端工作人员的管理如果只依靠报表，难免会出现疏漏的情况，管理人员要时不时地亲自视察，对终端实际情况进行监督、记录。如此一来，不仅可以了解到终端销售的实际情况，更能对终端销售员工作业绩进行评估，进而可以保证终端竞争激励机制的公平性和准确性。终端管理人员在监管的过程中，要做到赏罚及时、分明，对于丧失工作热情的人员要坚决辞退，以免影响整个销售团队。

4. 搞好终端协调

终端工作人员每天从事一线的销售工作，他们所反映的问题应该是企业最重视、最需要解决的问题。因此，对于终端工作人员提出的问题，企业一定要及时解决，给予终端工作人员极大的重视。这不仅能够体现终端工作人员的价值，增强归属感、责任心，又可以提高其工作积极性，同时能够鼓励他们更深入全面地思考问题，培养自信心。

二、销售终端管理要求

销售终端管理已经成为获取市场竞争优势的重要手段，从终端管理的内容来看，企业要管理好终端，必须整合各种资源，首先要选择好的终端类型，从源头抓起；其次要增强促销的整体协同性；再次要增加人手，保证终端促销做足、做透；最后还要积极开展关系营销，争取店方的合作。

（一）选择适宜的终端类型

终端就是商品与消费者直接接触的地方。终端的形式多种多样，至于企业要选择哪种终端类型，一方面要对该类型终端进行评估，评估内容主要有人口结构、生活形态、地理环境、竞争态势等；另一方面还要认真研究自己的目标与实力，选择真正适合自己的终端类型。

（二）提高促销的整体配合

终端促销并非只是终端工作人员的事，终端促销也不是只为了提升销量。提高终端促销的整体配合，一方面是将销量提升与企业形象及品牌价值塑造融为一体；另一方面要对凡是涉及人、财、物的资源进行整合，如争取店方合作，最大化地提高促销的整体配合，以提升促销效果。

（三）增加人力支持

有效的终端促销能够在短时间内提升销量，并能起到宣传企业形象和塑造品牌价值的目的。但如果要把终端促销做足做透，就需要大量的人手，然而促销只是企业短期的一种销售行为，企业无法去培养足够的人手用于促销。为了解决这一问题，一些企业开始雇用在校学生或临时的专业人员来从事这一工作。实践证明，这是一种既经济又高效的办法。但企业必须加强管理与监督，确保总体销售活动朝着自己确定的目标进行。

（四）争取店方合作

店方在改善终端销售效益中的作用日渐突出，并且更愿意把机会给予知名企业或品牌。如何从店方争取到机会已经成为日常终端销售管理工作的重中之重。这就要求企业开展关系营销，掌握谈判的技巧，把自己的优势和特点准确地告知店方，力争得到每一个终端销售的机会。

三、销售终端管理策略

虽然管理好销售终端是企业获取市场竞争力的关键，但大多数企业的终端销售工作做得并不理想，首先是企业终端销售意识不够；其次是终端销售范围过窄，没有把销售终端做足、做透；最后是企业销售终端管理水平低下，终端销售员业务技能缺乏。针对上述原因，企业需要做到以下三个方面的工作：

（一）增强终端销售意识

企业终端销售业绩上不去的很大原因在于缺乏终端销售意识。不论是企业终端管理人员还是终端销售员，都应该从意识上高度重视终端销售这个环节。增强终端销售意识，首先要增强终端品牌意识，力争打造终端服务品牌；其次是增强终端市场意识，把握市场机会，把握行业态势，掌握消费者的消费特点；最后是要增强终端服务意识，提高服务质量，让消费者满意。

（二）拓展终端销售范围

终端销售范围过窄是众多企业目前面临的难题。如何拓展终端销售范围已成为企业终端管理的首要难题。拓展终端销售范围，首先要对终端有正确的认识，即终端都有哪些。终端包括针对企业产品销售所经历的一切终端环节，即零售商、批发商以及其他终端销售场所。其次要建立终端拓展标准，对拓展过程严格控制，不能只重视终端数量而忽略终端质量，导致虽然终端数量多，但销售能力上不去，这样反而浪费了大量的人力、财力和物力。

（三）提高终端管理水平

终端管理人员的管理水平直接影响终端销售员的销售业绩。要提高终端管理水平，首先要对终端管理人员进行系统的上岗培训，提高其终端管理能力。其次要重视终端销售员素质的提升，使其了解企业文化，掌握沟通技巧，以更好地提高终端销售业绩。

课堂讨论

销售终端的管理策略有哪些？

课堂延伸

Uber 思维看零售终端的执行绩效

零售终端的促销执行不到位，会使促销效果大打折扣。为提高促销、推广的回报率，品牌商需要对零售终端的执行情况进行监测，那么 Uber 在这方面有哪些思路呢？

随着移动互联网和智能手机的发展，企业的终端监测和数据采集不再采用传统的方式，与 Uber 类似，渠道监测的方式借力于互联网和手机，品牌商可以迅速发现问题，调整渠道状况，快速提升推广和促销的效果。

尽管每个品牌商市场部的促销计划和推广方案可能都写得很精致、周全，但是与消费者最终看到的效果是两回事。预期与实际执行中间有条“鸿沟”，这条“鸿沟”到底有多长呢？根据拍拍赚以往项目的数据统计，零售终端的执行效果比我们想象的情况要差很多，将近一半的门店促销执行不合规范。

当然许多品牌商也意识到他们需要更多的力量去收集这种实地的数据，有针对性地反馈给各地的营销团队。他们需要一个效率高、说服力强、可定位到具体门店的解决方案。因此，参考 Uber 的思路，将品牌商的数据需求转化为可以在手机上执行落地的具体结构化任务，直接在任务中进行每个细节的检查要求，并且附上图片和解释说明。当然，如果采购和营销部门发现与认可零售终端的数据价值，那么这种实地检查会很快被运用到贯穿整个产品生命周期的不同阶段。另外，除了检查，品牌商还可以快速得到市场上消费者对新产品的反应和认识。对于企业来讲，及时发现问题并随时调整策略，会增加成功的概率。同时，实时的促销现场检测可以让品牌商确保每处销售点的陈列和促销按照计划严格执行。

另外，影响终端销量最坏的情况是缺货，但是这些门店信息可能存在很大程度的水分，因为小店的经营状况与现代渠道相比变动很大，而且，经销商有可能提供部分虚假的门店信息，以从品牌商那里获得更多的奖励和报销金额。

因此，品牌商需要定期对手中的门店信息进行验证和更新，除却营业状态异常的门店，要统计已有门店是否被竞品的产品挤掉、是否有缺货情况发生。这些都是为了保证自己的产品在终端的能见度和竞争力。

训练营

训练任务——销售终端策略演示训练

【任务目标】

帮助学生根据企业实际情况，进行销售终端策略演示。

【任务内容】

(1) 根据产品特点和业务需要，研究销售终端策略；

(2) 各组派出代表进行销售终端策略表演。

【任务要求】

(1) 由授课教师主持训练；

(2) 每组安排一名同学负责记录、汇总；

(3) 活动结束后，要求每组选出一名代表在课堂上汇报讨论的心得；

(4) 准备时间为 10 分钟。

【任务组织】

销售终端策略演示训练任务表如表 3－7 所示。

表 3－7　销售终端策略演示训练任务组织表

活动项目	具体实施	时间	备注
销售终端策略演示训练	（1）假设全班有 48 人，将学生分成 8 个小组，每组 6 个人。 （2）小组分工协作，学习并讨论如何表演销售终端策略。 （3）8 个小组在教师指导下，同时进行讨论。 （4）模拟表演销售终端策略。	30 分钟	教室中每组一桌六椅、分组资料

【任务评价】

销售终端策略演示训练任务评价表如表 3－8 所示。

表 3－8　销售终端策略演示训练任务评价表

评价指标	评价标准	分值	评估成绩	所占比例
销售终端策略演示训练任务效果	1. 销售终端策略得当	20		70%
	2. 能妥善解决目前终端问题	20		
	3. 遵守活动时间	20		
	4. 表演真实	20		
	5. 效果明显	10		
	6. 活动评估	10		
教学过程	出勤、态度热情	100		30%
小组综合得分				

超链接：“微百货”逆势扩张

项目小结

企业在建立自己的销售渠道时有许多模式可供选择。按照渠道成员之间的关系来划分，企业的渠道模式主要有：传统分销渠道模式、垂直分销渠道模式、水平分销渠道模式和多渠道分销模式。渠道系统的设计包括渠道长度、宽度和广度的设计。渠道整合就是建立一个互动联盟，它能通过优势互补，营造集成增势的效果，增强渠道竞争能力。渠道整合中要特别注意以知识为核心的活性要素的作用，以此带动其他要素功能的改善，从而有利于形成现代的诚信理念、科学的营销理念、朴素的双赢理念、良好的沟通理念、发展市场的理念、相互学习的理念。

销售区域也称为区域市场或销售辖区，它是指在一段给定的时间内，分配给一个销售员、一个销售分支机构或者一个分销商的一群现实及潜在顾客的总和。销售区域可以有地理界线，也可以没有地理界线。区域设计的原则包括公平性原则、可行性原则、挑战性原则和具体化原则。

在销售管理中，往往会遇到在市场营销学中没有概念，却在销售实践中让销售管理人员头痛不已的问题——窜货。窜货，又称倒货、冲货，也就是产品越区销售。根据窜货的表现形式及影响程度，可以把窜货分为自然性窜货、良性窜货和恶性窜货。窜货乱价并不是不治之症。企业可以应用对策处理恶性窜货。

终端是让产品实现商品价值的最后一个环节，产品从概念产生到消费者手中，前期大量工作价值的体现都取决于终端的销售。销售终端管理包括销售终端管理内容、销售终端管理要求和销售终端管理策略。

项目练习

一、单项选择题

1.（　　）就是建立一个互动联盟，它能通过优势互补，营造集成增势的效果，增强渠道竞争能力。

A. 渠道整合　　B. 渠道扁平化　　C. 渠道品牌化　　D. 渠道集成化

2.（　　）就是通过缩减分销渠道中不增值的环节或者增值很少的环节，以降低渠道成本，实现生产商与最终消费者的近距离接触，实现企业利润最大化目标，并有效地回避渠道风险，从而实现企业经营的良性发展。

A. 渠道整合　　B. 渠道扁平化　　C. 渠道品牌化　　D. 渠道集成化

3. 品牌已经渗透到我们生活中的各个领域，产品需要品牌，服务需要品牌，分销渠道同样也需要品牌。专卖店作为（　　）的一种重要方式正迅速扩展到各个行业。

A. 渠道整合　　B. 渠道扁平化　　C. 渠道品牌化　　D. 渠道集成化

4. 解决渠道冲突最好的办法就是（　　），即把传统渠道和新兴渠道完整地结合起来，充分利用两者各自的优势，共同创造一种全新的经营模式。当然，这种方法要求供应商能够对传统渠道施以足够的控制，所以操作难度较大。

A. 渠道整合　　B. 渠道扁平化　　C. 渠道品牌化　　D. 渠道集成化

5.（　　）是指原本只在城市中销售的网络扩散开来，并且深入农村基层，它是一种新的营销策略，并且只针对在经济较发达的农村推行。

A. 渠道下沉　　B. 渠道扁平化　　C. 渠道品牌化　　D. 渠道集成化

二、简答题

1. 渠道模式有哪些选择？
2. 渠道整合的作用有哪些？
3. 销售区域的作用有哪些？
4. 窜货现象的成因有哪些？
5. 治理窜货的对策有哪些？

三、案例分析题

预谋窜货，仅仅只为报复？
——一个十分少见的窜货案例

龙岩是福建省的一个地级城市，地处福建省西部，也称“闽西”。它是闽粤赣三省的交通要冲和物资集散地，城市总面积 1.91 万平方千米，人口不到 300 万人，有近百万海外侨胞和港澳台同胞居住。就是这么一个小城市，2000 年却成为国内许多啤酒品牌交锋的战场。这个不起眼的小城市，其啤酒的年销量竟然超过比它大得多的漳州，因此不但吸引了惠泉、贝德等本地品牌的竞争，深圳的金威、广州的珠江以及青岛啤酒等国内强势品牌几乎都以各自的渠道进入该市场参与竞争。

事情的起因是这样的，王某是 X 啤酒品牌龙岩区域经理，该品牌虽然没有惠泉的名声响，但在龙岩的实际销量要超过惠泉，王某因此成了公司的红人。

X 啤酒经销商张老板，由于具有在当地独一无二的销售网络，在龙岩的啤酒行业是举足轻重的人物，被当地工商税务和政府部门列为重点标兵。王某以搞好客情关系为由，跟张老板的关系非常密切，两人除了正常的工作之外，业余时间也经常在一起社交，几乎形影不离。

关系好了，王某说话也无所顾忌了，一次在酒过三巡之后对张老板说，如果张老板今年的销量突破 500 万元，公司将额外奖励张老板一辆别克轿车。王某的许诺其实也是事出有因。年初，公司的营销副总赵某曾在一次销售会议上说过这样的话，尽管后来没有专门出过文件，但大部分区域经理都知道有这个奖励。张老板对王某的话深信不疑。经过努力，张老板 2000 年的实际销量做到了 550 万元。

年终开经销商大会的时候，张老板就跟王某要奖励，王某也向新任的营销副总黄某提出，但黄某以没有这个奖励政策为由拒绝给张老板奖励。3 天经销商会议结束，张老板非但没有拿到该得到的别克轿车，原先说好的返利指标也没有达到，张老板就直接找到黄某，在协商未果的情况下与黄某直接发生了冲突。在与众经销商签订第二年经销合同时，张老板拒绝签字，并公开提出退出 X 啤酒。

事后王某被黄某以随意许诺经销商奖励政策为由而调离了龙岩，一个刚进入啤酒行业不久的新业务员许某接手龙岩。许某在一个月遍访全市而找不到合作对象的情况下，通过同学关系，找到原张老板下游的一个二级批发商，极力怂恿他承担起整个龙岩的总经销商。

张老板怨气难消，在经过周密的计划和安排下，做出了一个报复X啤酒的计划。首先，他自己出资，以另一家企业要给职工发福利为由，买下漳州经销商2/3的X啤酒，并将这些X啤酒运到龙岩，通过自己强大的销售网络，以低于原价20%的价格进行倾销；同时又如法炮制，将龙岩的X啤酒运到漳州以及临近的3个地区大肆倾销。其次，他故意将大批X啤酒囤积在露天仓库，雨淋曝晒了两个月，然后再将这些过期变质的啤酒倾销到指定地区。

一时间，X啤酒总部就接连接到各地经销商和区域经理的告急电话，这边的经销商埋怨遭到其他地区的冲货，那边的经销商哭诉企业产品质量有问题，遭到工商部门查封，零售商要求退货……整个窜货事件波及龙岩和漳州及其他相近的5个城市和地区，影响之大、范围之广，业内少见。

后来尽管总部派出了专门的调查小组，查清了事实真相，但由于始作俑者张老板已经不是该公司的经销商，X啤酒根本无法处罚他。在与总部的谈判中，张老板嚣张地说："我的历史问题不解决，X啤酒休想进入龙岩地区，在龙岩，我说了算！"

由于X啤酒拒绝向张老板妥协，张老板在该市的啤酒行业内放出风声，谁要是敢经销X啤酒，我就要他彻底破产！后来一个小经销商，在X啤酒的利诱下，开始做X啤酒。但一些销售X啤酒的零售终端受到了工商突击检查，几个零售商受到了处罚，理由是X啤酒瓶盖生锈、啤酒内有异物、时效过期等。迫于压力，零售商纷纷拒绝销售X啤酒，经销商也感觉事态严重，适时退出X啤酒，转而经销别的啤酒。

经过两个多月的折腾，X啤酒在龙岩、漳州和其他3个地区的经销网络全部瘫痪，企业遭受史无前例的重创。

请问：你如何看待"窜货"这一现象？

项目四 销售团队管理

项目简介

本项目主要涉及的知识点有销售团队招聘的概念、招聘的渠道，招聘测试与面试的步骤；绩效的概念、作用，绩效的影响因素，绩效考核的方法；激励的概念，应用激励理论的原则，常见的激励理论，激励的主要方法；领导需要具备的技能，领导的原则、领导需要具备的魅力；团队建设的概念，团队建设的四个要点、五个统一，团队建设需要注意四戒。通过本项目的学习，能够进行销售团队的招聘，绩效考核，激励，领导和建设。

学习目标

知识目标

1. 掌握招聘的概念、招聘的渠道
2. 熟悉招聘测试与面试的步骤
3. 掌握绩效、激励的概念
4. 熟悉绩效的作用，考评标准分类，绩效影响因素
5. 了解企业员工绩效考核的一般方法
6. 熟悉应用激励理论的原则、方法和常见的激励理论
7. 掌握领导需要具备的技能，领导的原则
8. 熟悉领导需要具备的魅力
9. 熟悉团队建设的四个要点、五个统一，团队建设过程中的危险信号
10. 熟悉团队建设需要注意的四戒、团队建设中的阻力
11. 熟悉培训规划的主要内容、培训方法的选择

能力目标

1. 能够熟练运用招聘的流程与提问技巧
2. 能够运用考核制度对员工进行考评，提出奖惩建议
3. 能够根据公司的考核制度制定团队实施细则
4. 能够依据企业相关制度创建本团队的激励制度，进行有效激励
5. 能够熟练掌握领导需要具备的技能，运用教练式领导
6. 能够运用领导需要具备的魅力，做一个有魅力的领导

7. 能够策划团队建设活动并组织实施

8. 能够及时、适当地为员工进行专业知识传授和技能训练

素养目标

1. 具备诚实守信、爱岗敬业的职业道德素养

2. 绩效考核时，具备社会效益和经济效益并重的意识和职业素质

3. 具有能够团结同事、齐心协力完成任务的团队合作意识

4. 团队建设活动时，具有创新精神

任务一 销售团队招聘

故事导入

LBS 如何招聘毕业生

一、招聘原则

（一）招必需之才

LBS 桶装水有限公司总经理刘总说，尽管应届大学毕业生缺乏工作经验，但优秀毕业生是公司非常欢迎的，公司根据业务发展的需要招聘员工，招聘人数和要求都会在招聘信息中清楚地说明。刘总还称，不符合要求的人根本没有必要盲目地投递资料，“我们不会招 10 个人，却收集上千人的资料。很多资料看都不看就扔了，这对应聘者很不公平，我们也没有那么多精力那样做”。

（二）踏实善学者受欢迎

跟很多大公司的招聘不一样的是，LBS 在招聘过程中不看重学校，而看重家庭出身。刘总认为，家庭出身能反映出一个人的价值取向，脚踏实地、朴实、谦虚、善于学习的人最受 LBS 招聘人员的欢迎。相反，野心大、自我感觉良好、在意工作条件和待遇的人基本上与 LBS 无缘。

二、招聘过程

LBS 的招聘包括资料筛选、面试、复试三个过程。据介绍，专业、成绩以及是否在学校担任过学生干部在筛选资料过程中起很大作用。因为他们认为成绩在一定程度上说明毕业生能力的强弱，而担任过班干部者思维比较活跃、擅长交往、有一定的号召力和组织能力，适合作为管理者培养。

在资料筛选完后，公司按照 3∶1 的比例确定面试名单，通知面试。第一轮面试由

人事部门主持，时间在半个小时到一个小时之间。在面试前，应聘者需要按照 LBS 的要求完成一份由三个部分（看图写故事、画图、性格分类测试）组成的书面问卷。测试完成后，主考官根据测试的结果相应地提出一些问题，这些问题因人而异，没有统一的模式。经常被问到的问题包括为什么希望进入 LBS、业余时间的兴趣爱好、读过哪些书、对个人的未来如何设计、如何评价自己的优点和缺点等。目的是了解应聘者的组织能力、领导能力、学习能力、语言表达能力以及知识结构等。

复试由人事部门和用人部门负责人共同主持，提的问题也因人而异，重点是了解应聘者的个人综合素质和对自身及社会的看法和态度，不涉及专业知识的考核。LBS 的几位中高层管理人员都表示，在这个过程中，他们希望看到应聘者表现出还有很多不足的地方，如果公司给他机会，他会努力适应公司并尽快为公司创造价值。

另外，应聘者还要让公司招聘人员知道，你很在意毕业后的第一份工作，会尽力去珍惜，希望踏踏实实走好人生工作的第一步。在同招聘者的交流过程中，要尽量表现出希望努力把事情做好的强烈愿望和积极向上的心态。这样做，应聘的成功概率就大得多。刘总称，"面试的关键是要真诚地展示自我"。

三、培训和待遇

在 LBS，每个新员工都要接受一段时间的封闭式培训。培训的内容主要是企业发展理念、发展状况、对员工的素质要求以及与业务相关的专业知识等，培训结束后还将进行统一的考核。接着，新员工会被派到基层锻炼一个月左右，结束后要根据锻炼的情况完成一篇实习论文，并进行论文答辩。公司将根据理论培训和实习的情况安排新员工的工作岗位，尽量让每个新员工都能找到最合适的位置。

据介绍，除了享有国家规定的假期、社会保险及住院报销的待遇外，LBS 为刚毕业的大学生提供的待遇并不是很高。因为 LBS 认为，对刚毕业的大学生来说，最重要的是能够找到一个好的工作环境，让自己尽快成长起来。

四、笔试题目

LBS 笔试题目包括看图写故事、画图、性格分类测试。

看图写故事：公司为应聘者提供 6 幅图片，要求应聘者运用自己的想象，为每一幅图写出一个故事。每个故事不超过 150 个字，6 个故事要求在一个小时内完成。

画图：问卷上有 8 个画着不同图案的小方格，应聘者要用铅笔在小方格内画出任何图形，从自己认为最简单的图形开始。完成之后，指出图画的含义和象征意义以及完成的顺序。

性格分类测试：测试题目由多组词义相反的词汇组成，不同程度对应不同的分值，对每组做出唯一的选择，将每行的两个选择所得分值相加，得数填在该行的圆圈或方格中，没有圆圈或方格的不用填写。最后，将所有圆圈与方格中的分值分别相加，并把得数填写在最下面的圆圈与方格中。这份问卷要求在 10 分钟内完成。

教师启发：要组建一个优秀的团队，规范合理的招聘流程是必不可少的。
课前提问：要组建一个优秀的团队，要掌握哪些招聘的知识呢？

相关知识点

一、招聘的概念

招聘是人力资源管理的工作，其中包括招聘广告、二次面试、雇佣轮选等。负责招聘工作的人员称为招聘专员，他们或者是人力资源方面的专家，或者是人事部的职员。聘用与否的最后选择应该由用人单位做出，他们与合适的应征者签署雇佣合约。

招聘也叫“找人”“招人”“招新”。就字面含义而言，就是某主体为实现或完成某个目标或任务而进行的择人活动。主体有法人，比如政党、企事业单位、机关、团体；也有自然人，比如个体老板。

二、招聘的渠道

目前招聘员工的渠道很多，通常采用如下几种。

（一）报纸电视

报纸电视是传统的媒体，受众广，到达率高。但是这种形式的弊端就是覆盖面广，你必须面对大批蜂拥而至的求职者并且保持足够的耐心去挨个检验、填表、面试，工作量和筛选难度都很大。当然，如果你的目的是找到大众性的应聘者并且需要的数量较大，那报纸电视肯定是一个不错的选择。

（二）供需见面会

现在各个地方都有专业的人才市场，并且定期组织供需见面会，这种形式的好处是针对性强，还有就是可以让需求者与供给者直接见面，设置了第一道筛选的检验关口，提高了效率。但是这种形式的弊端就是你不得不面对许多求职若渴的人，而这些人往往鱼龙混杂，需要你有一双慧眼，在人群中一眼就能看到你未来的员工。另外，你还必须看着手里拿着十几份个人简历的人在分发自己的简历，好的单位能获得更多的选择权，而差的单位就不可避免遭遇“门前冷落鞍马稀”的尴尬局面，或者看上的人却被捷足先登的状况。

（三）网络招聘

对于专业技术人才来讲，从网上进行招聘无疑是一种明智的选择，原因有二：一是能上网的人一般都有比较高的个人素质和技能，适应现今社会的潮流（当然不能一概而论）；二是显示了招聘单位的实力和开阔的视野，网络招聘非常适合现代人尤其是年轻人，一般来讲应聘者与招聘单位匹配度是很高的，而且在初期接触中可以采取电子邮件和电话通信的方式，避免因双方未双选成功而导致尴尬。

（四）朋友介绍

这是最古老的一种猎头手段，但也是最有效的捷径之一。对于应聘者来说，这里没有含情脉脉的试探，也不需要艰苦卓绝的磨合，你的目标就在那里，你所做的只是一次直截了当的谈判，对技能和人品的了解使你简单聚焦到一个词——待遇，但是切忌“水涨船高”。对招聘者来说，在“挖人”的同时，自己的员工往往也面临着被挖的可能，在你给5 000元、我给6 000元的竞标下酝酿的往往是成本的飙升和老员工日益积累的不满。因此，“挖人”是一把双刃剑，如何得心应手地使用是人力资源专员必须面对的问题。

三、招聘测试与面试的步骤

招聘测试与面试是人员招聘录用工作程序的重要组成部分，也是招聘录用工作的进一步展开。这一阶段共包括七个步骤。

（一）组织各种形式的考试和测验

考试和测验内容应根据岗位的不同要求进行设计和取舍。一般而言，此项工作涉及下述几个方面的内容：

（1）专业技术知识和技能考试；

（2）能力测验；

（3）个性品质测验；

（4）职业性向测验；

（5）动机和需求测验；

（6）行为模拟；

（7）评价中心技术。

通过对应聘者施以不同的考试和测验，可以就他们的知识、能力、个性品质、职业性向、动机和需求等方面加以评定，从中选出优良者，进入面试候选人的范围。

（二）准备工作

确定参加面试的人选，发布面试通知和进行面试前的多项准备工作：

1. 确定面试考官

面试考官应由三部分人员组成：人事部门主管、用人部门主管和独立评选人。但是，无论什么人担任面试考官，都要求他们能够独立、公正、客观地对每位面试者做出准确的评价。

2. 选择合适的面试方法

面试方法有许多种类，面试考官应根据具体情况选择最合适的方法组织面试。

3. 设计评价量表和面试问话提纲

面试过程是对每位参加面试的应聘者的评价，因此，应根据岗位要求和每位应聘者的实际情况设计评价量表和有针对性的面试问话提纲。

4. 面试场所的布置与环境控制

要选择适宜的场所供面试时使用，许多情况下，不适宜的面试场所及环境会直接影响面试的效果。

（三）面试过程的实施

这一阶段是面试工作程序中最主要的环节，它依靠面试考官的面试技巧有效地控制面试的实际操作。实际上，面试过程的操作质量直接影响人员招聘与录用工作的质量。

（四）分析和评价面试结果

这部分工作主要是针对应聘者在面试过程中的实际表现做出结论性评价，为录用人员的取舍提供建议性依据。

（五）确定人员录用的最后人选

确定人员录用的最后人选，如有必要进行体格健康检查。

1. 做出录用决策

在经过笔试、面试或心理测试后，招聘录用工作进入了决定性阶段。这一阶段的主要任务是通过对甄选评价过程中产生的信息进行综合评价与分析，确定每一位应试者的素质和能力特点，根据预先确定的人员录用标准与录用计划进行录用决策。

测评数据资料的综合分析是通过专门的人事测评小组或评价员会议进行的。测评小组共同讨论每个评价维度的行为表现，得出对某一求职者有关这方面情况的一致意见。在对每一评价维度都进行了类似的综合后，评价员们就要考虑勾画出该求职者在所有评价维度上的长处和弱点，然后做出最后的录用决策。这里需要注意的是：

（1）如果人事部门与用人部门在人选问题上意见有冲突，应尊重用人部门的意见。

（2）应该尽可能选择那些与企业精神、文化相吻合的个性特点的应聘者，即使他们没有相应的知识背景和工作经验，因为这些可以通过培训而获得。相对来讲，一个人的个性品质是难以改变的。

2. 决策的准确性

个人差异为人员选择提供了理论基础，选择过程的目标在于利用个人差异挑选那些更具有某种特性的人，这些特性被看作做好工作的重要因素。工作分析是整个选择过程的基础。在此基础上，选择一个或一个以上敏感、相关、可靠的效标；同时，选择一个或一个以上与效标有某种关系的预测因子（如个性、能力、兴趣的量度）。对预测因子的选择应以工作分析信息为依据，这种信息可提供哪一种预测因子最有可能准确地预测标准绩效的线索。当我们把预测因子作为决策的依据时，可从正确决策的比例评价预测因子的作用。

这一模式简单、易懂，它只要求把根据预测因子所做的决策划分为两个或两个以上相互排斥的类型，对效标数据也做类似的分类，然后对两组数据进行比较。

（六）面试结果反馈

人员选聘与录用工作的每个环节都包含两个方面的结果：录用过程和辞谢过程。录用过程是指应聘者在应聘过程中逐渐被组织接纳，而辞谢过程则是招聘录用过程中的淘汰，二者是同时延续和完成的。

面试结果的反馈有两条线路，一是由人事部门将人员录用结果反馈到组织的上级和用人部门。二是逐一将面试结果通知应聘者本人，对录用人员发布“试录用通知”，对没有被接受的应聘者发布“辞谢书”。

（七）面试资料存档备案

最后，将所有面试资料存档备案，以备查询。至此招聘测试与面试工作全部完成，重新回到人员招聘与录用的程序之中。

四、招聘中的“经典七问”

招聘中常要问到的问题及其释义总结如下：

（1）以往工作中您的职责是什么？——如果描述不清，可见即使有相关工作经验，其系统性、全面性也值得怀疑。

（2）请讲一下您以往的工作经历。——考察应聘者的语言组织及表达能力，以及描述的条理化。

（3）您以往的工作经历中最得意、最成功的一件事是什么？您的长处是什么？——从应聘者的回答中，可了解他是注重个人成功还是注重团队协作。

（4）您感觉还有哪方面的知识、技能或能力需要提升？——“提升”一词比较委婉，一方面考察其态度是否坦诚，另一方面也为日后的员工培训增强针对性。

（5）对于新的工作岗位您有什么设想？如何开展工作？——这涉及员工的职业生涯设计，更有关员工工作的稳定性。

（6）您离职的原因是什么？——这是必须要问的问题，涉及员工和组织的融合性。

（7）您对薪金待遇和福利有什么要求？——这个问题的重要性更是不必多言。

课堂测试

招聘的渠道有哪些？结合自身实际，谈谈你准备通过什么渠道招聘你的创业团队。

课堂延伸

TZ 的招聘

2022 年 3 月，著名的 TZ 超市在 H 市人才市场召开了专场招聘会，拟在 H 市招聘 15 名销售部门经理。招聘当天，TZ 的招聘工作人员把 H 市人才市场的二楼大厅布置得井然有序。楼梯上贴着 TZ 超市的宣传画，二楼门口放着一台电视机，连续播放着介绍 TZ 资料的影片。负责招聘工作的邢女士说："TZ 重视流程管理，招聘工作也不例外。我们在招聘时早已做了充分的准备，制定了详细的招聘计划，只要在招聘的各个流程环节中把好关，招聘的质量就不会有问题。"

TZ 的招聘主要有以下几个步骤：

1. 领表

进场的应聘者要先在入口处领取一张申请表，填写有关个人资料、教育程度、家庭状况、为什么来 TZ 工作等问题。领表这个看似简单的过程，却能淘汰掉不少应聘者。比如有些人来 TZ 应聘却没有准备简历和照片等基本资料，TZ 认为他可能缺乏策划组织能力，不太适合做零售业的部门经理，TZ 通常是不给此类应聘者机会的。

2. 初选

应聘者填好申请表后，将其交给人力资源部的工作人员，由他们进行初选。邢女士说，在这个过程中，TZ 会认真地看申请表，问应聘者一些问题，再淘汰一些明显不适合的应聘者。

3. 初试

通过 TZ 的初选后，应聘者就可以到部门经理那里面试了。TZ 的一个门店的 7 位部门经理（包括 4 个销售部门的经理、人力资源部经理、收银处经理和财务经理）参加面试，经理们都会问一些问题，并根据每一位应聘者回答的情况写下 A、B、C、D 的评语。通常被评为"A、B"的应聘者才有可能参加下一轮面试。

4. 复试

通过了初次面试的人员，一周内会接到 TZ 人力资源部的复试电话通知。接下来还要经过至少 2 次面试，最后才接受总经理的面试。这时，初试过关的 10 位人员中大约会有 1 位能够成为 TZ 的员工。

训练营

训练任务——团队模拟招聘训练

【任务目标】

帮助学生掌握招聘技巧和招聘流程。

【任务内容】

（1）每个小组成立招聘委员会。

（2）小组成员分成两部分，一半同学作为招聘方，负责制作招聘海报，准备面试问题，布置面试会场；另外一半同学作为其他小组的应聘者，去参加应聘。

【任务要求】

（1）每个小组需要制作一张海报，用彩笔、剪刀、海报纸制作。

（2）每个小组需要准备若干面试题目，并且准备好备选答案。

（3）教室需要桌椅可以灵活搬动，小组根据需要张贴招聘海报，布置面试会场。

（4）招聘开始后，要求每组有同学负责会场秩序和拍照。

（5）活动结束后，各组要认真总结招聘情况，要求每组选出一名代表在课堂上叙述活动过程。

（6）准备时间为 10 分钟。

【任务组织】

团队模拟招聘训练任务组织表如表 4－1 所示。

表 4－1　团队模拟招聘训练任务组织表

活动项目	具体实施	时间	备注
团队模拟招聘训练	（1）假设全班有 48 人，将学生分成 8 个小组，每个小组建立一个模拟公司。每个公司 6 个人。 （2）每组中 4 人作为招聘方，负责制作招聘海报，准备面试问题，布置面试会场；另外 4 人作为其他小组的应聘者，去参加应聘。 （3）8 个“公司”同时进行模拟招聘训练，然后分别汇报招聘结果。 （4）组织学生讨论招聘过程中遇到的问题。	30 分钟	教室中桌椅灵活可动、分组资料（公司名称、人员安排）、海报制作

【任务评价】

团队模拟招聘训练任务评价表如表4-2所示。

表4-2 团队模拟招聘训练任务评价表

评价指标	评价标准	分值	评估成绩	所占比例
团队模拟招聘训练表演情况效果	1. 能理解招聘的技巧和流程	20		70%
	2. 能灵活运用招聘的方法	20		
	3. 能解决在招聘中遇到的问题	20		
	4. 遵守活动时间	10		
	5. 表演真实	10		
	6. 效果明显	10		
	7. 活动评估	10		
教学过程	出勤、态度热情	100		30%
小组综合得分				

任务二 销售团队绩效

故事导入

团队力量成就赛场佳绩

集体的凝聚力，托举起个人的爆发力。所有人的付出，成就了赛场上的佳绩。

橄榄球运动有一条准则："人人为我，我为人人。"

走上赛场的运动员都知道，只有队友间密切配合、无私付出、互相激励，才能成就彼此，打开胜利之门。团队意识，既体现着技战术的高下，也塑造着队伍的精气神。

首次亮相奥运赛场的中国女子橄榄球队，建队时间短、大赛历练少、对手实力强，正是依靠团队协作的精神闯入八强。比赛中的呐喊、失利时的鼓舞，都在汇聚每个人的力量。如果说球队像一架战车，那每个球员就都是其中的一颗螺丝钉——单独一颗自己转不动，少了一颗战车跑不动。用团队意志为战车加油，才有了实现梦想的突破时刻。

"同舟共济"这个词，用来形容赛艇再贴切不过。女子四人双桨金牌团队成员张灵说："教练常告诉我们，一个人划得好固然重要，但是4个人一起努力才能划得更快。所以大家要相互信任、相互依赖，才能所向披靡。"劈波斩浪时，4个人就像一个人，将团队意识灌注进每一次划桨，从动作到心灵的默契，正是千百次锤炼的收获。

团队意识并不仅仅体现在团队项目中。“拧成一股绳，劲往一处使”，每支来到奥运赛场的队伍，都有这样的故事。集体的凝聚力，托举起个人的爆发力。团队意志也是体育精神的内涵，不仅闪耀在场上，在场外同样动人。

夺得男子67公斤级冠军的举重选手谌利军，2020年10月肌腱断裂必须做手术。做完手术之后，医疗、康复、训练，一个都没耽误。3个月后检查，他已经完全恢复。他说：“感谢整个团队对我的精心呵护，让我及时在奥运会前找回巅峰状态。”

教练团队、科医团队、后勤团队……所有人的付出，成就了赛场上的佳绩。运动员每一次登场、每一个突破、每一块奖牌都凝结着团队奋斗的心血，展现着团队协作的意志。

教师启发：管理的任务简单地说，就是找到合适的人，让他们在合适的地方做一件事，然后鼓励他们用自己的想法完成手上的工作。而团队的合作，能够迸发集体的热情，激发团队的潜力，共创佳绩。

课前提问：你眼中的团队绩效管理是什么样的呢？

相关知识点

一、绩效的概念

绩效，从管理学的角度看，是组织期望的结果，是组织为实现其目标而展现在不同层面上的有效输出，它包括个人绩效和组织绩效两个方面。组织绩效实现应在个人绩效实现的基础上，但是个人绩效的实现并不一定保证组织是有绩效的。如果组织的绩效按一定的逻辑关系被层层分解到每一个工作岗位以及每一个人时，只要每一个人达成了组织的要求，组织的绩效就实现了。

绩效，单纯从语言学的角度来看，包含成绩和效益的意思。用在经济管理活动中是指社会经济管理活动的结果和成效；用在人力资源管理中是指主体行为或者结果中的投入产出比；用在公共部门中来衡量政府活动的效果，则是一个包含多元目标的概念。

案　例

处罚单上的一句话

当公司制作处罚单时，能否加上一句话，以达到减弱处罚对员工心理造成的负面影响？——“纠错是为了更好地正确前行。”再把单子的抬头“处罚单”三字改为“改进单”。这样的处罚单比单纯的、严肃的处罚单效果要好得多。以往所有的处罚单，都是清一色的严肃的面孔，一句多余的话都没有。改动后加上了人情味、文化味、教育性、启迪性非常强的一句话，处罚单的面孔立即由严肃、冷酷、无情变得慈祥、安静、企盼和充满希望。当员工接到处罚单的时候，看到这句话，心理上会发生一系列的变化，由本能的反感、抵触、反抗到理解、认知、接受，再到改正错误。

处罚绝不单单是冷酷无情的，只要大胆创新，处罚完全可以变得和正面的表扬一样激励人，甚至比正面的表扬、奖励还要积极有效能。所以领导和管理的艺术就在于化一切被动因素为积极因素，把批评和惩罚变成激励。

二、绩效的作用

（一）达成目标

绩效考核本质上是一种过程管理，而不是仅仅对结果的考核。它是将中长期的目标分解成年度、季度、月度指标，不断督促员工实现、完成的过程，有效的绩效考核能帮助企业达成目标。

（二）挖掘问题

绩效考核是一个不断制定、执行、改正的 PDCA 循环过程，整个绩效管理环节，包括绩效目标设定、绩效要求达成、绩效实施修正、绩效面谈、绩效改进、再制定目标的循环，也是一个不断发现问题、改进问题的过程。

（三）分配利益

与利益不挂钩的考核是没有意义的，员工的工资一般分为两个部分：固定工资和绩效工资。绩效工资的分配与员工的绩效考核得分息息相关，所以一说起考核，员工的第一反应往往是绩效工资的发放。

（四）促进成长

绩效考核的最终目的并不是单纯地进行利益分配，而是促进企业与员工的共同成长。通过考核发现问题、改进问题，找到差距进行提升，最后达到双赢。

三、绩效的影响因素

影响绩效的主要因素有员工技能、外部环境、内部条件以及激励效应。如表 4－3 所示。

表 4-3 影响绩效的主要因素

主要因素	内容描述
员工技能	是指员工具备的核心能力，是内在的因素，经过培训和开发是可以提高的
外部环境	是指组织和个人面临的不为组织所左右的因素，是客观因素，是完全不能控制的
内部条件	是指组织和个人开展工作所需的各种资源，也是客观因素，在一定程度上能改变内部条件的制约
激励效应	是指组织和个人为达成目标而工作的主动性、积极性，激励效应是主观因素

在以上因素中，只有激励效应是最具有主动性、能动性的因素，人的主动性、积极性提高了，组织和员工会尽力争取内部资源的支持，同时组织和员工的技能水平会逐渐提高。因此绩效管理就是通过适当的激励机制激发人的主动性、积极性，激发组织和员工争取内部条件的改善，提升技能水平，进而提升个人和组织绩效。

四、绩效考核的方法

一般来说，由于员工绩效具有多因性、多维性和动态性三个方面的基本特征，因此在设计和选择绩效考评方法和指标时，可以根据被考评对象的性质和特点，分别采用特征性、行为性和结果性三大类效标，对考评对象进行全面的考评。

（一）绩效考评的类型

由于采用的效标不同，从绩效管理的考评内容上看，绩效考评可以分为品质主导型、行为主导型和效果主导型三种类型。

1. 品质主导型

品质主导型的绩效考评，采用特征性效标，以考评员工的潜质为主，着眼于“他这个人怎么样”，重点是考量该员工是一个具有何种潜质（如心理品质、能力素质）的人。由于品质主导型的考评需要使用如忠诚、可靠、主动、创造性、自信心、合作精神等定性的形容词，因此很难具体掌握，并且考评操作性及其信度和效度较差。

品质主导型的考评涉及员工信念、价值观、动机、忠诚度、诚信度，以及一系列能力素质，如领导能力、人际沟通能力、组织协调能力、理解力、判断力、创新能力、改善力、企划力、研究能力、计划能力、沟通能力等。

2. 行为主导型

行为主导型的绩效考评，采用行为性效标，以考评员工的工作行为为主，着眼于“干什么”“如何去干”，重点考量员工的工作方式和工作行为。由于行为主导型的考评重在工作过程而非工作结果，因此考评的标准较容易确定，操作性较强。行为主导型适合于对管理性、事务性工作进行考评，特别是对人际接触和交往频繁的工作岗位尤其重要。如商业大厦的服务员应保持愉悦的笑容和友善的态度，其日常工作行为对公司影响很大，因此，公司要重点考评其日常行为表现。

3. 效果主导型

效果主导型的绩效考评，采用结果性效标，以考评员工或组织工作效果为主，着眼于“干出了什么”，重点考量“员工提供了何种服务，完成了哪些工作任务或生产了哪些产品”。由于效果主导型的考评注重的是员工或团队的产出和贡献，即工作业绩，而不关心员工和组织的行为和工作过程，因此考评的标准容易确定，操作性很强。例如：著名管理学家德鲁克设计的目标管理法就属于效果主导型的考评方法。效果主导型的考评方法具有滞后性、短期性和表现性等特点，它更适合生产性、操作性，以及工作成果可以计量的工作岗位采用，对事务性工作岗位人员的考评不太合适。

一般来说，效果主导型的绩效考评，首先是为员工设定一个衡量工作成果的标准，然后再将员工的工作结果与标准对照。工作标准是计量检验工作结果的关键，一般应包括工作内容和工作质量两方面指标。

（二）绩效考核的方法

在现代企业中，绩效考核的方法有很多，本书重点介绍以下几种方法：

1. 排列法

排列法亦称排序法、简单排列法，是绩效考评中一种比较简单易行的综合比较方法。它通常是由上级主管根据员工工作的整体表现，按照优劣顺序依次进行排列。有时为了提高其精度，也可以将工作内容做出适当的分解，分项按照优良的顺序排列，再求总平均的次序数，作为绩效考评的最后结果。

2. 选择排列法

选择排列法也称交替排列法，是简单排列法的进一步推广。选择排列法利用的是人们容易发现极端、不容易发现中间的心理。在所有员工中，挑出最好的员工，然后挑出最差的员工，将他们作为第一名和最后一名，接着在剩下的员工中再选择出最好的和最差的，分别将其排列在第二名和倒数第二名，依次类推，最终将所有员工按照优劣的先后顺序全部排列完毕。选择排列法是较为有效的一种排列方法，采用本法时，不仅上级可以直接完成排序工作，还可将其扩展到自我考评、同级考评和下级考评等其他考评的方式之中。

3. 强制分布法

强制分布法亦称强迫分配法、硬性分布法。假设员工的工作行为和工作绩效整体呈正态分布，那么按照状态分布的规律，员工的工作行为和工作绩效好、中、差的分布存在一定的比例关系，在中间的员工应该最多，好的、差的是少数。强制分布法就是按照一定的百分比，将被考评的员工强制分配到各个类别中。一般是五类，从最优到最差的具体百分比可根据需要确定，既可以是10%、20%、40%、20%、10%，也可以是5%、20%、50%、20%、5%，等等。

4. 关键事件法

关键事件法也称重要事件法。在某些工作领域，员工在完成工作任务过程中，有效的工作行为促成成功，无效的工作行为导致失败。关键事件法的设计者将这些有效或无效的工作行为称为“关键事件”，考评者要记录和观察这些关键事件，因为它们通常描述了员工的行为以及行为发生的具体背景条件。这样，在评定一个员工的工作行为时，就可以把关键事件作为考评的指标和衡量的尺度。

关键事件法对事不对人，以事实为依据，考评者不仅要注重对行为本身的评价，还要考虑行为的情境，可以用来向员工提供明确的信息，使他们知道自己在哪些方面做得比较好，哪些方面做得不好。例如：一名保险公司的推销员，有利的关事件的记录是“以最快的速度和热诚的方式反映客户的不满”，而不利的重要事件的记录是“当获得保险订单之后，对客户的反映置之不理，甚至有欺骗行为”。关键事件法考评的内容是下属特定的行为，而不是其品质和个性特征，如忠诚性、亲和力、果断性和依赖性等。

5. 目标管理法

目标管理法体现了现代管理的哲学思想，是领导者与下属之间双向互动的过程。目标管理法是由员工与主管共同协商制定个人目标，个人的目标依据企业的战略目标及相应的部门目标而确定，并与它们尽可能一致。该方法用可观察、可测量的工作结果作为衡量员工工作绩效的标准，以制定的目标作为对员工考评的依据，从而使员工个人的努力目标与组织目标保持一致，减少管理者将精力放到与组织目标无关的工作上的可能性。

目标管理法的关键是制定适当的目标，制定目标有一个重要的原则，即SMART原则。SMART是5个英文单词第一个字母的缩写，S代表的是Specific，意思是“具体的”；M代表的是Measurable，意思是“可衡量的”；A代表的是Attainable，意思是“可实现的”；R代表的是Relevant，意思是“相关的”；T代表的是Time-bound，意思是“有时限的”。

6. 绩效标准法

绩效标准法与目标管理法基本接近，它采用更直接的工作绩效衡量指标，通常适用于非管理岗位的员工，采用的指标要具体、合理、明确，要有时间空间、数量质量的约束限制，要规定完成目标的先后顺序，保证目标与组织目标的一致性。

绩效管理法比目标管理法具有更多的考评标准，而且标准更加详细具体。依照标准逐一评估，然后按照各标准的重要性及所确定的权数进行考评分数汇总。

7. 直接指标法

直接指标法是在员工的衡量方式上，采用可监测、可核算的指标构成若干考评要素，作为对下属的工作表现进行评估的主要依据。如对于非管理人员，可以衡量其生产率、工作数量、工作质量等。工作数量的衡量指标有：工时利用率、月度营业额、销售量等。工作质量的衡量指标有：顾客不满意率、废品率、产品包装缺损率、顾客投诉率、不合格返修率等。对管理人员的考评，可以通过其所管理的下属，如员工的缺勤率、流动率的统计得以实现。直接指标法简单易行，能节省人力、物力和管理成本。运用本方法时，需要加强企业基础管理，建立健全各种原始记录，特别是一线人员的统计工作。

案 例

决堤一定要修堤吗?

春秋时期，楚国令尹孙叔敖在芍陂县一带修建了一条南北水渠。这条水渠又宽又长，足以灌溉沿渠的万顷农田。一到天旱的时候，沿堤的农民就在渠水退去的堤岸边种植庄稼，有的甚至把农作物种到了堤中央。等到雨水一多，渠水上进，这些农民为了保住庄稼和渠田，便偷偷地在堤坝上挖开口子放水。这样的情况越来越严重，一条辛苦挖成的水渠被弄得遍体鳞伤、面目全非，因决口而经常发生水灾，变水利为水害了。

面对这种情形，历代芍陂县的行政官员都无可奈何。每当渠水暴涨成灾时，便调动军队去修筑堤坝，堵塞漏洞。后来宋代李若谷出任知县时，也碰到了决堤修堤这个让人头疼的问题，便贴出告示说，“今后凡是水渠决口，不再调动军队修堤，只抽调沿渠的百姓，让他们自己把决口的堤坝修好”。这则布告贴出以后，再也没有人偷偷地去决堤放水了。

课堂测试

根据所学知识谈谈如何考核你的团队。

课堂延伸

科龙的绩效评估

对几乎所有的公司来说，岁末年初，绩效评估总是备受关注。科龙公司也不例外。

科龙公司对员工的绩效评估，最重要的来自其直接上司。直接上司的意见是该员工绩效评估报告中最关键的内容。

此外，在有些部门中，对员工进行绩效评价的时候，还会考虑其他人的意见。这些人可能是该员工的同级或者下级，或者是间接上级，又或者是其内部顾客（即该员工工作成果的使用者或合作者）。这也就是众所周知的360度评估法或270度评估法。

员工的自我评价也是绩效评估的一个重要方面。有趣的是，我们发现大多数员工的自我评价不是过高，就是过低。但通过综合各种意见，就可以使绩效评估结果趋向理性和客观。

一、如何评估

科龙的绩效评估工作，自上而下分为三个层面：

（一）公司对部长的绩效评估

主要是季度考评。在每个季度结束后，各部部长（业务部门叫总监）就填写一份《科龙干部绩效季度评估表》。表中主要有四部分：季度业绩回顾、综合素质评价、综合得分和评语。填写时，先由部长对上述四部分内容一一做出自我评价，然后再由其直接领导（总裁或副总裁）对上述内容做出评价，最后由领导填写评语。

（二）部门对科长或分公司经理的绩效评估

这是科龙公司绩效评估工作的重点和难点。不同的部门职责不同，而且涉及的人数和范围都很广，有时还会有交叉考核或共同考核的情形。比如，在全国的30个分公司中，冰箱分公司经理和业务代表由冰箱营销本部考核，而分公司的财务经理则同时由财务部和冰箱营销本部考核。

部门对科室或分公司进行绩效评估的频率基本上是每月一次，而每季、每半年和每年的绩效评估，也会与当月的月度评估同时进行。但各部门评估的方法和指标千差万别。下面以市场研究部和冰箱营销本部来举例说明。

在每月月底，市场研究部根据月初确定的工作计划，对各个科室的各项工作进行检查，然后按照各项工作的质量、效率、工作量等指标进行评分；根据评分数据产生每月、每季、每年的“明星科室”“金牌科长”“需改进者”（后进员工）。该项工作由该部门自行开发的电脑软件和模板自动执行，可以在任一时刻查询任一科室和人员的绩效动态。

冰箱本部作为业务部门，其绩效评估的指标与作为职能部门的市场研究部相比有很大不同。它考核的对象有4个科室和30个分公司，其中分公司是重点。对分公司的考核指标主要有：销量计划完成率、资金回笼完成率、库存量、渠道结构、零售网点数量、卖场管理、零售效率、市场份额等。根据不同的季节或者营销策略的需要，其中有些指标会处于变动之中，有时又会增加一些指标，如在新产品上市阶段，往往会增加“出样商场数量”等指标。在对这些指标通过加权评分后，得出各分公司总的绩效评分。

（三）科室或分公司对其员工的绩效评估

对具体员工的绩效考核频度，一般也是每月一次，但评估指标就简单得多。员工只对与其职责相关的指标负责。在总部，这项评估工作的执行者就是科长，而在分公司，执行者则是分公司经理。

以上是科龙绩效评估基本情况的简介，但在实际执行中，不但绩效评估指标经常处于动态变化之中，而且各种绩效评估的方法会交叉或同时使用，另外也会采取其他一些评估手段，比如“360度评估法”。采用这种评估方法的部门，员工不但要接受上级的评价，还要自评，同时也要接受下级对自己的评价。

二、绩效沟通

根据每月、每季、每半年或每年的绩效评估结果，科龙各级管理层都会以正式的书面（文本或电邮）报告来公布评估结果。这是绩效沟通的主要方式。在这样的绩效评估报告里，绩效评估的结果往往与相应的奖惩举措相伴随。

对于团队中表现最好的20%和最差的10%，则另外通过绩效面谈的方式来沟通。通过绩效面谈，使优秀者继续保持良好的绩效，并为其进一步发展提供指导。对于表现不佳的员工，以绩效面谈的方式，对其进行提醒、分析、指导或者警告。

对于那些绩效表现变化显著的员工，也对他们进行绩效面谈，以更加准确地了解变化的原因，从而采取针对性的措施。

训练营

训练任务——团队绩效考核方案制定训练

【任务目标】

帮助学生掌握绩效考核方案的制定。

【任务内容】

(1) 每个小组围成一圈。

(2) 小组成员根据各自成立的公司特点，运用所学理论知识，制定各自的绩效考核方案。

【任务要求】

(1) 由组长主持讨论。

(2) 小组成员学习并讨论绩效方案制定的方法。

(3) 根据公司所处行业以及小组成员的特点，制定绩效考核方案。

(4) 每组安排一名同学负责记录、汇总。

(5) 活动结束后，要求每组选出一名代表在课堂上汇报制定好的绩效考核方案。

(6) 准备时间为10分钟。

【任务组织】

团队绩效考核方案制定训练任务组织表如表4-4所示。

表4-4 团队绩效考核方案制定训练任务组织表

活动项目	具体实施	时间	备注
团队绩效考核方案制定训练	(1) 假设全班有48人，将学生分成8个小组，每个小组建立一个模拟公司。每个公司6个人。 (2) 小组分工协作，学习并讨论绩效方案制定的方法。 (3) 8个公司根据公司所处行业以及小组成员的特点，同时制定绩效考核方案。 (4) 组织学生讨论团队绩效考核方案制定过程中遇到的问题。	30分钟	教室中每组一桌六椅、分组资料（公司名称、人员安排）

【任务评价】

团队绩效考核方案制定训练任务评价表如表4-5所示。

表4-5 团队绩效考核方案制定训练任务评价表

评价指标	评价标准	分值	评估成绩	所占比例
团队绩效考核方案制定表演情况效果	1. 绩效的概念、作用，考评标准分类，对绩效影响因素的理解，企业员工绩效考核的一般方法，对团队绩效考核的流程的理解	20		70%
	2. 能识别团队绩效考核方案制定易犯错误	20		
	3. 能灵活运用团队绩效考核方案制定的应对策略	20		
	4. 遵守活动时间	10		
	5. 表演真实	10		
	6. 效果明显	10		
	7. 活动评估	10		
教学过程	出勤、态度热情	100		30%
小组综合得分				

任务三 销售团队激励

故事导入

神偷请战

用人之道，最重要的是要善于发现、发掘、发挥下属的一技之长。用人不当，事倍功半；用人得当，事半功倍。

《淮南子·道应训》记载，楚将子发爱结交有一技之长的人，并把他们招揽到麾下。有个其貌不扬、号称“神偷”的人，也被子发待为上宾。有一次，齐国进犯楚国，子发率军迎敌。交战三次，楚军三次败北。子发旗下不乏智谋之士、勇悍之将，但在强大的齐军面前，简直无计可施。

这时神偷请战。他在夜幕的掩护下，将齐军主帅的睡帐偷了回来。第二天，子发派使者将睡帐送还给齐军主帅，并对他说：“我们出去打柴的士兵捡到您的帷帐，特地赶来奉还。”当天晚上，神偷又去将齐军主帅的枕头偷来，再由子发派人送还。第三天晚上，神偷连齐军主帅头上的发簪子都偷来了，子发照样派人送还。齐军上下听说此事，甚为恐惧，主帅惊骇地对幕僚们说："如果再不撤退，恐怕子发要派人来取我的人头了。"于是，齐军不战而退。

教师启发：一个团队总需要各种各样的人才。人不可能每一方面都出色，但也不可能每一方面都差劲，再平庸的人总有一方面较他人一技之长。一个成功的领导人不在于他自己能做多少事情，而在于他能很清楚地了解每个下属的优缺点，在适当的时候派"逊色"的员工去做他们适合做的事情，这样往往会取得出人意料的效果。

同样，作为一个领导者，要有容人之量，或者可以说是容人之智。工作就是工作，千万不能夹杂自己的个人喜好。也许你今天看不起的某个人，他日正是你事业转机的得力之臣。

用兵无固定方式，如水无固定流向，能依敌情变化而取胜的，就是用兵如神了。

课前提问：你知道哪些激励理论？如何运用呢？

相关知识点

一、激励的概念

激励指持续地激发人的动机和内在动力，使其始终保持在激奋的状态中，鼓励人朝着所期望的目标采取行动的心理过程。

激励也是人力资源的重要内容，是指激发人的行为的心理过程。激励这个概念用于管理是指激发员工的工作动机，也就是说用各种有效的方法去调动员工的积极性和创造性，使员工努力去完成组织的任务，实现组织的目标。

有效的激励会点燃员工的激情，促使他们的工作动机更加强烈，让他们产生超越自我和他人的欲望，并将潜在的巨大的内驱力释放出来，为企业的远景目标奉献自己的热情。

如何在工作上调动员工的积极性，激发全体员工的创造力，是开发人力资源的最高层次目标。作为企业，需要塑造激发员工创造力的环境和机制：

（1）创造一个鼓励员工开拓创新精神和冒险精神的宽松环境以及思想活跃和倡导自由探索的氛围；

（2）建立正确的评价和激励机制，重奖重用有突出业绩的开拓创新者；

（3）强化企业内的竞争机制，激励人们去研究新动向、新问题，并明确规定适应时代要求的技术创新和管理创新的具体目标；

（4）要求企业组织员工不断学习以更新知识，并好好地引导他们面对现实去研究技术的新动向。同时使员工了解工作行为的实际效果，产生员工高效工作、高满足的结果。

二、应用激励理论的原则

运用各种激励理论来激发组织成员的积极性，是各级领导者的重要职责，也是实现组织目标的前提。为使激励取得效果，在激励过程中应遵守以下几个原则：

（一）物质激励与精神激励相结合

物质激励与精神激励作为两种不同的激励类型，各有其不同的作用，但其目的都是调动人的积极性。而它们之所以能够调动人的积极性，是因为它们能够从不同的方面满足人的某种需要。物质激励是对人们物质需要的满足，精神激励是对人们精神需要的满足。物质需要是人赖以生存的物质基础，人们关心自己切身的物质利益，这是必然的。但人是有头脑、有思想的，不仅要有物质方面的满足，还要有精神方面的追求，包括对工作的兴趣、责任感、自尊心、事业心、荣誉感、自我实现等心理方面的需要。所以，要提高人的积极性，就必须把物质激励与精神激励结合起来。

（二）正激励与负激励并举，以正激励为主

正激励和负激励作为两种相辅相成的激励类型，从不同的侧面对人的行为起强化作用。正激励是主动性的激励，它能够振奋人的精神，保持饱满的工作热情和高涨的积极性和主动性。负激励是被动性的激励，它是通过对人的错误动机和行为进行压抑和制止，使其幡然醒悟，改弦更张。

（三）内在激励与外在激励相结合

采用属于工作条件、工作环境方面的因素实施的激励，叫作外在激励；由工作本身所产生的激励称为内在激励。根据双因素理论，外在激励能够消除不满，但不会激发人的工作热情；只有内在激励才能激发人的工作热情，但如果没有外在激励，人将产生不满情绪。因此，这两者必须结合起来。

（四）系统设计激励体系

激励手段多种多样，必须综合运用并优化组合，在空间上相辅相成，在时间上相互衔接，形成综合激励的格局。人的行为的复杂性，影响因素的众多和交叉性，决定了激励必须采取综合的方式。综合激励就是根据影响人的行为的各个因素之间相互联系、相互制约的特点及系统理论，使若干项激励措施有机结合起来，综合使用。这样一方面可以防止顾此失彼，保证激励措施有效，另一方面可以利用几项措施的结合效果，即系统的“组织效应”来达到激励的目的。当前，我国企业职工积极性问题相当突出，原因是多方面的，仅采取一两项措施难以从根本上解决问题，必须从宏观与微观、企业与社会、物质与精神等多方面着

手，研究影响积极性的因素，继而寻找出合理的激励因素，科学地设计激励体系。

三、常见的激励理论

企业中对员工的激励理论主要有以下几种：

（一）内容激励理论

内容激励理论是指针对激励的原因与起激励作用的因素进行研究的理论。这种理论着眼于满足人们需要的内容，即人们需要什么就满足什么，从而激起人们的动机。

内容激励理论重点研究激发动机的诱因。主要包括马斯洛的“需求层次理论”、赫茨伯格的“双因素理论”和麦克利兰的“成就需要理论”等。

1. 需求层次理论

亚伯拉罕·哈罗德·马斯洛（Abraham Harold Maslow）于1943年初次提出了“需求层次理论”，他把人类纷繁复杂的需求分为生理需求、安全需求、归属和爱的需求、尊重的需求和自我实现的需求5个层次。如表4-6所示。

表4-6 人的需求层次

主要类别	内容描述
生理需求	维持人类生存所必需的身体需要
安全需求	保证身心免受伤害
归属和爱的需求	包括感情、归属、被接纳、友谊等需要
尊重的需求	包括内在的尊重如自尊心、自主权、成就感等需要和外在的尊重如地位、认同、受重视等需要
自我实现的需求	包括个人成长、发挥个人潜能、实现个人理想的需要

马斯洛认为，只有低层次的需求得到部分满足以后，高层次的需求才有可能成为行为的重要决定因素。需求是按次序逐级上升的，当下一级需求获得基本满足以后，追求上一级的需求就成了驱动行为的动力。但这种需求层次逐渐上升并不是遵照“全”或“无”的规律，即一种需求100%满足后，另一种需求才会出现。事实上，社会中的大多数人在正常的情况下，他们的每种基本需求都是部分地得到满足。

2. 双因素理论

双因素理论是美国行为科学家弗雷德里克·赫茨伯格（Fredrick Herzberg）提出来的，又称保健因素理论。

20世纪50年代末期，赫茨伯格和他的助手们在美国匹兹堡地区对200名工程师、会计师进行了调查访问。访问主要围绕两个问题：在工作中，哪些事项是让他们感到满意的，并估计这种积极情绪持续多长时间；又有哪些事项是让他们感到不满意的，并估计这种消极情绪持续多长时间。赫茨伯格以对这些问题的回答为材料，着手去研究哪些事情使人们在工作中快乐和满足，哪些事情造成不愉快和不满足。结果他发现，使职工感到满意的都是属于工作本身或工作内容方面的；使职工感到不满的，都是属于工作环境或工作关系方面的。他把前者叫作激励因素，把后者叫作保健因素。

那些能带来积极态度、满意和激励作用的因素就叫作“激励因素”，这是那些能满足个人自我实现需要的因素，包括成就、赏识、挑战性的工作、增加的工作责任，以及成长和发展的机会。如果这些因素具备了，就能对人们产生更大的激励。从这个意义出发，赫茨伯格认为传统的激励假设，如工资刺激、人际关系的改善、提供良好的工作条件等都不会产生更大的激励；它们能消除不满意，防止产生问题，但这些传统的“激励因素”即使达到最佳程度，也不会产生积极的激励。按照赫茨伯格的意见，管理当局应该认识到保健因素是必需的，不过它一旦使不满意中和，就不能产生更积极的效果。只有“激励因素”才能使人们有更好的工作成绩。

3. 成就需要理论

成就需要理论也称激励需要理论，是 20 世纪 50 年代初期，美国哈佛大学的心理学家大卫·麦克利兰（David C. McClelland）集中研究了人在生理和安全需要得到满足后的需要状况，特别对人的成就需要进行了大量的研究，从而提出的一种新的内容型激励理论。

麦克利兰认为，在人的生存需要基本得到满足的前提下，成就需要、权力需要和合群需要是人最主要的三种需要。成就需要的高低对一个人、一个企业的发展起着特别重要的作用。该理论将成就需要定义为根据适当的目标追求卓越、争取成功的一种内驱力。

该理论认为，有成就需要的人，对胜任和成功有强烈的要求，同样，他们也担心失败，他们乐意甚至热衷于接受挑战，往往为自己树立有一定难度而又不是高不可攀的目标，他们敢于冒风险，又能以现实的态度对付冒险，绝不以迷信和侥幸心理对付未来，而是对问题善于分析和估计。他们愿意承担所作工作的个人责任，但对所从事的工作情况希望得到明确而又迅速的反馈。这类人一般不常休息，喜欢长时间工作，即使真出现失败也不会过分沮丧。一般来说，他们喜欢表现自己。成就需要强烈的人事业心强，喜欢那些能发挥其独立解决问题能力的环境。在管理中，只要给他们提供合适的环境，他们就会充分发挥发挥自己的能力。权力需要较强的人有责任感，愿意承担需要的竞争，并且能够取得较高的社会地位的工作，喜欢追求和影响别人。

（二）过程激励理论

过程激励理论重点研究从动机的产生到采取行动的心理过程。主要包括弗鲁姆的“期望理论”和亚当斯的“公平理论”等。

1. 期望理论

这是心理学家维克多·弗鲁姆（Victor Vroom）提出的理论。期望理论认为，人之所以采取某种行为，是因为他觉得这种行为可以有把握地达到某种结果，并且这种结果对他有足够的价值。换言之，动机激励水平取决于人们认为在多大程度上可以期望达到预计的结果，以及人们判断自己的努力对于个人需要的满足是否有意义。

2. 公平理论

公平理论又称社会比较理论，它是美国行为科学家斯塔西·亚当斯（Stacy Adams）在《工人关于工资不公平的内心冲突同其生产率的关系》《工资不公平对工作质量的影响》《社会交换中的不公平》等著作中提出来的一种激励理论。该理论侧重于研究工资报酬分配的合理性、公平性及其对职工生产积极性的影响。

（三）行为后果激励理论

行为后果激励理论是以行为后果为对象，研究如何对行为进行后续激励。这一理论包括强化理论和归因理论。

1. 强化理论

强化理论是美国心理学家和行为科学家弗雷德里克·斯金纳（Frederick Skinner）等提出的一种理论。强化理论是以学习的强化原则为基础的关于理解和修正人的行为的一种学说。强化从最基本的形式来讲，指的是对一种行为的肯定或否定的后果（报酬或惩罚），它至少在一定程度上会决定这种行为在今后是否会重复发生。

根据强化的性质和目的，可以把强化分为正强化和负强化。在管理上，正强化就是奖励那些组织上需要的行为，从而加强这种行为；负强化与惩罚不一样，惩罚是对一些错误的行为采取的一些使人受挫的措施，负强化是告知人们某种行为是不可取的，如果做了这种行为会受到什么惩罚，从而削弱这种行为。

2. 归因理论

归因理论是美国心理学家弗里茨·海德（Fritz Heider）于1958年提出的，后由美国心理学家伯纳德·韦纳（Bernard Weiner）及其同事的研究而再次活跃起来。

归因理论是探讨人们行为的原因与分析因果关系的各种理论和方法的总称。归因理论侧重于研究个人用以解释其行为原因的认知过程，即研究人的行为受到激励是“因为什么”的问题。

（四）综合激励理论

综合激励理论的代表者是美国心理学家和管理学家波特和劳勒，他们于1968年提出一个“综合激励模型”。说此理论综合是因为该模型吸收了需要理论、期望理论和公平理论的成果，使其更为全面、更为完善。

四、激励的主要方法

（一）工作激励

工作激励是指通过分配恰当的工作，予以恰当的授权，让职工参与管理，通过丰富工作内容等方式和途径来激发员工的工作热情。在双因素理论中，人们清楚地看到，在各种因素中，真正能起到激励作用的因素是工作本身，使工作具有挑战性和富有意义以及引导员工参与管理都可以极大地调动员工的积极性。在激励的过程中对员工委以恰当的工作，激发员工内在的工作热情。这主要包括两方面的内容：一是工作的分配要尽量考虑到员工的特长和爱好，人尽其才；二是要使工作的要求既具有挑战性，又能为员工所敢于接受。在企业的生产经营活动中，有许多不同工作的要求略高于员工本身的实际能力，使员工认为经过努力是可以达到目标的。这样，可以激发起员工奋发向上的工作热情，同时还可以在工作中提高员工的工作能力。

（二）环境激励

环境主要是指工作与生活环境，包括组织中的行为规范、人际关系、工作与生活条件等方面的内容。组织的各项规章制度的基本目的是使人们的行为规范化。一方面，规章制度往往与物质利益联系在一起，对员工的消极行为有约束作用；另一方面，规章制度为员工提供行为规范，提供社会评价标准。员工遵守规章制度的情况与自我肯定、社会舆论等精神需要相联系，因此，其激励作用是综合的。而良好的人际关系能激发员工的工作热情和工作积极性与创造性。创造良好的人际关系环境，首先要求上级主管人员要对下属尊重、关心和信任；其次要保持工作团体内人际关系融洽，及时调解各种矛盾。创造良好的人际关系的基本方法就是沟通。沟通能加深领导者之间、上下级之间，以及下级之间的相互了解、交流感情，避免各种误会、矛盾乃至冲突。另外，良好的工作条件、清洁美化的工作环境，能使员工安心工作、心情舒畅、精神饱满。因此工作环境激励也是一种重要的激励手段。

（三）成果激励

成果激励即利用人们对于成就感的追求来激发人们的工作积极性。首先，成果激励是正确评价工作，合理给予报酬。正确评价员工的工作结果，在此基础上给每个职工以合理的报酬，这也是激发员工积极性的一个重要因素。报酬可分为物质上的和精神上的两种，物质上的报酬主要指工资和奖金，精神上的报酬则主要指各种形式的表扬以及工作条件的改善和地位的提升等。其次，帮助员工创造成果。追求成就，满足自我价值的实现是人们高层次的需求，尤其对于高层人员和专业技术人员可能显得更重要。因此，领导者若能创造条件，帮助员工获得成果，激励作用将是巨大的。对于一般员工，允许他们参与与其工作相关的决策，接受他们的合理化建议，并帮助他们实现这些建议，会起到很大的激励作用；对于专业技术人员，给予必要的支持，改善他们的研究开发条件，解决他们在研究工作中的各种困难可能要比给他们物质奖励的作用大得多。

（四）目标激励

目标激励即通过层层制定目标，使每个人的行动都与目标联系起来，从而激发每个人的积极性，为实现共同目标而自觉劳动的一种激励方法。

由于每个员工都有自己的具体目标，这一目标又与部门以及整个组织的目标联系在一起，因此不仅使员工的行动有了方向，而且增强了集体责任感。同时，由于在目标的制定和实施过程中，实行“参与管理”和“自我控制”，目标、责任、权限、利益互相挂钩，就必然有利于激发人们的动机，对工作产生兴趣，自觉地控制行为，极大地发挥自己的主动性和积极性。

（五）员工持股激励

员工持股激励是在市场经济条件下，员工激励的最根本的方法之一。在某些西方国家已经相当普遍，其出发点是实行产权多元化，激励员工在企业持股，利润共享。海尔通过员工持股、对赌期权、跟投、虚拟股权等形式提供创业机制，员工享受创业机制的前提则是需要对赌有竞争力的目标，拿出差异化的方案，通过竞争抢入小微，成为小微的主人，在享受权益的同时，承担相应的责任与风险。对于员工激励，张瑞敏曾表述过：“组织里的每个员工就像一粒沙子，传统的管理方法是控制和监督，努力地攥住他们，攥得他们没有发展余地。然而，攥得越紧，沙子越从指缝里漏出来。”即激励不是为了控制员工，而是为了发展员工。

（六）危机激励

危机激励的实质是树立全体员工的忧患意识，做到居安思危，无论是在企业顺利还是困难的情况下，都永不松懈、永不满足，永不放松对竞争对手的警惕。唤醒全体员工的危机意识，确保企业立于不败之地。

课堂测试

带好团队还有哪些激励方法？结合实际说一说。

课堂延伸

A 公司的激励理论

A 公司在激励员工工作积极性方面主要运用了以下几种激励理论：

（1）公平理论。表现在生产工人的工资采取按件计酬，同时公司的奖金制度有一整套计算公式，全面考虑了公司的毛利润及员工的生产率与业绩，这种做法一方面将所得与付出充分联系起来，意味着大家报酬的取得完全看个人的生产量，而与职位无关。

（2）期望理论。大多数员工进入公司后都期望有相当的工作报酬、丰厚的奖金和较好的职业保障。公司创立以来从未辞退过一名员工，即使是经济萧条时期，公司员工平均年收入也高于社会平均水平，这些都是期望理论具体运用的真实写照。

（3）目标设定理论。从员工来讲，按件计酬给员工自身确定目标带来了便利，它不是大锅饭，不会限制个人能动性和积极性的发挥。

（4）激励保健理论。其中主要保健理论用来消除员工的不满意因素，经济萧条与不景气一般意味着公司要裁员，而A公司的管理者们都不因此辞退任何员工，这种方式自然使员工具有职业安全感、社会归属感，从而更激励他们加倍努力工作。

训练营

训练任务——团队激励方法运用训练

【任务目标】

帮助学生掌握激励团队成员方法的运用。

【任务内容】

（1）每个小组围成一圈。

（2）小组成员根据各自成立的公司特点，运用所学理论知识，进行激励方法运用。

【任务要求】

（1）由组长主持讨论。

（2）小组成员学习并讨论常见的激励方法。

（3）根据公司所处行业以及小组成员的特点，选择适合的激励方法激励团队成员。

（4）每组安排一名同学负责记录、汇总。

（5）活动结束后，要求每组选出一名代表在课堂上汇报各自的激励方法运用。

（6）准备时间为10分钟。

【任务组织】

团队激励方法运用训练任务组织表如表4-7所示。

表4-7　团队激励方法运用训练任务组织表

活动项目	具体实施	时间	备注
团队激励方法运用训练	（1）假设全班有48人，将学生分成8个小组，每个小组建立一个模拟公司。每个公司6个人。 （2）小组分工协作，学习并讨论常见的激励方法。 （3）8个公司根据公司所处行业以及小组成员的特点，同时选择适合的激励方法激励团队成员。 （4）组织学生讨论团队激励方法运用过程中遇到的问题。	30分钟	教室中每组一桌六椅、分组资料（公司名称、人员安排）

【任务评价】

团队激励方法运用训练任务评价表如表 4－8 所示。

表 4－8 团队激励方法运用训练任务评价表

评价指标	评价标准	分值	评估成绩	所占比例
团队激励方法运用训练表演情况效果	1. 能理解激励概念，应用激励理论的原则、激励的一般方法、销售团队激励方法	20		70%
	2. 能识别团队激励方法运用易犯错误	20		
	3. 能灵活运用团队激励方法	20		
	4. 遵守活动时间	10		
	5. 表演真实	10		
	6. 效果明显	10		
	7. 活动评估	10		
教学过程	出勤、态度热情	100		30%
小组综合得分				

任务四 销售团队领导

故事导入

且慢下手

大多数同事都很兴奋，因为单位里调来了一位新主管，据说是个能人，专门被派来整顿业务。可是，日子一天天过去，新主管却毫无作为，每天彬彬有礼地进入办公室后，便躲在里面难得出门。那些紧张得要命的坏分子，现在反而更猖獗了。他哪里是个能人？根本就是个老好人，比以前的主管更容易唬。

四个月过去了，新主管却发威了，坏分子一律开除，能者则获得提升。下手之快、断事之准，与四个月前表现保守的他，简直像换了一个人。年终聚餐时，新主管在酒后致辞：“相信大家对我上任后的表现和后来的大刀阔斧一定感到不解。现在听我说个故事，各位就明白了。”

“我有位朋友，买了栋带着大院的房子，他一搬进去，就对院子全面整顿，杂草、杂树一律清除，改种自己新买的花卉。某日，原先的房主回访，进门大吃一惊地问：‘那株名贵的牡丹哪里去了？’我这位朋友才发现，他居然把牡丹当草给割了。后来他又买了一栋房子，虽然院子更是杂乱，他却按兵不动，果然冬天以为是杂树的植物，春天里开了繁花；春天以为是野草的，夏天却是花团锦簇；半年都没有动静的小树，秋天居然红了叶。直到暮秋，他才认清哪些是无用的植物，将它们大力铲除，并使所有珍贵的草木得以保存。”

说到这儿，主管举起杯来，“让我敬在座的每一位！如果这个办公室是个花园，你们就是其中的珍木，珍木不可能一年到头开花结果，只有经过长期的观察才认得出啊”！

教师启发：“路遥知马力，日久见人心。”一个员工的价值高低绝不能凭我们管理者一时的观察或是只看他表面的现象。要真正了解一个人，需要长时间持续的观察。只有通过细致彻底的观察，才能正确评估出一个人的价值并分配给他合适的工作。

花匠总是勤于给花草施肥浇水，如果它们茁壮成长，就会有一个美丽的花园；如果它们不成材，则把它们剪掉。

课前提问：你眼中的领导是什么样的呢？

相关知识点

一、领导需要具备的技能

根据《管理学基础》中的解释：领导是以实践为中心展开的，由社会系统中的领导主体根据领导环境和领导客体的实际情况确定本系统的目标和任务，并通过示范、说服、命令、竞争和合作等途径获取和动用各种资源，引导和规范领导客体、实现既定目标，完成共同事业的强效社会工具和行为互动过程。

成功的领导依赖于合适的行为、技能和行动，领导者的三种主要技能是技术技能、人际技能和概念技能。

（一）技术技能

技术技能是指一个人对某种类型的技术所掌握的知识和能力。如会计人员、工程师、文字处理人员和工具制造者所学习到的技能。在操作人员和专业人员层次上，技术技能是工作绩效的主要影响因素。但是当员工升职并拥有领导责任后，他们的技术技能就会显得相对不重要了。作为管理者，他们更加依靠下属的技术技能。在许多情况下，他们基本上不参与技术技能实践。实际上，许多企业的高层领导对企业生产的技术细节并不熟悉。

（二）人际技能

人际技能是有效地与他人共事和建立团队合作的能力。组织中任何层次的领导者都不能逃避人际技能的要求，这是领导行为的重要部分之一。

（三）概念技能

概念技能是按照模型、框架和广泛关系进行思考的能力，如长期计划。在越高的管理职位上，它就越重要。概念技能处理的是观点、思想，而人际技能关心的是人，技术技能涉及的则是事。

领导技能分析表明不同层次的管理者需要的三种技能的相对比例是不同的。管理层级越高，工作中技术技能所占的比例越小，而概念技能所占的比例越大。这有助于解释为什么杰出的部门领导者有时无法胜任副总裁的职位，因为他们的领导技能的结构不适合更高管理职位的要求，特别是没有增加概念技能。

二、领导的原则

（一）最重要的是懂得沟通

作为一个领导，最重要的是要懂得沟通，包括语言的沟通、心与心之间的沟通。沟通能让员工更好地理解领导的想法，了解该想法的目的，以及该想法对工作的积极作用，进而按照对应的思路去做事。而心与心之间的沟通显得更为重要，它可以拉近领导与员工之间的距离，可以与员工更好地协作处理工作。心与心的沟通还可以化解一些尴尬或矛盾。心与心的沟通表现在心平气和、将心比心地去交流，多站在对方的立场想问题，多关心员工。

（二）愿景比管控更重要

愿景就是公司对自身长远发展和终极目标的规划和描述。缺乏理想与愿景指引的企业或团队会在风险和挑战面前畏缩不前，他们对自己所从事的事业不可能拥有坚定的、持久的信心，也不可能在复杂的情况下，从大局、长远出发，果断决策、从容应对。

一些人错误地认为，企业管理者的工作就是将100%的精力放在对企业组织结构、运营和人员的管理和控制上。这种依赖于自上而下的指挥、组织和监管的模式虽然可以在某些时候起到一定效果，但会极大地限制员工和企业的创造力，并容易使企业丧失前进的目标，使员工对企业未来的认同感大大降低。相比之下，为企业制定一个明确的、振奋人心的、可实现的愿景，对于一家企业的长远发展来说，其重要性更为显著。处于成长和发展阶段的小企业可能会将更多精力放在求生存、抓运营等方面，但即便如此，管理者也不能轻视愿景对于凝聚人心和指引方向的重要性。对于已经发展壮大的成功企业而言，是否拥有一个美好的愿景，就成了该企业能否从优秀迈向卓越的重中之重。

（三）信念比指标更重要

每一个企业的领导者都应当把坚持正确的信念，恪守以诚信为本的价值观放在所有工作的第一位，不能片面地追求某些数字上的指标或成绩，或一切决策都从短期利益出发，而放弃了最基本的企业行为准则。相比之下，正确的信念可以带给企业可持续发展的机会；反之，如果把全部精力放在追求短期指标上，虽然有机会获得一时的成绩，却可能导致企业发展方向的偏差，使企业很快丧失继续发展的动力。

成功的企业总是能坚持自己的核心价值观。例如：谷歌公司的核心价值观之一是“永不满足，力求最佳”。谷歌创始人之一劳伦斯·爱德华·佩奇（Lawrence Edward Page）指出：“完美的搜索引擎需要做到了解用户之意，解决用户之需。”对于搜索技术，谷歌通过不断研究、开发和革新来实现长远的发展，并致力于成为这一技术领域的开拓者。尽管已是全球公认、业界领先的搜索技术公司，谷歌仍然矢志不渝地坚持“永不满足”的信念，不断实现对自己的超越，奉献给用户越来越好的搜索产品。

（四）团队比个人更重要

在任何一家成功的企业中，团队利益总要高过个人利益。企业中的任何一级管理者都应当将全公司的利益放在第一位，部门利益其次，个人利益放在最后。

这样的道理说起来非常明白，但放到实际工作中就不那么好把握了。例如：许多部门管理者总是习惯性地把自己和自己的团队作为优先考虑的对象，而在不知不觉中忽视了公司的整体战略方向和整体利益。这种做法是非常错误的，因为如果公司无法在整体战略方向上取得成功，公司内部的任何一个部门、任何一个团队就无法获得真正的成功，而如果团队无法成功，团队中的任何个人也不可能取得成功。

好的管理者善于根据公司目标的优先级顺序决定自己和自己部门的工作目标以及目标的优先级。例如：出于部门利益的考虑，也许某个产品的研发无法在短期内获得足够的市场收益，部门管理者似乎应该果断放弃对该产品研发的投入，否则，部门在该年度的绩效数据（如果仅以市场收益衡量的话）就有可能不是那么出色。但是，如果从公司整体的角度出发，假设该产品是帮助公司在未来 2～3 年内赢得潜在市场的关键因素，或者该产品的推广对于提高公司的企业形象有重要的帮助，那么，对于该产品的投入是符合公司整体利益的，部门对于该产品研发目标及其优先级的设定就应该符合公司的整体安排。

团队利益高于个人利益。作为管理者，还应该勇于做出一些有利于公司整体利益的抉择，哪怕这种抉择对自己的部门甚至对自己来说是一种损失。

（五）授权比命令更重要

21 世纪的管理需要给员工更多的空间，只有这样才能更加充分调动员工本人的积极性，最大程度地释放他们的潜力。21 世纪是一个信息爆炸的时代，人人都拥有足够的信息，人人都拥有决策和选择的权利。将选择权、行动权、决策权部分甚至全部下放给员工，这样的管理方式将逐渐成为 21 世纪企业管理的主流。

很多管理者追求自己对权力的掌控，他们习惯于指挥部下，并总是将部下努力换来的成绩大部分归功于自己。这种“大权在握”“命令为主”的管理方式很容易造成：

（1）管理者身上的压力过大，员工凡事都要请示领导，等待管理者的命令。

（2）团队过分依赖管理者，团队的成功也大半取决于管理者能否事无巨细地处理好所有问题——而通常说来，没有哪个领导可以事事通晓，也没有哪个领导可以时时正确。

（3）整个团队对于外部变化的应对能力和应对效率大幅降低，因为所有决策和命令都需要由管理者做出，员工在感知到变化时只会习惯性地汇报给领导。

因此，授权比命令更重要也更有效。但是，管理者该如何做好授权呢？这其中最重要的就是权力和责任的统一。即在向员工授权时，既定义好相关工作的权限范围，给予员工足够的信息和支持，也定义好它的责任范围，让被授权的员工能够在拥有权限的同时，可以独立负责和彼此负责，这样才不会出现管理上的混乱。也就是说，被授权的员工既有义务主动地、有创造性地处理好自己的工作，并为自己的工作结果负责，也有义务在看到其他团队或个人存在问题时主动指出，帮助对方改进工作。

（六）平等比权威更重要

在企业管理的过程中，尽管分工不同，但管理者和员工应该处于平等的地位，只有这样才能营造出积极向上、同心协力的工作氛围。

平等的第一个要求是重视和鼓励员工的参与，与员工共同制定团队的工作目标。这里所说的共同制定目标是指在制定目标的过程中，让员工尽量多地参与进来，允许他们提出不同的意见和建议，但最终仍然由管理者做出选择和决定。

这种鼓励员工参与的做法可以让员工对公司的事务更加支持和投入，对管理者也更加信任。虽然不代表每一位员工的意见都会被采纳，但当他们亲身参与到决策过程中，当他们的想法被聆听和讨论时，即使意见最终没有被采纳，他们也会有强烈的参与感和认同感，会因为被尊重而拥有更多的责任心。

平等的第二个要求是管理者要真心地倾听员工的意见。作为管理者，不要认为自己高人一等，事事都认为自己是对的。应该平等地听取员工的想法和意见。在复杂情况面前，管理者要在综合权衡的基础上果断地做出正确的决定。

三、领导需要具备的魅力

（一）人格魅力

人格魅力，就是通过人格的外显而对周围构成的吸引力和辐射力。它是由一个人的品格、智慧和才能凝结而成的力量。在社会交往中，人格魅力会成为一个人获取社会优势的有利条件。

现代管理学中非常明确地提出，人格魅力是领导艺术的集中体现。领导者应以“德”为上。所谓“德”就是品德、品质，也就是一个人的人格魅力。杰克·韦尔奇和松下幸之助是创造了现代企业管理神话的两个传奇人物，在他们成功的因素中，人格魅力占据了重要的位置。我们总是不由自主地受他人人格魅力的吸引，乐于与那些激情四射、朝气蓬勃的人相处，他们总是给我们带来阳光和活力；我们容易信任那些虚心谦和、诚实守信的人，他们总是能够给我们充分的安全感和信赖感；我们更钦佩那些大智若愚、大巧若拙的人，他们总是在不显山、不露水的情况下成就自己，使别人快乐。

这些非凡的人就是通过他们的言行散发出来的人格魅力凝聚成了一种无形的巨大力量，使追随者心甘情愿地追随其左右，而且在优势富集效应的作用下，越来越多的追随者加入其中，终成浩浩荡荡的人脉洪流，成功已成历史的必然，势不可当。

（二）思想的魅力

思想的力量将影响一个人的作为。一个有魅力的领导者或企业家同时也是一个深邃的思考者和思想家。知名企业家在不同历史发展阶段对企业运作规律的深刻洞察与准确的把握，无不闪烁着思想的光辉，影响着他身后的企业和追随者。

（三）梦想的魅力

有梦最美，一粒橡树的种子可以漫生成茂密葱郁的森林，梦想是一切未来实现的种子，是下一个努力的强烈目标。领导者正是通过不停地编织一个个梦想的花环，吸引、凝聚他的团队和追随者，不断地实现一个又一个梦想。当有人问××集团董事长最喜欢的一个词语是什么时，他说是“梦想”，并说：“我未来的梦想，是我能站在月球上看着地球上不同肤色的人穿着××皮鞋走来走去。”

（四）高尚的品质的魅力

公道、正直、诚实、善良、博爱等是每一个成功的领导者溶入血液的品性，只有品质高尚的领导者才能成就品质高尚的企业。对领导者来讲，真诚是一项最基本的原则，也是最基本的道德底线，更是获得追随者的一种能力。

（五）理性与激情的魅力

商业中的理性，就是既要认清自己的目标，又要清楚自己所持有的资源，而只有具备激情，才能克服一个又一个的困难，具备为一个宏大目标而奋斗的耐心。理性与激情兼具，这是为魅力领导者所做出的独到诠释。

（六）冒险精神的魅力

企业家精神到底是什么精神？创新精神。创新精神就是冒险加理智。

应该说，真正的政治家、探险家、科学家、艺术家、企业家等都是冒险家，正是这些形形色色的冒险家们才推动了世界物质文明与精神文明的进步与繁荣。冒险虽然有一定的成本，但获得的回报却是丰厚的。

（七）幽默的魅力

哲学家奥修（Osho）说过："成为'活生生的'意味着具有幽默感，具有一种很深的爱的品质，具有一种游戏的心情。"幽默作为一种激励艺术，在日常的交往中有着重要的作用。在富有幽默艺术的领导、主管周围，很容易聚集一批为他效力的员工，主管的幽默会化解许多尴尬，维护员工的自尊。

运用幽默进行管理，管理者往往可以取得很好的效果。调查显示：77%的人在员工会议上以讲笑话来打破僵局；52%的人认为幽默有助于其开展业务；50%的人认为企业应该考虑聘请一名"幽默顾问"来帮助员工放松；39%的人提倡在员工中"开怀大笑"。一些著名的跨国公司，上至总裁下到一般部门经理，将幽默融入日常的管理活动中，并把它作为一种崭新的培训手段。

（八）领导会讲故事的魅力

领导会讲故事胜过一叠统计数据。为了提高管理人员讲故事的能力和技巧，IBM 管理开发部专门聘请好莱坞的剧作家担任公司顾问，培训管理人员如何运用情节与角色来制造冲突，进而编写并演讲一个个绘声绘色的好故事。中国的海尔就是一个很会讲故事的企业。张瑞敏和海尔人砸冰箱的故事在国内外广泛流传，可以说对海尔的产品质量口碑起到了巨大的宣传作用。在海尔 20 周年庆典前后，海尔又推出了《海尔的话与画》《海尔的故事与哲理》等，进一步促进和彰显了海尔文化的传播。

当然，经理人讲故事要讲究技巧和对象。著名企业管理专家诺尔·M. 迪奇（Noel M. Tichy）总结了领导者常用的 3 种故事类型，如表 4－9 所示。

表 4－9 三种故事类型

主要类别	内容描述
第一类故事："我是谁"	即讲述自己的亲身经历，讲述自己的成功与失败、欢乐与泪水，以此赢得共鸣，打动人心，调动积极性
第二类故事："我们是谁"	即讲述我们团队目前面临的严峻形势，以激发团队协作精神，激励所有团队成员勇于面对变革，迎接挑战
第三类故事："我们向何处去"	即描绘团队未来的愿景、方向与目标，用目标的牵引力凝聚团队力量和智慧，激发团队成员实现理想的激情与潜力

课堂测试

你是怎么理解领导魅力的？

课堂延伸

刘备、宋江、唐僧的“无能”之能

刘备，从一个卖草席的破落皇族起家，在关羽、张飞、赵云、诸葛亮等武将、谋士的追随下，最终成就三国鼎立之势。

宋江，为人仗义，好结交朋友，以“及时雨”绰号闻名。他在众梁山好汉中，武功、智谋、胆略都不算出众，却赢得了好汉们的普遍认可，坐上水泊梁山的第一把交椅。

唐僧，手无缚鸡之力的文弱僧人，在三个本领高强的徒弟追随下，成功取得真经。

为什么那些能人智士愿意死心塌地地追随看起来不如他们的这三个人呢？

因为他们有着强大的影响力和优秀的领导才能。正是靠着领导影响力，才把人才紧紧吸引在他的周围；也正是靠着领导影响力，才能获取下属的信赖与支持，让下属心甘情愿地听从指挥，完成想要实现的任务和目标。

领导其实不必处处比自己的下属能干。领导的艺术在于团结各方力量，充分发挥下属的才能，完成自己想要完成的任务。

训练营

训练任务——团队提升领导魅力训练

【任务目标】

帮助学生运用理论知识，提升领导魅力。

【任务内容】

（1）每个小组围成一圈。

（2）小组根据各组成员特点，运用所学理论知识，提升领导魅力。

【任务要求】

（1）由组长主持讨论。

（2）小组成员学习提升领导魅力的方法。

（3）小组根据各组成员特点，运用所学理论知识提升领导魅力。

（4）每组安排一名同学负责记录、汇总。

（5）活动结束后，要求每组选出一名代表在课堂上汇报对领导魅力的认知。

(6) 准备时间为 10 分钟。

【任务组织】

团队提升领导魅力训练任务组织表如表 4-10 所示。

表 4-10　团队提升领导魅力训练任务组织表

活动项目	具体实施	时间	备注
团队提升领导魅力训练	(1) 假设全班有 48 人，将学生分成 8 个小组，每个小组建立一个模拟公司。每个公司 6 个人。 (2) 小组分工协作，运用所学理论知识，讨论领导概念、领导需要具备的技能，领导的原则和现代领导艺术九大内涵，领导魅力的概念、领导魅力的发展趋势，领导需要具备的魅力和如何做有魅力的领导。 (3) 8 个公司同时进行团队提升领导魅力训练，然后分别汇报团队提升领导魅力结果。 (4) 组织学生讨论团队提升领导魅力过程中遇到的问题。	30 分钟	教室中每组一桌六椅、分组资料（公司名称、人员安排）

【任务评价】

团队提升领导魅力训练任务评价表如表 4-11 所示。

表 4-11　团队提升领导魅力训练任务评价表

<table>
<tr><th>评价指标</th><th>评价标准</th><th>分值</th><th>评估成绩</th><th>所占比例</th></tr>
<tr><td rowspan="7">团队提升领导魅力训练表演情况效果</td><td>1. 能理解领导的概念、领导需要具备的技能、领导的原则、现代领导艺术九大内涵、领导魅力的概念、领导魅力的发展趋势、领导需要具备的魅力</td><td>20</td><td></td><td rowspan="7">70%</td></tr>
<tr><td>2. 能识别提升领导魅力易犯错误</td><td>20</td><td></td></tr>
<tr><td>3. 能灵活运用提升领导魅力的应对策略</td><td>20</td><td></td></tr>
<tr><td>4. 遵守活动时间</td><td>10</td><td></td></tr>
<tr><td>5. 表演真实</td><td>10</td><td></td></tr>
<tr><td>6. 效果明显</td><td>10</td><td></td></tr>
<tr><td>7. 活动评估</td><td>10</td><td></td></tr>
<tr><td>教学过程</td><td>出勤、态度热情</td><td>100</td><td></td><td>30%</td></tr>
<tr><td colspan="3">小组综合得分</td><td colspan="2"></td></tr>
</table>

任务五 销售团队建设

故事导入

令出必行

《左传》中有个故事：孙武去见吴王阖闾，与他谈论带兵打仗之事，说得头头是道。吴王心想，“纸上谈兵管什么用，让我来考考他”，便出了个难题，让孙武替他训练姬妃宫女。孙武挑选了一百个宫女，让吴王的两个宠姬担任队长。

孙武将列队训练的要领讲得清清楚楚，但正式喊口令时，这些女人笑作一堆、乱作一团，谁也不听他的。孙武再次讲解了要领，并要两个队长以身作则。但他一喊口令，宫女们还是满不在乎，两个当队长的宠姬更是笑弯了腰。孙武严厉地说道：“这里是演武场，不是王宫；你们现在是军人，不是宫女；我的口令就是军令，不是玩笑。你们不按口令训练，两个队长带头不听指挥，这就是公然违反军法，理当斩首！”说完，便叫武士将两个宠姬杀了。

场上顿时肃静，宫女们吓得再也不敢出声。当孙武再喊口令时，她们步调整齐、动作划一，真正成了训练有素的军人。孙武派人请吴王来检阅，吴王正为失去两个宠姬而惋惜，没有心思来看宫女训练，只是派人告诉孙武：“先生的带兵之道我已领教，由你指挥的军队一定纪律严明，能打胜仗。”

孙武从立信出发，换得了军纪森严、令出必行的效果。

教师启发：做人难，做个优秀的管理人才更难。特别是担任管理职务的中层干部，往往会遇到孙武这样的问题，制定一些政策出来，在推行的时候却因为触及了一些人的利益而无法施展。这些人或者比自己职位更高，或者有很多自己开罪不起的背景，他们形成的阻碍会让你进退两难。

正所谓“慈不掌兵”，管理者就应该坚持正确的原则，虽然推行的结果可能是得罪一些高层人士导致自己的职位不保，但如果你的政策推行不下去那你同样前途堪忧。这就是我们通常说的机会成本，它所运用的就是经济中学最常用的一种理论——博弈论。只要你客观公正地执行政策，而不是过多纠缠于私利，成功的机会还是很大的。

作战之计已定便执行，决定发兵便马上行动；将帅无须怀疑计划，士兵也无须乱想心疑。

课前提问：你的团队该如何建设？

相关知识点

一、团队建设的概念

团队是指为了实现某一目标而由相互协作的个体所组成的正式群体，是由员工和管理层组成的一个共同体。它利用每一个成员的知识和技能协同工作、解决问题，达到共同的目标。团队建设是企业在管理中有计划、有目的地组织团队，并对其团队成员进行训练、总结、提高的活动，是企业真正的核心竞争力。

团队建设是指有意识地在组织中开发有效的工作小组。每个小组由一组员工组成，通过自我管理的形式，负责一个完整的工作过程或其中一部分工作。在这个过程中，参与者和推进者都会彼此信任、坦诚相对，愿意探索小组能创造出不同寻常的业绩的原因。工作小组成员在一起工作以改进他们的操作或升级产品，计划和控制他们的工作并处理日常问题。他们甚至可以参与公司更广范围内的问题决策和讨论。

二、团队建设的四个要点

第一，树立激励人心的目标。真正的团队要有一致认同的目标，因此目标的制定一定要具备科学性，尽量清晰、量化。只有这样，才能让团队成员明确了解到实现目标的进度和完成目标的程度。另外，目标的制定要结合现有的企业资源，既要符合实际又要具有挑战性。当然一定要确定完成目标的时间期限，这样可以使团队成员有紧迫感和时间意识，也可以调动团队成员的积极性和主动性。

第二，具备一支能完成目标任务的团队。团队目标的实现，需要分工合作。分工不同，就需要不同专业的人才，从而保障每个人的技能都是团队所需要的。团队讲求的是彼此协作、完美配合，因此有了专业的人才队伍还不够，更重要的是这么多专业的人才都能面对压力积极地去完成工作任务。

第三，拥有良好的制度保障团队去完成目标。在实现目标的过程中要有激励机制。例如：目标实现了员工会获得哪些奖励？过程中表现优秀的员工与表现一般的员工有何区别？有没有一些大家看得到、摸得着的公平机制，保障组织的公正、公平的文化？好的机制不仅能鼓舞团队士气，而且能留住优秀的人才。

团队建设必须要有对目标的考核机制，用制度去考核每一个团队员工的表现，去引导每一个团队员工的行为和观念，从而有效地达成目标。目标管理的过程要尊重科学，要不断地借鉴行业标杆组织的工作方法，以提高团队生产效率，如生产型企业引进精益生产，研发型企业引进国际项目管理方法，销售型企业采用 NBSS 销售管理系统软件等。

第四，注重核心的企业文化建设。就像法律规定不到的地方，就要靠人的道德去引导一样。例如：见人落水，救还是不救，法律不能强制，那么就要靠人的道德力量去约束。组织中的道德标准就会形成约定俗成的企业文化。

三、团队建设的五个统一

团队建设需要做到五个统一：统一的目标、统一的思想、统一的规则、统一的行动、统一的声音。

（一）统一的目标

目标是团队的导航，没有目标就称不上团队。有了团队，制定团队目标是管理的第一步，更重要的是统一团队目标，要让团队的每个人都认同团队的目标，并愿意为达成目标而努力地工作。

（二）统一的思想

如果团队的思想不统一，你说东他说西，就像人在做思想斗争时会降低行动效率一样，团队思想不统一也会降低效率。

（三）统一的规则

一个团队必须有它的规则，规则是告诉团队成员什么该做，什么不该做。不能做什么是团队行事的底线，如果没有设定底线，大家就会不断地突破底线，一个不断突破行为底线的组织是不能称为团队的。

（四）统一的行动

一个团队在行动时要相互沟通、协调，让行动统一有序，使整个流程合理衔接，每个细节都能环环相扣。

（五）统一的声音

团队在做出决策后声音一定要相同，不能开会不说、会后乱说，当面一套、背后一套。如果一个团队噪声太多会大大地降低团队的效率。在团队内部有观念的冲突是合理的，但在决定面前只能有一种声音。

四、团队建设的四戒

（一）一戒："团队利益高于一切"

团队首先是一个集体，由"集体利益高于一切"这个被普遍认可的价值取向，自然而然地可以衍生出“团队利益高于一切”这个论断。但是，在一个团队里过分推崇和强调“团队利益高于一切”，可能会导致两方面的弊端。

第一，极易滋生小团体主义。团队利益对其成员而言是整体利益，而对整个企业来说又是局部利益。过分强调团队利益，处处从维护团队利益的角度出发，常常会打破企业内部固有的利益均衡，侵害其他团队乃至企业整体的利益，从而造成团队与团队、团队与企业之间的价值目标错位，最终影响企业战略目标的实现。比如说，一个企业内部各团队都有相应的任务考核指标，出于小团体利益的考虑，某个团队采取了挖其他团队墙脚等不正当的手段来完成自己的考核指标，而当这种做法没有被及时纠正时，其他团队也会因利益驱动而群起效仿，届时一场内部混战也就不可避免了。而企业却要为此支付大量额外成本，造成资源的严重浪费。此外，小团体主义往往在组织上还有一种游离于企业之外的迹象，或另立山头或架空母体。

第二，过分强调团队利益容易导致个体的应得利益被忽视和践踏。如果一味强调团队利益，就会出现“假维护团队利益之名，行损害个体利益之实”的情况。目前不可否认的是，在团队内部，利益驱动仍是推动团队运转的一个重要机制。作为团队的组成部分，如果个体的应得利益长期被漠视甚至被侵害，那么他们的积极性和创造性无疑会遭受重创，从而影响整个团队的竞争力和战斗力的发挥，团队的总体利益也会因此受损。团队的价值是由团队全体成员共同创造的，团队个体的应得利益应该也必须得到维护，否则团队原有的凝聚力就会分化成离心力。所以，不恰当地过分强调团队利益，反而会导致团队利益的完全丧失。

（二）二戒：“团队本身的内斗”

团队精神在很大程度上是为了适应竞争的需要而出现并不断强化的。这里提及的竞争，往往很自然地被我们理解为与外部的竞争。事实上，团队内部同样也需要竞争。

在团队内部引入竞争机制，有利于打破另一种形式的大锅饭。如果一个团队内部没有竞争，在开始的时候，团队成员也许会凭着一股激情努力工作，但时间一长，就会发现无论干多干少、干好干坏，结果都是一样的，每个成员都享受同等的待遇，那么他的热情就会减退，在失望、消沉后，最终也会选择“做一天和尚撞一天钟”的方式来混日子，这其实就是一种披着团队外衣的大锅饭。通过引入竞争机制，实行赏勤罚懒、赏优罚劣，打破这种看似平等、实为压制的利益格局，团队成员的主动性、创造性才会得到充分的发挥，团队才能长期保持活力。

在团队内部引入竞争机制，有利于团队结构的进一步优化。团队在组建之初，对其成员的特长优势未必完全了解，分配任务时自然不可能做到才尽其用。引入竞争机制，一方面可以在内部形成“学、赶、超”的积极氛围，推动每个成员不断提高自我；另一方面通过竞争的筛选，可以发现哪些人更适应某项工作，保留最好的、剔除最弱的，从而实现团队结构的最优配置，激发团队的最大潜能。

（三）三戒：“团队内部皆兄弟”

不少企业在团队建设过程中，过于追求团队的亲和力和人情味，认为“团队之内皆兄弟”，严明的团队纪律有碍团结。这就会导致管理制度的不完善，或虽有制度但执行不力，形同虚设。

纪律是胜利的保证，只有做到令行禁止，团队才会战无不胜，否则充其量只是一群乌合之众，稍有挫折就会作鸟兽散。南宋初年的岳家军之所以能成为一支抗金主力，与其一直以来严明的军纪密不可分。在金军中流传着这样一句话：“撼山易，撼岳家军难。”另外一个典型的例子就是三国时期的“诸葛亮挥泪斩马谡”的故事。马谡与诸葛亮于公于私关系都很好，但马谡丢失了战略要地街亭，诸葛亮最后还是按律将其斩首，维护了军心的稳定。

严明的纪律不仅可以维护团队的整体利益，在保护团队成员的根本利益方面也有着积极的作用。比如说，某个成员没能按期保质地完成某项工作或者是违反了某项具体的规定，但他并没有受到相应的处罚，或是处罚根本无关痛痒。从表面上看，这个团队非常具有亲和力，而事实上，对问题的纵容或许会使这个成员产生一种“其实也没什么大不了”的错觉，久而久之，遗患无穷。如果他从一开始就受到严明纪律的约束，及时纠正错误的认识，那么对团队、对他个人都是有益的。杰克·韦尔奇有这样一个观点：指出谁是团队里最差的成员并不残忍，真正残忍的是对成员存在的问题视而不见，一味充当老好人。对于这一点，每个时刻直面竞争的团队都要有足够清醒的认识。

（四）四戒：“牺牲‘小我’，才能换取‘大我’”

很多企业认为，培育团队精神，就是要求团队的每个成员都要牺牲小我，换取大我，放弃个性，追求趋同，否则就有违团队精神，就是个人主义在作祟。

诚然，团队精神的核心在于协同合作、强调团队合力、注重整体优势、远离个人英雄主义，但追求趋同的结果必然导致团队成员的个性创造和个性发挥被扭曲和湮没。而没有个性就意味着没有创造，这样的团队只有简单复制功能，而不具备持续创新能力。其实团队不仅是人的集合，更是能量的结合。团队精神的实质不是要团队成员牺牲自我去完成一项工作，而是要充分利用和发挥团队所有成员的个体优势去做好这项工作。

案 例

鸡鸣狗盗

战国时期，招揽门客、扩大家族势力的做法在豪门望族中十分流行。很多人在对门客的录用上采取了一定的标准，因此招揽的人才的特长基本上都差不多。而齐国的孟尝君则不同，凡有一技之长的，他一律以礼相待，投奔他的门客特别多。后来他在秦国担任宰相时，秦昭王因听信谗言要杀他。他的一个门客用“狗盗”之术潜入皇宫，盗取已献给昭王的白狐裘，贿送给昭王宠姬，才得以逃脱。等到他与门客日夜兼程来到函谷关时，城门已经关闭了，必须等到鸡叫之后才能开门。这时又有一个门客模仿鸡叫，引得城内的公鸡一起叫起来，终于骗开城门脱险出关。鸡鸣狗盗之徒在当时是非常不入流的。试想一下，如果当初孟尝君在招揽门客时也像其他贵族一样坚持非饱读诗书、出身高贵的门客不要，那么他后来难免冤死他乡。

因此，团队的综合竞争力来自对团队成员专长的合理配置。只有营造一种适宜的氛围，不断地鼓励和刺激团队成员充分展现自我，最大程度地发挥个体潜能，团队才会迸发出如原子裂变般的能量。

课堂测试

你觉得应该如何建设你的团队？

课堂延伸

诸葛亮挥泪斩马谡

三国时代的诸葛亮与司马懿在街亭对战，马谡自告奋勇要出兵守街亭，诸葛亮心中虽有担心，但马谡表示愿立军令状，若失败就处死全家，诸葛亮才勉强同意他出兵，并指派王平将军随行，并交代在安置完营寨后须立刻回报，有事要与王平商量，马谡一一答应。可是军队到了街亭，马谡执意扎兵在山上，完全不听王平的建议，而且没有遵守约定，将安营的阵图送回本部。等到司马懿派兵进攻街亭，围兵在山下切断粮食及水的供应，使得马谡兵败如山倒，重要据点街亭失守。事后诸葛亮为维持军纪而挥泪斩马谡，并自请处分降职三等。

纪律是一切制度的基石，组织与团队要想长久存在，其重要的维系力就是团队纪律。要建立团队的纪律，最重要的一点是：领导者自己要身先士卒维护纪律。

“纪律可以使一个人走上成功之路。”怡安管理顾问公司的陈怡安博士曾说：“领导者的气势有多大，就看他纪律有多深。”一个好的领导者必定是懂得自律的人，而且也一定是可以坚持带领团队遵守纪律的人。

训练营

训练任务——纸牌搭高

【任务目标】

帮助学生在游戏中体会团队建设的内涵。

【任务内容】

(1) 每个小组准备两副扑克牌。

(2) 小组成员围成一圈，在中间桌子或者空地上将扑克牌往高处搭，搭得越高越好，如果倒塌，就要重新开始。

【任务要求】

(1) 组长把准备好的扑克牌放在小组中间，主持本次游戏。

(2) 游戏开始前，商量用什么方法去搭纸牌。

(3) 小组成员围成一圈，在中间桌子或者空地上将扑克牌往高处搭，搭得越高越好，如果倒塌，需要重新开始。

(4) 通过照片或者视频的方式保存游戏过程。

(5) 在规定时间内可以不断地挑战高度。

(6) 纸牌搭得最高的三组可以成为优秀团队，获得加分。

(7) 时间为 40 分钟。

【任务组织】

纸牌搭高任务组织表如表 4－12 所示。

表 4－12　纸牌搭高任务组织表

活动项目	具体实施	时间	备注
纸牌搭高	(1) 假设全班有 48 人，将学生分成 6 个小组，每个小组 8 个人。 (2) 组长把准备好的扑克牌放在小组中间，主持本次游戏。 (3) 小组成员围成一圈，在中间桌子或者空地上将扑克牌往高处搭，搭得越高越好，如果倒塌，需要重新开始。 (4) 在搭的过程中，要求通过照片或者视频的方式保存游戏过程。 (5) 纸牌搭得最高的三组可以成为优秀团队，获得加分，并且发表获胜感言。	40 分钟	每个小组准备两副扑克牌，每组一桌八椅

【任务评价】

纸牌搭高任务评价表如表 4－13 所示。

表 4-13　纸牌搭高任务评价表

评价指标	评价标准	分值	评估成绩	所占比例
纸牌搭高活动情况及效果	1. 纸牌搭高活动规则的遵守（例如：如果倒塌，需要重新开始）	20		70%
	2. 能体会团队建设的内涵	20		
	3. 能解决在活动中遇到的问题	20		
	4. 遵守活动时间	10		
	5. 表演逼真	10		
	6. 效果明显	10		
	7. 活动评估	10		
教学过程	出勤、态度热情	100		30%
小组综合得分				

超链接：成功团队之复星集团

项目小结

销售团队管理招聘是人力资源管理的工作，其中包括招聘广告、二次面试、雇佣轮选等。目前招募员工的渠道很多，通常采用以下几种：报纸电视、供需见面会、网络招聘、朋友介绍。影响绩效的主要因素有员工技能、外部环境、内部条件以及激励效应。激励指持续地激发人的动机和内在动力，使其心理过程始终保持在激奋的状态中，鼓励人朝着所期望的目标采取行动的心理过程。激励的一般方法有：工作激励、环境激励、成果激励、目标激励、员工持股激励。成功的领导依赖于合适的行为、技能和行动。领导者的三种主要技能是技术技能、人际技能和概念技能。现代领导艺术九大内涵是：决策艺术、用人艺术、授权艺术、协调艺术、沟通艺术、激励艺术、讲话艺术、开会艺术、自我形象设计艺术。团队建设的四个要点是：树立激励人心的目标，具备一支能完成目标任务的团队，拥有良好的制度保障团队去完成目标，注重核心的企业文化建设。团队需要做到五个统一：统一的目标、统一的思想、统一的规则、统一的行动、统一的声音。

项目练习

一、单项选择题

1. 我们通常采用的招聘渠道中不包括（　　）。

A. 报纸电视　　B. 供需见面会　　C. 行为模拟　　D. 网络招聘

2. 现在各个地方都有专业的人才市场，并且定期进行（　　），这种形式的好处是针对性强，还有就是可以由需求者与供给者直接见面，设置了第一道筛选的检验关口，提高了效率。

A. 报纸电视　　B. 供需见面　　C. 网络招聘　　D. 朋友介绍

3. 对于专业技术人才来讲，通过（　　）招聘无疑是一种明智的选择，原因是能上网的人一般都有比较高的个人素质和技能，适应现今社会的潮流（当然不能一概而论）。

A. 报纸电视　　B. 供需见面　　C. 网络招聘　　D. 朋友介绍

4. 目标是团队的前提，没有目标就称不上团队，因为先有了目标才会有团队。因此，团队建设需要有（　　）。

A. 统一的目标　　B. 统一的思想　　C. 统一的规则　　D. 统一的行动

5. 如果团队的思想不统一，你说东他说西，就像人在做思想斗争时会降低行动效率一样，团队思想不统一也会降低效率。因此，团队建设需要有（　　）。

A. 统一的目标　　B. 统一的思想　　C. 统一的规则　　D. 统一的行动

二、简答题

1. 招聘中的“经典七问”是指什么？
2. 绩效考核的方法有哪些？
3. 激励的一般方法有哪些？
4. 领导需要具备哪些魅力呢？
5. 团队建设的四个要点是什么？

三、案例分析题

分粥制度

对权力制约的制度问题一直是让人类头疼的难题。请看下面的小故事。

有 7 个人组成了一个小团体共同生活，其中每个人都是平凡而平等的，没有什么凶险祸害之心，但不免自私自利。他们想用非暴力的方式，通过制定制度来解决每天的吃饭问题：要分食一锅粥，但并没有称量用具和有刻度的容器。

大家试验了不同的方法，通过发挥聪明才智、多次博弈形成了日益完善的制度。大体说来主要有以下几种：

方法一：指定一个人负责分粥事宜。但很快大家就发现，这个人为自己分的粥最多，于是又换了一个人，但总是主持分粥的人碗里的粥最多、最好。由此我们可以看到：权力导致腐败，绝对的权力导致绝对的腐败。

方法二：大家轮流主持分粥，每人一天。这样等于承认了个人有为自己多分粥的权力，同时给予了每个人为自己多分的机会。虽然看起来平等了，但是每个人在一周中只有一天吃得饱而且有剩余，其余 6 天都饥饿难挨。于是我们又可得到结论：绝对权力导致了资源浪费。

方法三：大家选举一个信得过的人主持分粥。一开始，这个品德高尚的人还能基本公平，但不久他就开始为自己和溜须拍马的人多分。不能放任其堕落和风气败坏，还得寻找新思路。

方法四：选举一个分粥委员会和一个监督委员会，形成监督和制约。公平基本上做到了，可是由于监督委员会常提出多种议案，分粥委员会又据理力争，等分粥完毕时，粥早就凉了。

方法五：每个人轮流值日分粥，但是分粥的那个人要最后一个领粥。令人惊奇的是，在这个制度下，7 只碗里的粥每次都是一样多，就像用科学仪器量过一样。每个主持分粥的人都认识到，如果 7 只碗里的粥不相同，他确定无疑将享有那份最少的。

请问：根据案例中不同的分粥制度，你认为什么制度是企业最好的制度？有人说，适合的就是最好的，你认为呢？

项目五　销售服务管理

项目简介

本项目主要涉及的知识点有销售路线的概念、销售路线的作用、销售路线的设计步骤，订货、发货与退货管理，销售物流管理，客户关系管理概述、客户关系管理系统、客户关系管理的实施，客户投诉管理的意义、投诉的内容、处理客户投诉的原则、有效处理客户投诉的要点、客户投诉处理的目的与效果。通过本项目的学习，学生能够运用销售路线管理方法、销售终端管理方法、销售货品管理方法，根据客户关系管理系统，进行有效的客户管理实施，并能够依据客户投诉内容，进行有效的客户索赔处理。

学习目标

知识目标

1. 掌握销售路线的概念
2. 掌握销售路线的作用
3. 掌握销售路线的设计步骤
4. 熟悉订货、发货与退货管理
5. 了解销售物流管理
6. 掌握客户关系管理概述
7. 熟悉客户关系管理系统
8. 熟悉客户关系管理的实施
9. 熟悉客户投诉管理的意义
10. 掌握客户投诉的内容
11. 掌握处理客户投诉的原则
12. 掌握有效处理客户投诉的要点
13. 熟悉客户投诉处理的目的与效果

能力目标

1. 能够熟练运用销售路线的设计步骤
2. 能够运用客户关系管理系统

3. 能够熟悉客户关系管理的实施
4. 能够熟悉处理客户投诉的原则
5. 能够掌握有效处理客户投诉的要点
6. 能够掌握客户索赔的处理

素养目标

1. 具备对顾客的同理心，能够推己及人
2. 具有宽广的胸怀和宽容的心态，不因顾客投诉而抱怨或急躁
3. 具有创新意识，能够创新工作方法，提高销售服务效率

任务一　销售路线管理

故事导入

道康宁公司的销售代理策略

拥有众多不同类型产品的道康宁公司，不仅重视产品更新开发，同时非常重视其销售网络的拓展。道康宁公司认为，一个好的销售网络，将使公司产品更具有竞争力。同其他世界性大公司一样，道康宁公司同样是通过分销代理进行其主产品销售。

道康宁公司根据以往在世界各地的经验与中国的实际情况，将自己所有的产品分为前 8 种类型，然后在这 8 个相关行业内，寻找与之有相关贸易往来并具有销售渠道的中间代理公司。一般情况下，道康宁公司会在每个行业找一两个代理商，寻找时除了考虑代理商的实力背景，还希望其在分管区域内开设分公司或办事处。这样，道康宁公司一来可以在该行业迅速构建起销售网络；二来可较好地平衡代理商间的竞争；三来可使道康宁公司便于直接服务最终用户，进而控制市场。

教师启发：你认为要怎样在激烈竞争中抢占先机？

课前提问：要利用好销售路线管理，应掌握哪些知识呢？

相关知识点

一、销售路线的功能

销售路线是指销售员每天或每月按照一定区域内的路线，对客户加以巡回拜访，以便

完成每天或每月的销售目标。利用销售路线拜访具有以下功能：

（1）掌握每一家经销店、零售店的销售态势与销货量的变化，进而作为设定未来销售目标的基础。

（2）作为新产品上市及实施促销活动的路线及经销点、零售点选择的基础。

（3）对客户提供定期、定点、定时的服务。

（4）作为铺货调查的依据，能彻底了解经销店、零售店的存货周转及其消化速度。

二、销售路线的设计步骤

第一步，绘制“销售责任辖区地图”。销售员可将所在辖区的商业地图备齐 然后用彩色笔绘制出销售员本身的“销售责任辖区地图”。再将销售辖区内各个经销商照实际街道地图加以标示。在图上同时标出“竞争对手的经销店”和“本公司的经销店”（用不同的颜色标出）。根据此地图就可以估算出本公司在此辖区内的市场活动战略与竞争强弱。

第二步，设计“销售责任辖区地图”内的销售活动顺序。销售员在责任辖区内的销售活动包括拜访、推销、送货、收款、服务等，应设计具体活动路线，使销售工作有计划、有效率地执行。销售路线图有三种基本的模式，即直线模式、苜蓿叶模式和主要城区模式，如图 5-1、图 5-2 和图 5-3（图中的 C 代表客户）所示。

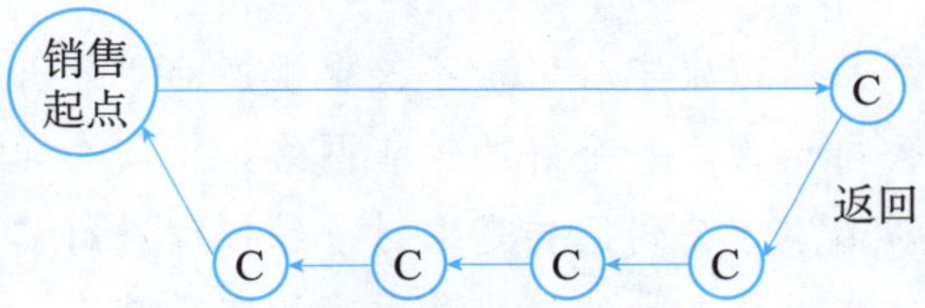

图 5-1　销售路线的直线模式

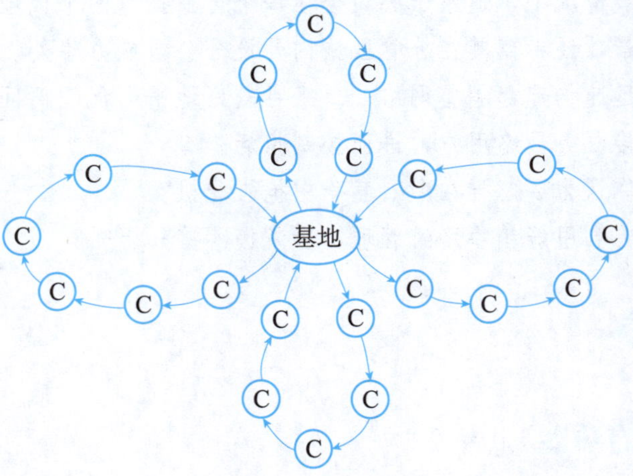

基地：销售员的办公地点（每条叶形线路的客户在一天内拜访）

图 5-2　销售路线的苜蓿叶模式

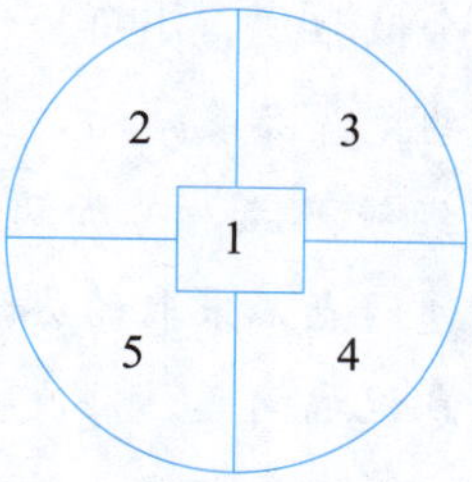

图中1为中心商业区，2～5为其他商业区

图5-3　销售路线的主要城区模式

三、销售路线的设计要求

（1）通过销售拜访路线，逐户拜访销售责任辖区内的经销商，建立起客户资料库（包括地址、负责人、销售内容、类型、业绩、占地面积、进货接洽人、收款单位等）。

（2）以销售地图方式，圈出此责任辖区地图，将经销商按地址逐一在此地图上标明。

（3）整理区域内经销商（客户）的资料，以便决定拜访顺序和拜访周期。

（4）每条销售路线的划分，以辖区销售员能照顾到为原则，销售员依此销售路线逐一拜访客户，为顺利完成任务和提高销售效率，每条销售路线所规划的里程数应有所限制（如销售圈在50千米以内）。

（5）销售员的“责任辖区分配”与“销售路线”并不是一成不变的，而是应根据市场的变化和公司营销战略的变化进行调整。

课堂测试

公司在销售区域管理的时候要注意哪些影响因素？

课堂延伸

小角楼经销商的成功之处

小角楼是四川的一个品牌，在某个县的许多乡镇市场做得非常好，几乎处于垄断地位。

这家做小角楼的经销商，刚开始由于没有什么实力，厂家支持力度也不是很大，很难直接从县城开始操作市场，也很难从中高端产品入手，他就只选择了一个自己在当地人脉比较丰富的乡镇，从中低端酒开始操作。

由于产品没有知名度，缺少资金做推广，小角楼经销商采取的是先赊销卖完付款模式，而且在此操作过程中，频繁搞些免费品鉴活动，抓住当地三家核心酒店，根据酒店终端老板的心思，给予其一款独家经销产品，另加两款常规性产品（每家都有），大大刺激了客户主推的积极性。对于流通网点，采取的办法同样如此。

而且经销商每周都给客户发信息祝福问候，每次去拜访客户时，都要求客户严格按照指导价格销售，严格按照生动化标准进行布置，并能提出一些关于如何销售产品和如何吸引人气的建议，在节日给这些核心客户赠送些有纪念意义的礼品。不出6个月，小角楼的产品在这个乡镇销售的势头就很旺了。然后，这个经销商就再选择一个比较大的镇，着手操作第二个乡镇市场。

小角楼经销商通过一个一个乡镇的突破，成熟的乡镇市场越来越多，日子过得非常舒服，手中可利用资金也多了，又接手了一个畅销品牌的饮品，做乡镇分销商。听说现在该经销商手中不仅有酒、饮料、休闲食品，主攻乡镇、村庄市场，年销售额在2 000万元左右，成了当地乡镇市场叱咤风云的经销商。

训练营

训练任务——团队模拟销售路线管理

【任务目标】

帮助学生掌握销售路线设计的步骤。

【任务内容】

（1）每个小组围成一圈。

（2）小组成员根据各自成立的公司特点，运用所学理论知识，制定各自的销售路线管理方案。

【任务要求】

（1）由组长主持讨论。

（2）小组成员学习并讨论销售路线管理制定的方法。

（3）根据公司所处行业以及小组成员的特点，制定销售路线管理方案。

（4）每组安排一名学生负责记录、汇总。

（5）活动结束后，要求每组选出一名代表在课堂上汇报制定好的销售区域管理方案。

（6）准备时间为10分钟。

【任务组织】

团队模拟销售路线管理训练任务组织表如表5-1所示。

表 5-1　团队模拟销售路线管理训练任务组织表

活动项目	具体实施	时间	备注
团队模拟销售路线管理训练	(1) 假设全班有 48 人，将学生分成 8 个小组，每个小组建立一个模拟公司。每个公司 6 个人。 (2) 小组分工协作，学习并讨论销售区域管理的方法。 (3) 8 个公司根据公司所处行业以及小组成员的特点，同时制定销售路线管理方案。 (4) 组织学生讨论销售路线管理方案制定过程中遇到的问题。	30 分钟	教室中每组一桌六椅、分组资料（公司名称、人员安排）

【任务评价】

团队模拟销售路线管理任务评价表如表 5-2 所示。

表 5-2　团队模拟销售路线管理任务评价表

评价指标	评价标准	分值	评估成绩	所占比例
团队模拟销售路线管理表演情况效果	1. 能理解销售路线的概念、销售路线的作用、制定销售路线的一般步骤	20		70%
	2. 能识别销售路线管理方案制定易犯错误	20		
	3. 能灵活运用销售路线管理方案制定的应对策略	20		
	4. 遵守活动时间	10		
	5. 表演真实	10		
	6. 效果明显	10		
	7. 活动评估	10		
教学过程	出勤、态度热情	100		30%
小组综合得分				

任务二　销售货品管理

故事导入

北京华联婴儿护理中心（宝宝屋）

北京华联超市在宝洁公司推动和协助下建立了婴儿护理中心（宝宝屋）。婴儿产品原本分散在不同的品类中，如婴儿奶粉和成人奶粉放在一起，属奶制品品类；婴儿纸尿片和纸巾等放在一起，属纸制品品类。但调查发现，孕妇或抱着婴儿的妈妈要辛苦地走上1～2小时才能购齐所需妇婴物品，她们最希望花较短的时间一次性购齐所需物品。于是，新的品类——妇婴用品类应运而生。

1～2个月后，购物者便习惯性地步入宝宝屋购买妇婴用品了。宝宝屋的设立，使北京华联婴儿品类的生意增长了33%，利润增长了63%。

教师启发：该公司应该怎样处理这起窜货事件呢？

课前提问：你觉得销售货品要如何去管理呢？

相关知识点

一、销售货品管理的概念

货品管理是销售过程管理的一个重要环节，同时也是销售管理的重要组成部分。21世纪的市场竞争已从产品竞争演变为客户竞争，货品管理已经成为现代企业降低销售成本、强化竞争优势的有力武器。

订货管理主要是对企业的销售订单进行管理。订单管理就是从客户需求和企业自身的生产能力出发，制定供货计划，接受客户订单，并协调客户与内部各部门，尤其是生产部门和储运部门间的经营活动，以确保销售订单能够及时完成，同时也要做好售后服务相关工作。订单管理不仅体现了企业的供货水平，更是企业实现精准销售的前提。订单管理是客户关系管理的有效延伸，能更好地把个性化、差异化的服务有机融入客户管理中去，推动经济效益和客户满意度的提升。订单管理主要包括订单管理流程、订单管理内容和订单报价方式三部分内容。

（一）订单管理流程

订单管理流程从接单开始，接单后获得订货信息，对该信息进行资料输入和资料核查，确认无误后进行库存分配，随之进行订单数据处理输出。此外，还要在货物配送过程中跟踪订单及处理配送时发生的异常情况，最后在配送完成后需要进行订单资料分析。在上述内容全部完成后，订单管理工作才算结束。因此，订单管理流程可以分为接单、订单资料输入、订单资料核查及确认、库存分配、订单数据处理输出、订单跟踪及异常处理、订单资料分析等步骤（见图5-4）。

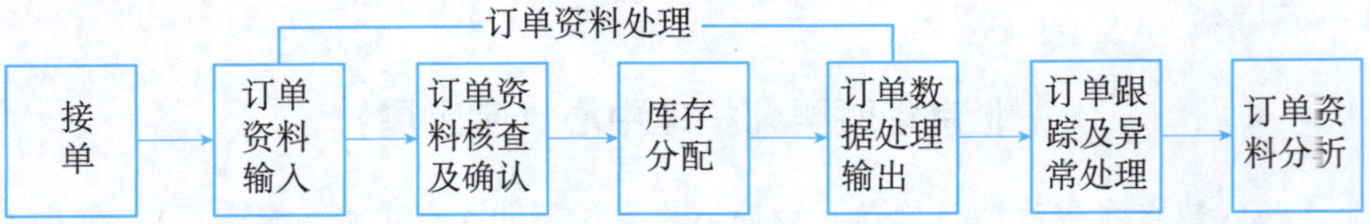

图5-4 订单管理流程

（二）订单管理内容

根据上述订单管理流程，订单管理的内容主要有以下几点。

1. 接单

接单是订单管理的第一步。随着网络技术的发展，消费者的订货方式已经由传统的人工下单转变为网络下单，这种转变既节约了订货成本又方便了企业进行后续的订单资料处理工作。

2. 订单资料处理

接单完成后，要对订单获得的资料进行处理，处理内容包括订单资料输入、订单资料核查及确认、库存分配、订单数据处理输出。

订单资料输入方式随着网络技术的普遍运用，正由人工输入向联机输入发生转变，极大地提高了订单资料输入的准确性和工作效率。

订单资料核查及确认包括输入检查、交易信息和交易条件确认等工作。

库存分配模式可分为单一订单分配及批次分配。其中单一订单分配多为线上实际分配，即在输入订单资料后，就将存货分配给订单。批次分配指累积汇总数笔的已输入订单资料后，再一次分配库存。由于物流中心订单数量多、客户类型等级多且多采用一天固定配送次数，因此通常采用批次分配，以确保库存能进行最佳的分配。批次分配的作业方法主要有：按接单时序划分、按配送区域/路径分配、按流通加工需求分配等。

3. 订单跟踪及异常处理

订单资料处理完成后，要开始拣货、配送，直到由客户签收、付款。在接下来的这些环节中，要继续对订单进行跟踪，保证订单正常运行。此外，如果后续环节发生异常情况，还需及时处理，以免因订单管理失误而造成销售损失。

4. 订单资料分析

订单资料能够直观地反映商品、客户、物流等特性，通过分析订单资料，不仅能够帮助企业进行准确的市场及销售预测，还能帮助企业进行精准的客户管理。

订单处理的先后次序可能影响到所有订单的处理次序，也可能影响到较重要订单的处理速度。这里可借鉴“优先权法则”：先收到，先处理；优先处理订货量较小、相对简单的订单；优先处理承诺交货日期最早的订单；优先处理约定交货日期最近的订单。

（三）订单报价方式

订单报价方式可以分为直接报价法和估价报价法两种。

1. 直接报价法

直接报价法就是客户对产品产生购买愿望并询问价格后，直接告知客户产品的价格是多少。许多企业都会对产品留有库存，而且对产品的价格都规定了明确的范围，在这种情况下，直接报价法显得相对容易。

2. 估价报价法

对于客户有特殊要求而需定做的产品，就需要事先进行估价，待客户确认后才能接单。需要注意的是，估价并不只是销售部门的责任，需要与生产部门共同确认估计价格。

对于估价报价形成的订单，在交货时应注意以下几点：

（1）品名、规格、数量及契约金额；

（2）付款日期、付款地点、收款方式；

（3）除特殊情况以外，从订货受理到交货之间的期限；

（4）交货地点、运送方式等交货条件；

（5）安装、维修等售后服务规定。

（四）有效订单管理系统的特征

有效的订单管理系统必须具备以下特征：

（1）提升客服水平。

（2）降低订单出错的比率。

（3）通过高度的履单、交互销售或是向上销售等扩大业绩；同时，有能力针对特定目标市场区域，精准地设计价格及促销模式来创造利润。

（4）通过设定获利的管理措施和降低订单输入成本来保障一定的利润率。

二、发货管理

发货管理主要是对产品从企业到客户手中这一过程进行管理。产品能否按照订单要求及时准确地到达客户手中，将直接影响客户对于企业的满意度和忠诚度。企业必须制定规范的发货管理流程，并对发货进行严格的管理。

（一）发货管理流程

发货工作首先是备货，即按时、按质、按量地准备好应交的货物；其次是制单，即根据合同规定和汇款、回函情况，编制货物发运分析单；再次是送检，即向有关部门申请检验；然后是联系车（船），联系车（船）是做好发运工作的基础；接下来是装车（船），并对发运的货物进行投保；最后在装车（船）完成并取得提单后，将货物实际装运情况寄送买方，以便买方收货。发货管理流程如图 5-5 所示。

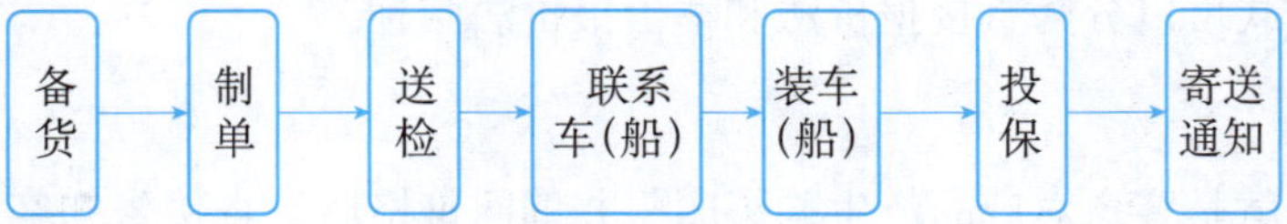

图 5-5 发货管理流程

（二）发货管理内容

由上述发货管理流程可知，发货管理内容主要包括备货、制单、送检、联系车（船）、装车（船）、投保、寄送通知等内容。

1. 备货

备货就是要在发货之前按时、按质、按量地准备好应交的货物。备货内容主要包括备货前的准备、检查货物包装和刷制货物的标签和标志。

（1）备货前的准备。备货前的准备工作主要是与生产部、仓储部等部门联系，确定产品库存数量、确定提货时间、检查产品质量。对于装卸运输时容易破损的产品还须进行提前加固。此外，还要留有一定数量的备货，以免因货物意外损坏而影响正常发货。

（2）检查货物包装。对备运货物的包装材料、包装方法和包装质量等进行认真检查，既要符合运输的包装要求，也要符合合同要求。

（3）刷制货物的标签和标志。刷制标签和标志主要是为了货物能够准确到达客户手中，在备货时需要完成。刷制货物的标签和标志时要注意图形和字迹清楚、位置醒目、大小恰当。

2. 制单

制单就是编制货运分析单。货运分析单将发货工作的各个环节，如报检、储运、投保、制单、结算等与企业各个部门联系起来。需要注意的是，货运分析单的内容要按合同有关条款逐条复核，严禁出现差错。此外，货物分析单应该是一式多联，具体视企业实际情况而定。

3. 送检

送检就是当合同中规定需要出具货物检验证明时，向相关部门申请检验。检验方式有多种，如商检机关检验、委托技术监督部门检验、委托第三方检测机构检验。需要注意的是，检验不合格的货物均不能发货。

4. 联系车（船）

联系车（船）是做好发货工作的关键，企业应该提前根据货物发运情况，联系车（船）并制定好相应的车（船）计划，避免因特殊情况而影响发货。

5. 装车（船）

销售部门应在托运单位规定时间前组织人力把货物运至车站站台或货仓。车站（或船运公司）凭装运单验收货物，收货完毕后由车站（或船运公司）签发收货单据。所装货物如有包装损坏、件数短缺等情况，应立即进行调换和补货。

6. 投保

货物从企业到客户的过程中，很可能会因为意外情况而造成损失。为了保障货物发生损失后企业和客户可以得到经济上的补偿，要给货物办理保险。投保工作是由企业还是客户完成，合同中应事先予以规定。

7. 寄送通知

企业在货物装车（船）完毕后，需要通知客户，以便客户了解运输情况，做好收货准备。此外，如果是由客户负责给货物投保，企业也应该及时通知客户。

（三）发货注意事项

对于发货注意事项，有以下几点。

（1）出门前检验货物是否与送货单上所列的货物相符，并提前与客户联系，保证货物能够按时送达。

（2）送货途中注意货物安全，保证货物在运送途中完好无损。

（3）与客户进行货物交接时要注意言行，维护公司与个人良好形象。

（4）客户验收货物完毕，要让客户签收货单或者入库单。

（5）当发生货物与客户需求不一致的情况时，应及时与公司有关人员进行联系，并耐心地与客户沟通，以便顺利解决出现的问题。

三、退货管理

依据买卖合同发出的货物可能会因为某种原因而退回仓库，如货物在运输过程中有损坏情况、送达客户的商品与客户要求不符、产品有缺陷、产品过期或错过销售季节等。企业必须制定规范的退货管理流程，才能对退货进行严格的管理。

（一）退货管理流程

退货管理流程从客户提出退货要求开始，企业首先要对退货信息进行审核，确认是否属于企业自身原因；在退货信息审核完毕后审核合同，确认相关退货条款；在上述信息确认无误的情况下企业方可同意退货，进而为客户办理退货。其次要将退回的货物重新入库，进行严格的入库登记，并摆放在特定的区域，以免和正常货物混淆。再次要对退货造成的各种费用进行结算。最后要对客户提出的意见进行跟踪处理，保证客户满意。退货管理流程如图 5-6 所示。

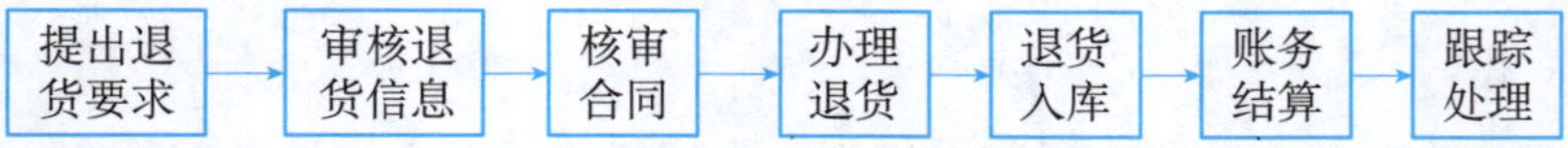

图 5-6　退货管理流程

（二）退货管理内容

根据上述退货管理流程可知，退货管理可以分为接受退货、退货入库、财务结算、跟踪处理四部分。

1. 接受退货

仓库接受退货要有规范的流程和严格的标准。当接到客户退货信息后，要对退货信息进行审核，确认是否符合企业的退货标准。在退货信息确认无误后，要按照销售合同办理退货手续，并通知运输部门安排取货的时间和路线，仓库管理人员做好接收准备，质量管理部门确认退货的原因。

2. 退货入库

对于客户退回的货物，仓库管理人员要进行初步的审核。同时要为退回的货物准备特定的区域进行存放，进行严格的重新入库登记，并重新进行财务结算。

3. 财务结算

退货一旦发生，企业需要为客户退款。由于时间原因，货物的价格可能已经发生变化，因此企业财务部门要对退回的货物重新估价，并在企业信息系统输入商品数量、进货时的单价和退货时的单价，以便日后依据退货单办理扣款业务。

4. 跟踪处理

跟踪处理是退货管理中最为重要的环节。退货发生后要及时处理客户提出的意见，若是由于企业自身原因造成的退货，要向客户说明原因，争取客户原谅，并及时为客户办理退货。退货完成后要继续跟踪客户意见，保证客户满意。

（三）退货注意事项

关于退货的注意事项，有以下几点。

（1）当客户要求退货时，应该先与负责退货的销售员接洽；否则，不接受退货。

（2）销售员受理退货要求后，应首先调查退货的原因。退货原因属于本企业者，应受理退货；退货原因不属于本企业者，不予退货。

（3）如果销售员不能确定退货原因是否属于本企业，应当会同有关部门进行货物检查，待退货原因明确后再决定是否退货。

（4）销售部每月将退货商品分类集中，打印“退货清单”；产品退货处理应迅速进行，否则可能影响当期应付账款和客户满意度。

四、销售物流管理

（一）销售物流管理流程

销售物流是企业物流的一个重要环节，它与企业的销售系统相结合，共同完成产品销售任务。总体来看，销售物流分为销售物流业务、销售物流组织与控制、销售物流计划与决策三个部分。销售物流归根到底是由订单产生的，因此，销售订单管理是销售物流管理的第一个环节，在产生订单后才会发生后续物流业务。订单生成后要检查库存，若有库存则可直接进行运输、配送，进而将产品送达终端；若没有库存，则需生成产品需求单，完成生产后再回归物流系统。此外，销售退货管理作为销售活动的最后一个环节，涉及退货商品的回收入库等问题，也属于销售物流管理中不可忽视的一部分内容。

（二）销售物流管理的主要内容

1. 销售库存管理

销售库存管理是销售物流管理中非常重要的一个环节。库存是企业的一项巨大投资，其目的是支持生产和销售连续不断地运转和满足客户的需求。有效的库存管理能够加快资金周转速度、增加投资效益，还可以提高物流系统效率、增强企业竞争力。

（1）销售库存管理流程。销售库存管理流程主要包括货品的入库管理流程、储位管理流程、拣货搬运管理流程、出库管理流程、库存盘点流程、核查流程和提案改善流程。

（2）销售库存管理模式。销售库存管理的核心问题是选择合适的仓储模式。有的企业适合自建仓库，有的企业更适合租赁仓库，但大多数企业由于不同地区的市场条件及其他因素而结合使用自有仓库和公共仓库。总体来讲，仓储模式主要有以下三种：

1）自有仓库仓储。自有仓库仓储由拥有产品的厂商经营，该厂商也许拥有实际的仓库设施，也许该仓库设施是租来的。利用自有仓库可以更大程度地控制仓储，可以使仓储管理更具灵活性，长期储存的成本也低于公共仓储。选择自有仓库也有其缺点，如自有仓库固定的容量和成本使得企业的一部分资金被长期占用，许多企业因资金问题难以修建自有仓库。

2）租赁公共仓库仓储。公共仓库被广泛地用于物流系统，无论是短期的还是长期的，几乎任何一种仓储服务的组合都能与仓库经营人商定。租赁公共仓库可以使企业节约资金投资；可以使企业满足在库存高峰时大量额外的库存需求；可以使企业避免管理上的困难；可以使企业降低仓储成本；可以使企业的经营活动更加灵活；可以使企业便于掌握保管和搬运成本。选择租赁公共仓库也有缺点，如增加了企业的包装成本，增加了企业控制仓储的难度。

3）合同仓库仓储。合同仓储是指企业将物流活动转包给外部公司，由外部公司提供综合物流服务。合同仓储有利于企业有效利用资源，有利于企业扩大市场，有利于企业进行新市场的测试，有利于企业降低运输成本。同时，合同仓储也有其不足之处，即合同仓储使得企业对物流系统失去了直接控制，这个缺点成为经营产品价值较高的企业利用合同仓储的最大障碍。

2. 销售库存管理策略

（1）仓库类型的选择。目前许多企业都是结合使用自有仓库、公共仓库和合同仓库来进行仓储活动。自有仓库和合同仓库可以满足企业年度基本需求，而公共仓库则可应付旺季之需。在其他情况下，自有仓库可以是私有设施；市场销售或现场仓库可以使用公共仓库设施；而合同仓库则可同时用于上述两种情况。

（2）仓库密度的选择。企业的库存是集中仓储还是分散仓储，也是企业销售库存管理的一项重要内容。由于企业的规模不同，有时这一决策变得相对简单，有时却异常复杂。总的来说，仓储数量的决策要与运输方式的决策、待存放商品的特性、仓库的规模和选址及仓库的市场范围等因素相协调。

3. 销售库存管理的目标

（1）防止断档。

（2）保证适当的库存量。

（3）降低物流成本。

（4）保证销售的计划性、平稳性以消除或避免销售波动的影响。

（5）展示功能。

（6）二次包装功能。

（7）储备功能。

五、销售运输管理

运输活动及其载体所构成的运输系统是销售物流管理系统中重要的组成部分之一。通过运输活动，销售物流系统的各环节才能有机联系起来，销售物流系统的目标才能得以实现。稳定可靠、灵活快捷的销售运输系统支持是整个物流系统成功运转的关键所在。销售运输管理主要包括销售运输管理流程、销售运输方式和销售运输管理策略三部分内容。

（一）销售运输管理流程

随着销售物流管理观念在经济领域的普遍渗透，运输部门在企业中的作用逐步提升，销售运输管理的基本责任和内容也随之发生了变化。销售运输管理是一项复杂、细致、富有挑战性的工作，是成功销售的重要保障。

（二）销售运输方式

运输就是通过火车、汽车、轮船、飞机、管道等交通工具使实体货物在物流据点（如仓库、商场、配送中心、物流中心）之间流动。

按照运输工具及运输设备的不同，销售运输方式包括铁路运输、公路运输、水路运输、航空运输和管道运输五种，此外还有一些新型运输方式。各种运输方式都有其自身的特点，并且分别适用于运输不同距离、不同方式、不同运费负担能力和不同时间需求的物品。

（三）销售运输管理策略

销售运输管理策略主要包括运输方式的选择、运输合理化和运输决策三个方面。

（1）运输方式的选择。运输方式的选择对于权衡运输效率和运输成本尤为重要。企业在选择运输成本时应考虑运费、运输时间、频率（即在固定期间内可以运输配送的次数）、运输能力、货物的安全性、时间的准确性、适用性（即是否适合各类型货物运输）、伸缩性（即是否适合多种运输需要）、网络性（即和其他运输工具的衔接，是否符合多式联运或一贯运输的需要）、信息（即货物所在位置的信息能否有效取得）。

（2）运输合理化。运输合理化要从选择运输方式开始，逐一考察运输距离、运输环节、运输工具、运输时间、运输费用五要素。

（3）运输决策。在进行运输决策时，企业可以选择拥有自己的车队甚至船队，但是企业要做到低成本、高效率地自行运输经常是相当困难的，所以通常会委托第三方物流服务商来完成，并且希望第三方物流服务商不仅能降低成本，还要能增加附加服务。

六、销售配送管理

配送就是在合理区域范围内，根据客户要求，对物品进行拣选、加工、包装、分割、组配等作业并按时送达客户指定地点的物流活动。配送是物流中一种特殊的活动形式，是商流与物流紧密结合，包含物流中若干功能要素的一种活动。销售配送管理主要包括销售配送管理流程、销售配送管理模式、销售配送管理策略三部分内容。

（一）销售配送管理流程

要节省物流成本、提高企业利润，销售配送管理流程的有效化、系统化、科学化显得尤为重要。从上游客户供货到最终下游客户，商品会经过进货、搬运、储存、流通加工、拣货、出货、输配送等环节。每一个环节都有自己的功能，不可或缺。

案　例

大润发配送中心配送模式

大润发超市是国内比较大型的连锁超市之一，为了追求物流的效率，同时配送活动能够对应于自己各分店的各种要求，大润发超市配送中心采取了自营配送模式占主导，辅助供应商配送模式。由指定的批发商统一几种不同厂商的产品，进行集中管理，统一运输。在这种配送模式下，厂商负责连锁超市配送中心的商品调度和批发企业的商品调度，连锁超市自有的配送中心负责大批量的商品配送，而由指定的批发企业负责多额度小单位的配送，满足大润发连锁超市的要求这种模式的缺点是增加了一个环节，企业会增加一部分成本。

（二）销售配送管理模式

从我国目前情况来看，销售配送管理模式一般有四种，不同的企业可以针对自身情况灵活运用。

1. 企业内自营性配送模式

这是目前生产、流通或综合性企业广泛采用的一种配送模式。企业通过独立组建配送中心，实现对内部各部门、厂、店的物品供应统一配送。这种配送模式在满足企业内部生产材料供应、产品外销、零售厂店供货和区域外市场拓展等需求方面发挥着重要作用。较典型的企业内自营性配送模式，是连锁企业的配送。大大小小的连锁公司或集团基本上都是通过组建自己的配送中心来完成对内部厂、店的统一采购、统一配送和统一结算。

2. 单项服务外包型配送模式

主要是由具有一定规模的物流设施设备（库房、站台、车辆等）及专业经验、技能的批发、储运或其他物流业务经营企业，利用自身业务优势承担其他生产性企业在该区域内市场开拓、产品营销而开展的纯服务性的配送。在这种配送模式中，生产企业租用批发、储运等企业的库房，作为存储商品的场所，并将其中的一部分改造成办公场所，设置自己的业务代表机构，并配置内部的信息处理系统。通过这种现场办公式的决策组织，生产企业在该区域的业务代表控制着信息处理和决策权，独自组织营销、配送业务活动。提供场所的物流业务经营企业，只是在生产企业这种派驻机构的指示下提供相应的仓储、运输、加工和配送服务，收取相对于全部物流利润的极小比率的服务费。开展这种模式配送的物流业务经营企业，对所承揽的配送业务缺乏全面的了解和掌握，无法组织合理高效的配送，在设备、人员上浪费比较大。因此，这是一种高消耗、低收益的配送模式。

3. 社会化中介型配送模式

在这种模式下，从事配送业务的企业，通过与上游客户（生产、加工企业）建立广泛的代理或买断关系，与下游客户（零售店铺）形成稳定的契约关系，再将生产、加工企业的商品或信息进行统一组合、处理后，按客户订单的要求，配送到店铺。这种模式的配送还表现为在用户间交流供应信息，从而起到调剂余缺、合理利用资源的作用。

4. 共同配送模式

这是一种配送经营企业间为实现整体的配送合理化，以互惠互利为原则，互相提供便利的配送服务的协作型配送模式。共同配送模式属于一种横向集约联合。按供货和送货形式又可分为共同集货型、共同送货型和共同集送型。共同集货型是指由几个物流配送部门组成的共同配送联合体的运输车辆，采用“捎脚”方式向各货主取货。共同送货型则是由共同配送中心从货主处分散集货，而采用“捎脚”方式向客户送货。共同集送型则兼有上述两种模式的优点，是一种较理想的配送模式。按共用化范围确定的模式，共同配送还可分为资源共同型和共同管理型。前者是指参加横向集约联合的企业组成共同配送中心，利用各加盟企业的有限资源（含人、财、物、时间和信息），使之得到充分利用。后者则是企业间在管理上各取所长、互通有无、优势互补，特别表现在人员使用和培训上。

（三）销售配送管理策略

销售配送管理策略主要有三方面的内容，即销售配货的作业方法、销售配送的车辆装配方法及销售配送的优化方法。

1. 销售配货的作业方法

配货是配送工作的第一步，也是物流配送极其重要的一环。配货作业有两种基本形式：

（1）分货方式，一般又称播种方法。分货方式是将所需配送的同一种货物，从配送中心集中搬运到发货场地，然后再根据各客户对该种货物的需求量进行再分配。这种方式适用于贸易集中移动且对同一种货物需求量较大的情况。

（2）拣选方法，一般又叫摘果方式。拣选方法使用分拣车在配送中心分别为每个客户拣选其所需货物，此方法的特点是配送中心的每种货物的位置是固定的，适用于货物类型多、数量少的情况。这种配货方法的优点是方便管理、易于实现现代化。

2. 销售配送的车辆装配方法

由于装配作业本身的特点，装配工作所需车辆一般为汽车，而配送的货物比较重、体积及包装形式各异，因此在装配货物时，既要考虑车辆的载重量，又要考虑车辆的容积，使车辆的载重量和容积都能有效利用，这样就可以节省运力、降低配送的费用。具体车辆的装配则要根据所配送货物的具体情况及车辆情况决定，主要是依据简单的计算公式来选择具体的装配方案。

3. 销售配送的优化方法

为了优化销售配送，企业一般要从各个层次、各个方面进行各项资源的优化配置与整合。具体来说，可以从以下几个方面实现销售配送的合理化：

（1）采用专业的设施设备和规范的操作程序；

（2）加强配送中心的加工功能；

（3）推行共同配送；

（4）搞好客情关系；

（5）采用即时配送制；

（6）采取协同配送的现代配送方式；

（7）培养销售配送人才。

七、销售物流组织与控制

一般来讲，销售物流的组织与控制包括销售物流组织构建、销售物流人员管理和销售物流综合绩效考评等内容。由于涉及这些内容的原理、方法与本书销售组织管理、销售员的招聘与选拔、销售员的培训、销售队伍的薪酬、销售队伍激励和销售员绩效考评相关原理、方法基本相似，在此不再做详细介绍。

课堂测试

如何进行销售物流组织与控制？

课堂延伸

终端拦截不是未来营销运作的普遍道路

舒蕾终端营销模式，从某种意义上看，已是一种历史。

作为战略及战术手段而言，它已经完成历史使命；作为一种运作方法而言，它给人最有价值的借鉴不是方法本身，而是方法背后舒蕾营销人的人格力量；而从想要成为一种“普遍道路”来看，市场的、时代的局限性都不支撑它成为通用模式。

这种局限性的核心是：终端已经变成各类厂家“扎堆促销”的场所，由于太多的品牌、人员直接争夺顾客，妨碍或侵犯了消费者的自主选择权及国人将逛商场作为休闲行为的购物心理，“硬推销”已经达到了消费者的“容忍底线”，同时也在损害大卖场的生态环境。因此，现在的终端比舒蕾起家时代是有很大发展的，但所谓的终端拦截包括终端直供还不是具有竞争优势的营销策略，对于现在的企业来说，需要认真评估选择。

正如没有别的企业可以复制舒蕾模式的成功，舒蕾本身也无法或不能不假思索地走在舒蕾模式的道路上。

舒蕾的成功，与中国创业时代的大多数企业或品牌一样，是抓住市场的、渠道的、竞争者的缝隙实现对市场的快速切割，而想真正打造长命品牌，还是需要回归消费者价值：善待消费者，善待与品牌有关的一切。

训练营

训练任务——熟悉销售终端陈列方法

【任务目标】

在教师的指导下，通过查阅销售终端陈列方法资料、现场观察某品牌商品销售终端陈列，完成以下任务。

(1) 向全班同学陈述本组同学所选商品的品类与品牌。

(2) 收集所选商品的销售终端陈列方法资料。

(3) 选择一家超市或商场，对所选品牌商品的销售终端陈列观察拍照，指出所选商品销售终端陈列的优缺点，并进行改进设计。

【任务内容】

学生自己组队，每组5～8人，并选出1位担任组长。

【任务要求】

(1) 每组选择某一品牌的某一品类商品，搜集其销售终端陈列方法的资料。

(2) 选择一家商场或超市，观察所选商品销售终端陈列并进行拍照，根据搜集的资料指出所选商品销售终端陈列的优缺点，提出改进方案。

(3) 完成实训报告，并设计PPT演示文稿。

(4) 活动结束后，各组要认真总结招聘情况，要求每组选出一名代表在课堂上叙述活动过程。

(5) 准备时间为10分钟。

【任务组织】

销售终端陈列方法训练任务组织表如表5-3所示。

表5-3　销售终端陈列方法训练任务组织表

活动项目	具体实施	时间	备注
销售终端陈列方法训练	(1) 假设全班有48人，将学生分成8个小组，每个小组建立一个模拟公司。每个公司6个人。 (2) 每组同学向全班同学陈述本组同学所选商品的品类与品牌。 (3) 8个公司同时选择某一品牌的某一品类商品，搜集其销售终端陈列方法的资料然后分别汇报结果。 (4) 组织学生讨论在收集所选商品的销售终端陈列方法资料中遇到的问题。	30分钟	教室中桌椅灵活可动、分组资料(公司名称、人员安排)

【任务评价】

销售终端陈列方法表演情况效果任务评价表如表5-4所示。

表 5-4　销售终端陈列方法表演情况效果任务评价表

评价指标	评价标准	分值	评估成绩	所占比例
销售终端陈列方法表演情况效果	1. 选择一家超市或商场，对所选品牌商品的销售终端陈列观察拍照，指出所选商品销售终端陈列的优缺点，并进行改进设计	20		70%
	2. 能灵活运用销售终端陈列的方法	20		
	3. 能解决在所选品牌商品的销售终端陈列观察拍照，指出在所选商品销售终端陈列的优缺点中遇到的问题	20		
	4. 遵守活动时间	10		
	5. 表演真实	10		
	6. 效果明显	10		
	7. 活动评估	10		
教学过程	出勤、态度热情	100		30%
小组综合得分				

任务三　客户关系管理

故事导入

王永庆卖米

从前有个小孩，15岁小学毕业后就到了一家米店做学徒。他发现由于当时大米加工技术落后，所有米店出售的大米无一不掺杂着砂砾、米糠等杂物，而且买卖双方对此都习以为常了。后来他用父亲借来的200元作为本钱自己开了家很小的米店。他在每次卖米前都会把米中的杂物拣干净。事实证明，顾客们都非常认可他的这一做法，而他的米店也因此获益颇丰。

再后来，当那些大的米店学习他的做法跟他竞争时，他又有了一个新主意。顾客每次在他店里买了米，他都坚持送货上门。而在上门送货的过程中，他喜欢和主人聊天，诸如客户家里有多少人，每个月平均吃多少米，客户每月什么时候发薪等，看起来是鸡毛蒜皮的事，却统统都是他所关心的问题。他把这些问题的答案都记录在一个小本子上。不偏不倚，下次客户家里的米差不多快要吃完的时候，他就带着物美价廉的大米主动送到客户家中。如果客户家里的米缸还有一些米，他就将旧米倒出来，将米缸刷干净，把他带来的新米倒进去，最后再把客户家里的旧米倒进米缸。

他的这些贴心的举动使不少客户深受感动，大家都非常愿意买他的大米。这一次，那些大的米店就再也学不会他的生财之道了，自然他也就赚得盆满钵满了。他就是著名企业家、台塑集团创始人王永庆先生。

教师启发：这则案例给老师的启发有以下四点：第一，作为销售者需要勇于创新经营理念。第二，真正的销售者会为自己的客户着想，让客户感受到销售者真诚的服务。第三，销售者更要勤于思考，从服务客户当中寻求商机。第四，从服务客户中去创造有用的价值，只有不断创新，企业才会越做越大。

课前提问：你知道哪些客户关系管理策略？如何运用呢？

相关知识点

一、客户关系管理概述

客户关系管理（Customer Relationship Management，CRM）是一种以“客户关系一对一理论”为基础，旨在改善企业与客户之间关系的新型管理机制。

“客户关系一对一理论”认为，每个客户的需求是不同的，只有尽可能地满足每个客户的特殊需求，企业才能提高竞争力。每个客户对企业的价值也是不同的，通过满足每个客户的特殊需求，特别是满足重要客户的特殊需求，企业才可以与每个客户建立起长期稳定的客户关系，从而使企业获得更多利润。

经过多年发展，客户关系管理不断完善并趋向成熟，现在已经形成了一套完整的管理理论体系。客户关系管理系统正是集合了这些管理思想和信息技术成果的一种软件系统。在当今竞争激烈的商业环境中，越来越多的商家开始通过实施客户关系管理来赢得更多客户并且提高客户的忠诚度。

客户关系管理（CRM）、企业资源规划（ERP）同供应链管理（SCM）一起，已成为现代企业提高竞争力的三大法宝。据 Aberdeen Group 调查表明，西方国家中有 93%的公司 CEO 认为：客户关系管理是企业成功和更具有竞争力的重要因素，因此有人把“客户资源”作为 21 世纪极宝贵的资源。

二、客户关系管理系统

CRM 系统是集合了客户关系管理理论和信息技术成果的一种软件系统。下面对 CRM 软件系统做一些简单的介绍。

（一）CRM 软件系统的一般模型

CRM 软件系统的一般模型如图 5－7 所示。

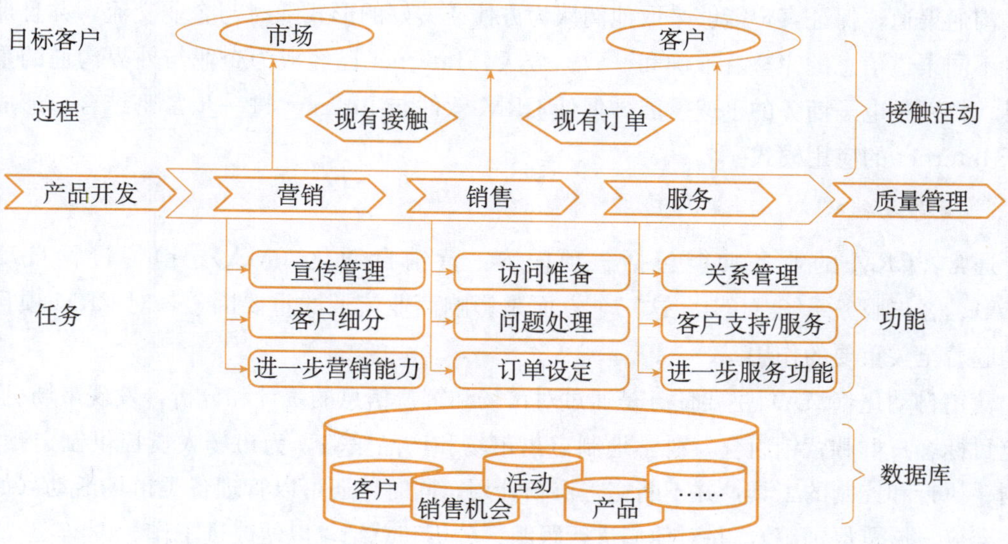

图 5－7　CRM 软件系统的一般模型

这一模型阐明了目标客户、主要过程以及功能之间的相互关系。CRM 的主要过程由市场、销售和服务构成。首先，在市场营销过程中，通过对客户和市场的细分，确定目标客户群，制定营销战略和营销计划。而销售的任务是执行销售计划，包括发现潜在客户、信息沟通、推销产品和服务、收集信息等，目标是形成销售订单，实现销售额。在客户购买了企业提供的产品和服务之后，还需要对客户提供进一步的服务与支持。产品开发和质量管理过程分别处于 CRM 过程的两端，为 CRM 的顺利实施提供必要的支持。

CRM 改变了企业前台业务运作方式，各部门间信息共享、密切合作。位于模型中央的共享数据库作为所有 CRM 过程的转换接口，可以全方位地提供客户和市场信息。这个共享数据库也被称为所有重要信息的"闭环"。CRM 系统不仅要使相关流程实现优化和自动化，而且必须在各流程中建立统一的规则，以保证所有活动在完全相同的理解下进行。这一全方位的视角和"闭环"形成了一个关于客户以及企业组织本身的一体化蓝图，其透明性更有利于与客户之间的有效沟通。这一模型直接指出了面向客户的目标，可作为构建 CRM 系统核心功能的指导。

（二）CRM 软件系统的组成

根据 CRM 系统的一般模型，可以将 CRM 软件系统划分为接触活动、业务功能及数据库三个组成部分。

1. 接触活动

CRM 软件应当能使客户以各种方式与企业接触，典型的方式有呼叫中心、面对面沟通、传真、移动销售、电子邮件及其他营销渠道，如金融中介或经纪人等。企业必须协调这些沟通渠道，保证客户能够采取他们认为方便或偏好的形式随时与企业交流，并且保证来自不同渠道信息的完整、准确和一致。今天，Internet 已经成为企业与外界沟通的重要工具，特别是电子商务的迅速发展，促使 CRM 软件与 Internet 进一步紧密结合，形成了基于 Internet 的应用模式。

2. 业务功能

通常，CRM 的业务功能包括三项内容：营销自动化（MA）、销售过程自动化（SFA）、客户服务系统（CS）。这三个方面是影响商业流通的重要因素，对 CRM 项目的成功起着至关重要的作用。

营销自动化（MA）主要任务是通过对市场和客户信息的统计和分析，发现市场机会，确定目标客户群和营销组合，科学地制定出市场和产品策略，为市场人员提供制定预算、计划、执行和控制的工具，并不断完善市场计划。同时，还可以管理各类市场活动（如广告、会议、展览促销等），并对他们进行跟踪、分析和总结，以便改进工作。

销售过程自动化（SFA）使销售员通过各种销售工具（如电话销售、移动销售、远程销售、电子商务等）方便及时地获得有关生产、库存、定价和订单处理的信息。所有与销售有关的信息都存储在共享数据库中，销售员可随时补充或及时获取，实现销售功能的自动化，包括订单管理、销售日志、客户管理、佣金管理、商业机会和渠道管理、销售预测与建议、定价、区域划分和费用报告等。另外，借助信息技术的帮助，销售部门还能自动跟踪多个复杂的销售线路，提高工作效率。

客户服务系统（CS）具有两大功能，即服务和支持。一方面，通过计算机电话集成技术（CTI）支持的呼叫中心，为客户提供每周 7 天、每天 24 小时不间断服务，并将客户的各种信息存入共享的数据库以及时满足客户需求。另一方面，技术人员对客户的使用情况进行跟踪，为客户提供个性化服务，并且对服务合同进行管理。

3. 数据库

客户信息数据库管理系统是 CRM 系统的重要组成部分，是企业前台各部门进行各种业务活动的基础。从某种角度来说，它甚至比各种业务功能更重要。其重要作用体现在以下几点：（1）帮助企业根据客户生命周期价值来区分各类现有客户；（2）帮助企业准确地找到目标客户群；（3）帮助企业在最合适的时机以最合适的产品满足客户需求、降低成本、提高效率；（4）帮助企业结合最新信息和结果制定出新策略，塑造客户忠诚。运用数据库这一强大的工具，可以与客户进行高效的、可衡量的、双向的沟通，真正体现了以客户为导向的管理思想；可以与客户维持长久的，甚至是终身的关系来保持和提升企业短期和长期的利润。

一个高质量的数据库包含的数据应当能全面、准确、详尽和及时地反映客户、市场及销售信息。数据可以按照市场、销售和服务部门的不同用途分成三类：客户数据、销售数据、服务数据。客户数据包括客户的基本信息、联系人信息、相关业务信息、客户分类信息等，它不但包括现有客户信息，还包括潜在客户、合作伙伴、代理商的信息等。销售数据主要包括销售过程中相关业务的跟踪情况，如与客户的所有联系活动、客户询价和相应报价、每笔业务的竞争对手以及销售订单的有关信息等。服务数据则包括客户投诉信息、服务合同信息、售后服务情况以及解决方案的知识库等。这些数据可放在同一个数据库中，实现信息共享，以提高企业前台业务的运作效率和工作质量。目前，飞速发展的数据仓库技术（如 OLAP、数据挖掘等）能按照企业管理的需要对数据源进行再加工，为企业提供了强大的分析数据的工具和手段。

三、客户关系管理的实施

CRM 系统的实施一般包含以下几个步骤。

（1）明确业务计划。首先，企业要清楚地了解自身对 CRM 系统的需求，以及系统将如何影响自己的商业活动。组织有关人员，尤其是各业务部门前端与客户接触的员工参与，明确本部门的工作流程和该流程对于 CRM 系统的需求。最后整合归纳所有部门的需求，制定出一份企业级别的业务需求计划。

（2）建立 CRM 项目团队。为保证项目顺利进行，企业应该选派各个部门的优秀员工代表参与 CRM 的开发。

（3）分析客户需求、开展信息系统的初建。项目团队应该在深入了解客户需求和与企业接触点的基础上，做好客户信息的收集工作和信息系统的初建工作。

（4）分析销售、服务过程，重构企业客户服务体系。企业可以借助 CRM 系统开发的机会，在充分满足客户需求的基础上，对原有的业务流程进行分析、评估和重构，改善企业的客户管理体系。

（5）选择合适的方案进行开发。企业需要对供应商提供的方案和自己的需求进行深入的比较，确保软件供应商对企业的需求有充分的理解。另外，由于 CRM 系统的开发需要很大的人力、财力、物力的投入，在开发初期，企业也可以选择当前最需要的功能进行开发，日后分阶段不断向其中增加新的功能，逐渐完善整个系统。

（6）组织培训，实现系统正常运转。在开发完成后，企业应针对系统方案，确定面向内部所有可能使用该系统的员工的培训计划。在培训中，要根据特定岗位员工的系统使用来进行针对性的训练。使所有相关人员尽快掌握和熟悉系统的各项功能和用法，尽快实现系统的正常运转。

（7）系统的评估和改进。在系统使用一段时间后，企业应该组织有关人员评估总结系统的运行情况。在实践运用的基础上与供应商一起对产生的问题进行不断改进，直至满足需求。

课堂测试

CRM 的业务功能包括哪两个方面？

课堂延伸

华为的客户关系管理

华为成立于1988年，从事通信产品的研究、开发、生产与销售，截至2008年已成长为年销售规模近2 400亿元的世界500强公司，其在客户管理上的做法很值得其他企业效仿。

20世纪末，华为就提出：华为的追求是实现客户的梦想。华为公司创始人任正非认为，为客户服务是华为存在的唯一理由。从企业活下去的根本来看，企业要有利润，但利润只能从客户那里来。客户决定着企业的生死存亡，所以企业必须为客户做好服务。

在大多数运营商的客户管理系统中，往往只储存了大客户的数据，很少有对普通客户进行系统管理。普通客户对企业的利润贡献没有大客户那么突出，但这并不意味着所有的普通客户都没有管理价值。事实上，普通客户的数量往往是大客户的数倍之多，如果能够有效收集这些数据并加以分析利用，普通客户也有着巨大的利润潜力。华为认为，哪怕是再小的客户，也不能轻易放弃。例如：从不接受媒体采访的任正非会亲自去见一个很小的客户。华为在俄罗斯取得的第一笔订单仅为12美元，但华为并没有就此放弃，而是继续一个个地拜访电信运营商，最终俄罗斯成为华为在海外最大的市场。

从大客户到一般客户，华为的客户关系营销做得非常成功，一般企业要想抢走华为的客户是非常困难的。这并不是因为华为有多强大的背景，而是华为的销售员把客户关系做得太扎实了。华为的销售员在推销自己产品的过程中，都是从下到上，层层贴近客户，与每一个有参与权的客户都搞好关系。例如：2000年邮政与电信分家的时候，电信设备采购权随之改变。华为一如既往地和各地的县局保持良好的关系。事实证明，正是各级县局给市局提供的意见，使得华为继续获得了大批的订单。

在中国，华为在30多个省、区、市和300多个地级市都建有公司的服务机构，借此可以了解到客户的需求，可以快速做出反应，同时也可以听到客户对设备使用等各个方面的一些具体的意见。现在，华为在全球90多个国家和地区建有这种机构。整天与客户在一起，能够知道客户需要什么，以及在设备使用过程中有什么问题，都能及时反馈给总部。

另外，华为还建立基于客户需求导向的、高绩效的企业文化。多年来，华为不断强化“为客户服务是华为生存的唯一理由”，并通过强化以责任结果为导向的价值评价体系和良好的激励机制，使得所有的目标都以客户需求为导向，通过一系列的流程化的组织结构和规范化的操作规程来保证满足客户需求。

资料来源：林星光．华为的客户关系管理[J]．企业改革与管理，2008（12）．

训练营

训练任务——掌握客户关系管理

【任务目标】

帮助学生掌握客户关系管理的实施运用。

【任务内容】

（1）每个小组围成一圈。

（2）通过搜集和阅读企业客户管理方面的信息，了解客户管理的内容。

（3）锻炼收集和分析资料、归纳总结、个人表达等的能力。

【任务要求】

（1）由组长主持讨论。

（2）以小组为单位，通过书刊、网络、企业参访等途径，收集一家企业在客户管理方面的资料。

（3）通过团队合作，归纳总结企业在客户管理方面的好做法和不足之处。

（4）对企业不足之处提出改进方案。

（5）每组安排一名同学负责记录、汇总。

（6）活动结束后，要求每组选出一名代表在课堂上汇报各自的激励方法运用。

（7）准备时间为10分钟。

【任务组织】

客户关系管理运用训练任务组织表如表5-5所示。

表5-5　客户关系管理运用训练任务组织表

活动项目	具体实施	时间	备注
客户关系管理训练	（1）假设全班有48人，将学生分成8个小组，每个小组建立一个模拟公司。每个公司6个人。 （2）小组分工协作，学习并讨论常见的客户关系管理方法。 （3）8个公司根据公司所处行业以及小组成员的特点，同时选择适合的客户关系管理方案。 （4）组织学生讨论客户关系管理方法运用过程中遇到的问题。	30分钟	教室中每组一桌六椅、分组资料（公司名称、人员安排）

【任务评价】

客户关系管理运用训练任务评价表如表5-6所示。

表5-6 客户关系管理运用训练任务评价表

评价指标	评价标准	分值	评估成绩	所占比例
客户关系管理表演情况效果	1. 熟悉客户关系管理概念，能应用客户关系管理系统，熟悉常见的客户关系管理方案，熟悉客户关系管理的实施方法	20		70%
	2. 能识别客户关系管理方法运用易犯错误	20		
	3. 能灵活运用客户关系管理的实施方法运用的应对策略	20		
	4. 遵守活动时间	10		
	5. 表演真实	10		
	6. 效果明显	10		
	7. 活动评估	10		
教学过程	出勤、态度热情	100		30%
小组综合得分				

任务四 客户投诉管理

故事导入

中银理财贵宾卡客户投诉

某日上午，记者到中国银行开封分行采访，正和该行个人金融部副经理冉付刚交谈时，从外面进来一位精神矍铄的老先生。一进到格子间，老先生就微笑着对冉付刚说："冉经理，我又来买理财产品了，顺便来看看你。"冉付刚热情地迎上前去……

送走这位老先生后，冉付刚跟记者讲述了他们交往的故事。老先生姓金，今年已70多岁了，是我市某事业单位的一位退休专家。2月下旬，金先生从网上获知这样一条信息：中银理财贵宾卡客户，在全国中行系统内异地存取现金、转账免手续费。因为他经常外出讲学，在外地存取现金比较频繁，就拿了10万元到中国银行开封分行的一个营业网点，想办理一张中银理财贵宾卡。但该卡办理的起点条件是，个人在中国银行月均必须有20万元的金融业务，如存款、基金、保险、理财产品、国债等，所以工作人员给金先生解释说他当天办不了，也拿不到中银理财贵宾卡。金先生因为过几天要出差，非常着急，就拨打了中国银行的全国投诉电话。

冉付刚接到中国银行河南分行转来的金先生的“投诉”信息后，主动和金先生取得了联系。第二天上午，金先生如约来到中国银行开封分行，冉付刚就中银理财贵宾卡的办理流程及要求，耐心、细致地给金先生做了解释。金先生当即表示，他下午就把在别的银行的存款取出来存到中国银行，赶紧办理一张中银理财贵宾卡。当天下午，冉付刚还专门抽出时间，精心为金先生的20万元现金，选择了一款收益比较好的理财产品。同时，金先生也如愿以偿地拿到了属于自己的那张中银理财贵宾卡。

冉付刚说，从那以后，金先生每逢来中国银行都要到他这里打个招呼，咨询些理财方面的知识，他们已经成了朋友。

教师启发：处理客户投诉是有技巧的，是销售管理过程中非常重要的环节，必须加以重视。

课前提问：你在遇到客户投诉时会怎样做呢？

相关知识点

一、客户投诉管理的意义

客户投诉管理具有以下几方面的意义。

第一，可以提高企业员工的品质意识和服务意识。

第二，可以提高设计和生产技术。

第三，发现潜在需求，开发新产品和服务。

第四，可以消除客户不满，培养忠诚客户，优化企业形象。

二、客户投诉的内容

客户投诉可能包括产品和服务等很多方面，主要归纳为以下几点：

（1）质量投诉。主要包括产品在质量上有缺陷、产品规格不符、产品技术规格超出允许误差、产品故障等。

（2）购销合同投诉。主要包括产品数量、等级、规格、交货时间、交货地点、结算方式、交易条件等与原购销合同规定不符。

（3）货物运输投诉。主要包括货物在运输途中发生损坏、丢失和变质，或因包装、装卸不当造成的损失等。

（4）服务投诉。主要包括对企业各类人员的服务质量、服务态度、服务方式、服务技巧等提出的批评与抱怨。

三、处理客户投诉的原则

处理客户投诉应该遵循以下原则：

（1）有章可循。要有专门的制度和人员来管理客户投诉问题。另外，要做好各种预防工作，将客户投诉消灭在萌芽状态。为此，需要不断提高全体员工的素质和业务能力，树立全心全意为客户服务的思想，加强企业内外部的信息交流。

（2）及时处理。对于客户投诉，各部门应通力合作，迅速做出反应，争取在最短的时间内全面解决问题，给客户一个满意的答复。否则，拖延或推卸责任，会进一步激怒投诉者，使事情进一步复杂化。

（3）分清责任。不仅要分清造成客户投诉的责任部门和责任人，而且需要明确处理投诉的各部门、各类人员的具体责任与权限，以及客户投诉得不到及时圆满解决的原因。

（4）留档分析。对每一起客户投诉及其处理都要进行详细的记录，包括投诉内容、处理过程、处理结果、客户满意度等。通过记录吸取教训、总结经验，为以后更好地处理客户投诉提供参考。

四、有效处理客户投诉的要点

（1）建立健全各种规章制度。要建立客户投诉处理制度，配置专门的部门和人员来管理客户投诉。另外，要做好各种预防工作，防患于未然。企业需要不断地提高全体员工的素质和业务能力，树立全心全意为客户服务的思想，加强企业内外部的信息交流。

要设计诸如客户投诉登记表、客户投诉调查表、客户投诉处理表、客户投诉处理通知书、客户投诉统计表等进一步规范客户投诉处理工作。

（2）对客户投诉持欢迎态度。要以正确的态度对待客户投诉。一方面，客户投诉说明客户在关注企业；另一方面，客户投诉能够反映实际不足，有则改之，无则加勉。企业常常认识不到自身的不足与问题，如果没有顾客的投诉或抱怨，就难以有效地完善其经营管理。所以对客户投诉要持欢迎态度，以增强客户对企业的信心。

（3）一旦出现客户投诉，迅速处理。出现客户投诉，各部门应通力合作，迅速做出反应，力争在最短的时间内全面解决问题，给客户一个圆满的答复。拖延或推卸责任会进一步激怒投诉者，使事情复杂化。

（4）分清责任，确保问题的妥善解决。不仅要分清造成客户投诉的责任部门和责任人，而且需要明确处理客户投诉的各部门、各类人员的具体责任与权限，以及客户投诉得不到及时圆满解决的责任。

（5）详细记录。对每一起客户投诉及其处理，都要做包括投诉内容、处理过程、处理结果、客户满意程度等方面详细的记录。通过记录为以后更好地处理客户投诉提供参考，为企业改进工作提供依据。

（6）加强后续服务，恢复客户信心。为了恢复企业的信用与名誉，除了赔偿客户精神上和物质上的损害之外，更要加强对客户的后续服务，使客户恢复原有的信心。

五、客户投诉处理流程

客户投诉处理流程如图 5-8 所示。

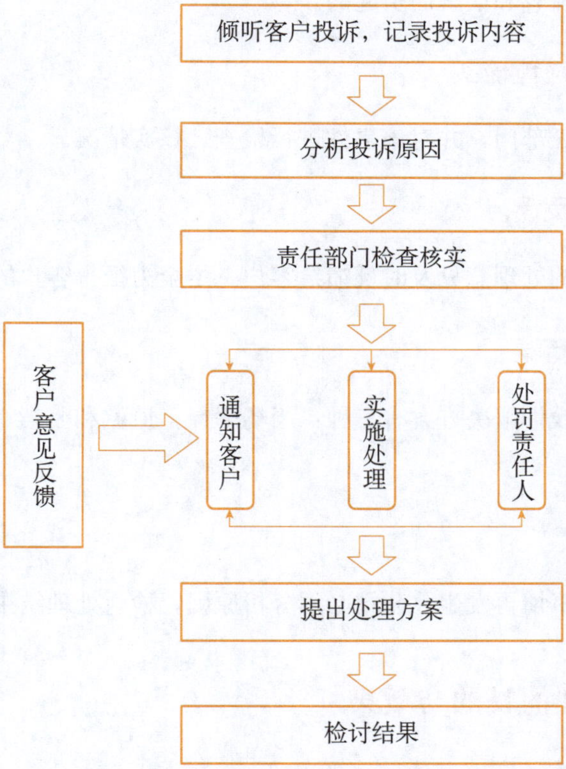

图 5-8　客户投诉处理流程

（一）倾听客户投诉，记录投诉内容

以诚心诚意的态度倾听客户投诉，不可以和客户争论。为了处理上的方便，听的时候一定要做记录。

变更“人员、地点、时间”来倾听，可使投诉者恢复冷静，也不会使投诉更加扩大，这种方法称为“三变法”。首先是变更应对的人，变更的对象若不是主管或上司，是很难有效果的。其次是变更场所，对于容易感情用事的客户而言，变换场所较能让客户恢复冷静。最后应注意不要马上回答，尤其客户所投诉的是个难题时，要以“时间”换取冲突冷却的机会。可以告诉对方：“待我回去好好把原因和内容调查清楚后，一定会以负责的态度处理的。”

（二）分析投诉原因

倾听客户的投诉后，必须冷静分析事情发生的原因。投诉的原因一般可以分为以下三类：

（1）商品本身的缺陷。这种情形虽然责任不在销售员，但销售员也不能因此避而不见。

（2）销售员的工作失误。销售员的说明不够、没履行约定、态度不诚实等所引起的，尤其是不履行约定和态度不诚实所引起的投诉，很容易扭曲公司的形象。

（3）由客户本身疏忽和误解而引起的。

（三）责任部门检查核实

明确投诉事件责任部门，并对该事件进行检查，核实情况。

（四）客户意见反馈。

将部门讨论出来的处理意见及时反馈给客户，尽全力征得客户的谅解。

（五）提出处理方案

比较常用的客户投诉解决方案有三种：当场解释、道歉和赔偿、移交其他部门进行进一步处理。

（六）检讨结果

为了避免同样的事情再发生，公司必须分析原因，检讨处理结果并吸取教训。

六、客户投诉处理的目的与效果

（一）客户投诉处理的目的

客户投诉处理的最终目的是要取得客户的满意，与此同时还要考虑到获取收益。因此，客户投诉处理要达到以下四个目的：

1. 消除客户的不满、恢复信誉

从保护、重视消费者的立场来看，客户投诉处理是事关企业生死存亡的大事。因此，处理投诉时最基本的目的就是要消除客户的不满、恢复信誉。企业理所当然地应该真诚、及时地对客户投诉进行处理。

2. 建立企业的品质保证体制

如何利用客户投诉来促进改革是一个企业很重要的能力。通过处理客户投诉，改进企业产品质量和服务水平，从而为客户提供更满意的产品和服务。

3. 收集客户信息

客户投诉是顾客对产品和服务最真实的检查结果，也是最可靠的市场调查结果。因此，企业要将客户的投诉收集起来，然后对它进行充分的分析，妥善地保存好结果并在生产及试验方法的改进方面加以利用。

4. 挖掘潜在的需求

挖掘市场的潜在需求也是处理客户投诉不可忽略的一大作用。投诉是客户不满意的一大信号。但是，在现实工作中，一般都把注意力集中到追究商品缺陷的发生责任上或对投诉的处理上，却忽略了客户的真正需求。由于客户投诉是与市场紧密相关的，因此在研发新商品时如果考虑到客户投诉的提示作用，那么新商品的开发成本就会比较低，销量也会比较好。

（二）客户投诉处理的效果

处理客户投诉对企业的经营究竟有什么作用呢？研究认为，正确处理好客户的投诉可以产生如下效果：

1. 扩大、提高企业的品质意识

一般的品质管理都是以公司内部标准为基准，而客户投诉的处理则是直接与顾客的需求相关的，所以它在实践意义上的品质管理的范围就更广泛，从而能提高品质管理的水准，能将企业的品质标准和客户的品质标准很好地结合起来。

2. 强化组织的活动

在解决客户投诉的时候，需要企业各方面的配合。在调查、分析原因及寻找对策的时候，必须依靠企业各部门的协助及整个组织的力量。这时便可越过各个部门之间的鸿沟，在讨论实际对策时进行真正的交流，这对公司的合作体制有一定的促进作用。

3. 降低成本

如果由投诉引起的损失赔偿要求不断增加，其补偿额往往也是很可观的。

课堂测试

客户投诉的内容包括哪些方面？

课堂延伸

餐饮顾客投诉处理经典案例

某酒店独创了一种特殊的代金券，叫作“感恩券”，每张面值48元，专门用来赠送给酒店提意见或建议的顾客，可以抵现金使用。此举的意义，用该酒店总裁的话说，就是“一切以顾客满意为原则，把投诉的顾客变成忠诚顾客”。培训员工时，该酒店总裁经常这样跟员工讲：“一定不要和顾客争辩谁对谁错，并非顾客全都是对的，但试图证明顾客对错，甚至说服客人的这个做法本身就是错误的。因为不管客人对错，只要他不高兴，他不来了，我们就等于失去了这位客人，这不是我们想要的结果。”该酒店要求，如果遇到客人投诉，总经理必须5分钟内到达现场。该酒店总裁说，客人选择到酒店来消费，不是冲某个人来的，而是冲这个品牌来的，因此，如果客人不满意，在场的服务员不论多优秀，都不能代表整个酒店的诚意，不能代表整个酒店对顾客的重视和尊重。遇到顾客不满意，一线服务员必须马上用对讲机上报总经理，总经理必须5分钟内到达现场处理，如总经理不在，就由副总经理出面。总之，要给客人最大的尊重。

1. 抱怨比投诉更重要

抱怨是隐患，是顾客对酒店提出的警示和提醒。只有重视抱怨，才可以避免投诉。很多酒店只有遇到投诉时才重视，相当于火灾已经发生了才去救火，实际上，真正的安全是应该将火灾的隐患一一清除掉，避免火灾的发生。因此，日常管理中一定要非常重视顾客的抱怨。在该酒店，顾客一句不经意的自言自语，很可能被服务员记录下来，当作“隐患”汇报；顾客和服务员一句简单的问答，也很可能因发现顾客的潜在不满或需求，被当作重要“线索”上报；一个常见的预订取消，该酒店的前台服务员也会巧妙地找出顾客取消的原因所在；一个眼神也会引来服务员的关注和问候。

2. 把抱怨的顾客当老师

该酒店曾经发动所有分店员工搜集“顾客抱怨”案例，每搜集一条奖励50元，然后逐条研究，对症下药，目的就是“在火灾前消除隐患”。该酒店总裁说：“服务行业，怕的不是顾客抱怨，而是顾客不满意了，一声不吭走了，再也不来了。顾客抱怨是帮助我们发现问题、找到问题，从这个意义上说，抱怨的顾客是我们的老师，帮助我们找出不足，再改进，我们应该心存感恩。当我们以感恩的心态面对给我们‘挑错’、向我们‘抱怨’的顾客时，所有的问题都会迎刃而解。”就是在这种理念下，该酒店独创了“感恩券”，只要客人有建议或者意见，作为感谢，服务员就会送上感恩券。

3.“泔水剩余量”上称量

顾客就餐完毕，厨房大姐收拾餐桌上的剩菜剩饭时，一幕很特别的景象引起同行极大兴趣：她们的小推车上不仅放着常规使用的倒放剩菜的干、湿桶，还放着一个小型电子秤。这个电子秤是用来干什么的呢？原来，该酒店有一条特别的规定，厨房大姐收拾餐桌剩菜时，哪些菜剩得多、哪些菜剩得少，凉菜、热菜、面食分别剩余多少克，都要有详细的记录。因此，厨房大姐每倒一碟剩菜，都要先过秤，然后逐个登记在“泔水剩余量统计表”中。其他餐厅酒店几乎都“干净利索”地把餐厨垃圾直接倒掉，该酒店却对泔水如此“小题大做”，这是为什么呢？

重视泔水剩余量，不仅是酒店节省成本的关键之一，而且也是更好把握顾客需求的重要途径。每餐把泔水剩余量统计出来，一来可以提醒厨房哪道菜受欢迎，哪道菜反映一般，可以让后厨及时调整思路；二来剩菜统计具体到热菜、凉菜、面点的剩余克数，通过数据分析，可以找出菜品搭配是否有问题，配置的菜品数量比例是否合适；三来通过剩菜分析从中找出顾客就餐规律，了解顾客的需求，更好地满足顾客。

训练营

训练任务——团队模拟客户投诉训练

【任务目标】

帮助学生掌握有效客户投诉处理的要点及客户索赔的处理方法。

【任务内容】

(1) 每个小组成立投诉小组。

(2) 小组成员分成两部分，一半同学作为公司客服，负责处理客户投诉问题，准备客户投诉问题的解决方案，布置会场；另一半同学作为其他小组的投诉者。

【任务要求】

(1) 每个小组需要布置会场。

(2) 每个小组需要准备若干问题解决方案。

(3) 教室需要桌椅可以灵活搬动，小组根据需要布置会场。

(4) 活动开始后，要求每组有同学负责会场秩序和拍照，摄影。

(5) 活动结束后，各组要认真总结会场情况，要求每组选出一名代表在课堂上叙述活动过程。

(6) 准备时间为 10 分钟。

【任务组织】

团队模拟客户投诉训练任务组织表如表 5-7 所示。

表 5-7 团队模拟客户投诉训练任务组织表

活动项目	具体实施	时间	备注
团队模拟客户投诉训练	(1) 假设全班有 48 人，将学生分成 8 个小组，每个小组建立一个模拟公司。每个公司 6 个人。 (2) 每组中 4 人作为公司客服，负责处理客户投诉问题，准备客户投诉问题的解决方案，布置会场；另外 4 位同学作为其他小组的投诉者。 (3) 8 个公司同时进行模拟客户投诉训练，然后分别汇报结果。 (4) 组织学生讨论活动过程中遇到的问题。	30 分钟	教室中桌椅灵活可动、分组资料（公司名称、人员安排）

【任务评价】

团队模拟客户投诉训练任务评价表如表 5-8 所示。

表 5-8　团队模拟客户投诉训练任务评价表

评价指标	评价标准	分值	评估成绩	所占比例
团队模拟客户投诉表演情况效果	1. 模拟处理客户投诉问题的技巧和流程	20		70%
	2. 能灵活运用处理客户投诉问题的方法	20		
	3. 能解决在处理客户投诉中遇到的问题	20		
	4. 遵守活动时间	10		
	5. 表演真实	10		
	6. 效果明显	10		
	7. 活动评估	10		
教学过程	出勤、态度热情	100		30%
小组综合得分				

超链接：赶鸭子上架行不通

项目小结

销售区域也称区域市场或销售辖区，它是指在一段给定的时间内，分配给一个销售员、一个销售分支机构或者一个分销商的一群现实及潜在顾客的总和。销售区域可以有地理界线，也可以没有地理界线。所谓窜货，就是由于经销网络中的各级代理商、分公司等受利益驱动，跨区销售所经营的产品的现象，窜货会导致市场价格混乱，造成假冒伪劣产品冲击市场，影响经销商对品牌的信心，也会让消费者对品牌丧失信心，严重威胁企业的正常经营。客户关系管理（CRM）是一种以“客户关系一对一理论”为基础，旨在改善企业与客户之间关系的新型管理机制。客户投诉可能包括产品和服务等很多方面，包括质量投诉、购销合同投诉、货物运输投诉等。

项目练习

一、单项选择题

1. 所谓（　　）是指销售员每天或每月按照一定区域内的路线，对客户加以巡回拜访，以便完成每天或每月所订的销售目标。

A. 销售路线　　B. 订单管理　　C. 发货管理　　D. 客户关系管理

2. 所谓（ ），就是从客户需求和企业自身的生产能力出发，制定供货计划，接受客户订单，并协调客户与内部各部门，尤其是生产部门和储运部门间的经营活动，以确保销售订单能够及时完成，同时也要处理好售后服务相关事宜。

A. 销售路线　　B. 订单管理　　C. 发货管理　　D. 客户关系管理

3. （ ）主要是对产品从企业到客户手中这一过程进行管理。产品能否按照订单要求及时准确地到达客户手中，将直接影响客户对企业的满意度和忠诚度。企业必须制定规范的发货管理流程，并对发货进行严格的管理。

A. 销售路线　　B. 订单管理　　C. 发货管理　　D. 客户关系管理

4. （ ）是一种以“客户关系一对一理论”为基础，旨在改善企业与客户之间关系的新型管理机制。

A. 销售路线　　B. 订单管理　　C. 发货管理　　D. 客户关系管理

5. （ ）主要包括产品在质量上有缺陷、产品规格不符、产品技术规格超出允许误差、产品故障等。

A. 质量投诉　　B. 订单管理　　C. 发货管理　　D. 客户关系管理

二、简答题

1. 销售路线的设计步骤是怎样的？
2. 销售路线的设计要求有哪些？
3. 发货管理包括哪些内容？
4. CRM 软件系统有哪几个组成部分？
5. 客户投诉管理具有哪些意义？

三、案例分析题

B 品牌终端销售员管理技巧

B 品牌电话机大部分销售额利润来源于其品牌高档机型，我们去看一看该公司销售员是怎样销售的吧。

推销高档机的前提就是兴趣。俗话说：“兴趣就是最好的老师。”自己比较喜欢哪些机型，就很想把它介绍给顾客，这样介绍起来也比较得心应手，也很容易感染顾客。

第一，先主动热情地跟顾客打招呼。从询问入手，拉近和顾客的距离，从而了解顾客的需求，把最适合他又能满足他某些潜在需求的型号介绍给他。

第二，主动拿起机器给顾客介绍。好处有：引起顾客的注意力，让他不能再去与其他机型做比较；让顾客有被尊重的感觉。鼓励顾客亲手摸机器，调动起顾客的主人翁态度。

第三，多讲些赞美顾客的话。人都有虚荣心，没有人不喜被赞美，把顾客的虚荣心调动起来，推销高档机型时顾客就比较容易接受了。例如：一看您就是那种很讲究的人，以您的品位，××型号最适合您了！

第四，树立安全感，充满自信。不要一直说自己的产品如何好，操纵顾客快些买你的机器，这样很容易使顾客产生反感或者戒备心理，反而达不到你的预期效果。要学会在沟通时转变自己的角色，站在顾客的立场上帮他选购最适合他的产品。只有让他感受到你是在帮助他，他才会信任你。

第五，转移顾客的注意力。可以把顾客从其他品牌转移到B品牌上面来；从价格转移到功能、卖点上面来。具体做法：(1) 主动上前招呼顾客，大方、自然地告诉他B品牌也有78元的电话机，比较实用，吸引顾客去看B品牌的产品。(2) 强调卖点，鼓励顾客试机，回避价格，让机器本身先打动他，最后成交时，价格也不会有太大的问题。

第六，直接成交法。根据准确的判断，打过招呼后，就拿新机器给他试机。顾客如果一时还没有确定要不要购买，就坦诚微笑着告诉他："先感受一下，买不买没有关系。"出于面子和你的热情，一般顾客不会拒绝。

第七，学会对消费者进行区分，对于不同类型的消费者进行不同侧重点的推销。从年龄、性别、衣着打扮上区分，成交概率高。

第八，激将法。前提是因人而论，把握尺度，只针对某些顾客使用，也能起到成功推销高档机的效果。

第九，从最具影响力的顾客入手，逐一说服。适合于一家人购买或者是有几位朋友陪伴购买时，迅速判断出重要人物，先从他入手，重点说服。如果几个朋友一起时，不要忽视那些陪伴人员，有时他们的建议会在成交中起很大的作用。再者朋友不掏钱，从高档机入手，鼓励他的陪同人员给建议，那么购买的顾客也会听从朋友和你的建议。

第十，抓住顾客的从众心理。如成交，顾客正在试机，此时又有顾客注意到B品牌产品，就大胆鼓励那些有意购买的顾客："也给您拿一台试试吧，这款机型现在销售得最好，这不，人家也刚拿了一台。"既节约时间，又能提高成交概率。

第十一，善于记住你的每一位顾客。当他下次再光临时，一定要主动、热情地打招呼，让顾客感到自己很受重视，同时他也会对你增加一分好感。同时你向他推荐的机型，他也会容易接受或者说不好不接受，说不定也会建立一种长期的关系。

请问：根据案例中B品牌终端销售员管理技巧，你认为除文中提到的技巧以外，还有其他技巧吗？

项目六　销售竞争管理

项目简介

本项目主要涉及的知识点有销售竞争产生的原因，当代销售竞争的特点，市场领导者策略，市场挑战者策略，市场追随者策略，市场补缺者策略，核心竞争力，销售核心竞争力，销售道德伦理的本质，销售道德伦理的必然性，销售道德伦理的影响因素。通过本项目的学习，能够根据实际情况，制定价格竞争策略，能够运用销售核心竞争力指标体系，能够运用提高销售核心竞争力的方法，能够运用步骤和方法分析竞争者。

学习目标

知识目标

1. 理解销售竞争产生的原因
2. 了解当代销售竞争的特点
3. 熟知市场领导者、挑战者、追随者和补缺者策略
4. 理解核心竞争力和销售核心竞争力
5. 掌握销售道德伦理的本质、必然性和影响因素

能力目标

1. 能够根据实际情况，制定价格竞争策略
2. 能够运用销售核心竞争力指标体系
3. 能够运用提高销售核心竞争力的方法
4. 能够运用步骤和方法分析竞争者

素养目标

1. 秉持社会主义核心价值观，严守销售道德
2. 兼具竞争思维和合作意识，互利共赢
3. 具备个人职业核心竞争力，提高自身职业水平

任务一 销售竞争特点

故事导入

伊利乳业之销售竞争

伊利股份于1996年上市，经过多年的发展已经成为中国规模最大、生产线最健全的乳品企业，是我国乳制品行业的绝对龙头。公司主营业务包括对液态奶、奶粉、冷饮等产品的一体化研产销，产品主要以国内市场销售为主。

伊利一直秉持重金投入研发的理念，只为支撑其一流的研发能力，公司累计投资共5亿元，建成占地1.6万平方米的研发创新中心，成为全国首个乳业科研成果转化孵化器、乳业科研成果落地加速器。

截至2020年年末，伊利累计获得专利3 109件，覆盖液态奶、奶粉、酸奶、冷饮、原奶等多个技术领域。2020年伊利股份研发费用达到4.87亿元，2015—2020年复合年均增长率约43.5%，与同行业其他公司拉开了很大差距（见图6-1）。

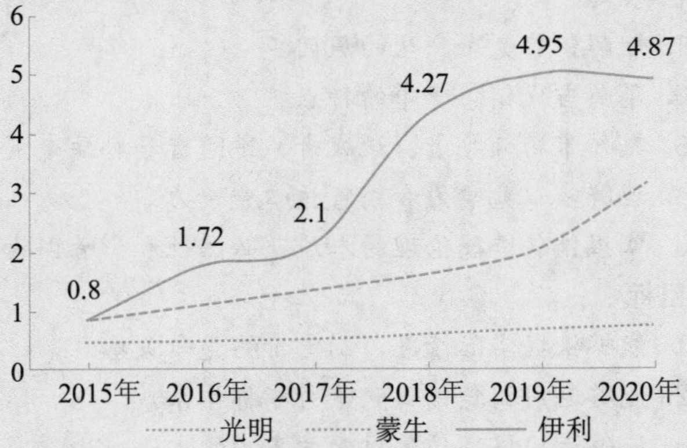

图6-1 我国乳制品行业前三大乳企研发费用对比（单位：亿元）

供给端原奶产量是乳制品企业发展的重中之重，伊利股份持续加码国内外奶源建设，收购规模牧场，为产品品质保驾护航。

公司在国内六大奶源带均有布局，拥有国内三大黄金奶源基地——锡林郭勒、呼伦贝尔、新疆天山。2020年6月，“伊利现代智慧健康谷”项目启动，打造全国最大奶牛育种基地，搭建起“奶源—牧场—农户”利益共同体，进一步加固奶牛储备、原奶供应壁垒。

2020 年，公司综合年产能高达 1 312 万吨，同比增长 10.72%，产量达 956 万吨，产能利用率约 73%，行业排名第一。

不管是充沛的奶源还是一流的研发能力，都彰显着公司管理层的正确决策，这也是伊利在营收远超同行业的同时营运能力也能远高于行业平均水平的原因（见图 6－2）。

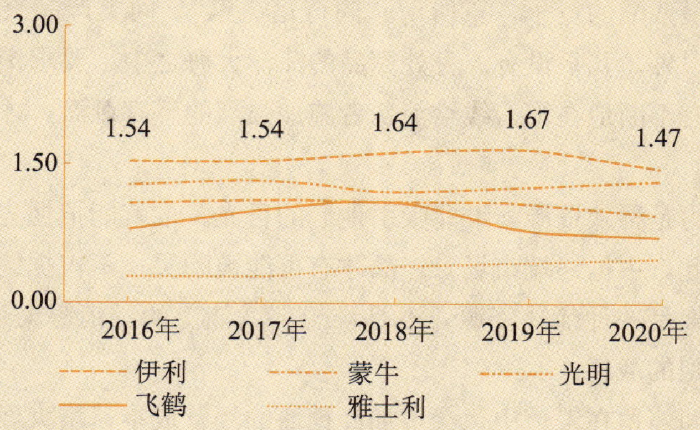

图 6－2　我国乳制品行业各大公司总资产周转率对比

教师启发：销售竞争在生活中无处不在，要学会利用销售竞争，提升销售管理能力。

课前提问：针对竞争对手的挑战，我方应该如何应对（采取什么样的市场营销组合策略）？

相关知识点

一、销售竞争产生的原因

随着市场竞争的加剧，企业的销售方式开始向立体化、系统化和网络化方向发展。其特点是：企业利用一切可以利用的资源，包含人力、财力、物力、技术、服务、产品、组织关系等因素来为企业的销售服务，销售已从原来的只注重中间商扩展到零售商，从注重供应环节转为关注产品流通的全过程。

例如：企业在为顾客提供服务时，服务的范围已扩展到顾客的顾客；在分销渠道上，企业加大了广告的力度，企业施加的影响不仅限于中间商，而且扩大到最终客户；在销售经营管理上，企业不仅对可控资源实行经营管理，而且还对客户等不可控资源也实行经营管理。

因此，企业的销售已经开始对终端实行经营管理，企业的竞争已由原来的产品与技术的竞争转向了市场销售的竞争。

二、当代销售竞争的特点

第一，促销行为从间接到直接，销售终端成为促销的重点。

同行业竞争是最残酷的竞争，正所谓“同行是冤家”。同类产品只有一个品牌是非常少见的，除投入期以外，几乎没有。身处商品的汪洋大海之中，要求消费者保持品牌的忠诚度绝非易事。只有不断地在第一线给消费者施加强烈的感官刺激，才能从众多品牌中脱颖而出。

消费者的注意力是稀缺资源，谁能吸引他们的目光，谁就能把握先机，这是“眼球经济”的新规则。因此，占据终端市场，产品才有可能被购买；不占据终端市场，产品就打不开销路。商场货架是一种稀缺资源，不是谁想上就能上的；销售渠道竞争日趋白热化，商场柜台成为最激烈的战场。

如果货物长时间停留在渠道中，会增加经销商的经营成本，增大经营危机，使经销商逐渐丧失对厂家的信任，甚至会做出有损厂家利益的举动。所以，做好销售终端，除了使货流畅通之外，还可以增强经销商的忠诚度与信任感。做终端实际上就是帮助经销商减负。企业控制住了终端市场，也就控制住了消费者与竞争品牌见面的机会，因此销售终端促销成为企业销售经营管理的重点任务。

第二，销售由原来的只重价格战到价格战与非价格战并重。

消费者要购买商品时，价值是其决定购买与否的判断标准。消费者并非只为购买商品，更要购买商品所具备的“效用”和“便利”。同时，对于“便利”所支付的代价，取决于消费者本身在购物时感到的需要程度和价值观。因此，卖方若想顺利将商品卖出去，须考虑到商品物体以外的“便利”功能。

企业商品的价格能否被接受，则须视消费者对该物品价值的认知程度而定。如果商品具备的价值被认为超过其售价，则必然畅销，甚至还能提高售价。反之，商品价值被认为低于其售价，则必然卖不出去，即使降价也未必能挽回颓势。因此，生产企业在实行价格战时更要注重“非价格竞争”。

第三，销售行为从内扩展到外，关系销售和战略联盟成为竞争的新形式。

在企业的销售历程中，为了赢得更大的市场份额，通常会出现各种竞争，在竞争中又必须寻求各种合作。产销联盟就是竞争与合作的综合体现。为了保证自己产品的销路，同类产品的制造商与制造商之间、批发商与批发商之间、零售商与零售商之间往往会实行上游或下游的联盟，以占领更大的市场份额。它们也同样会实行横向联盟，以抗衡行业中的非联盟企业。因此为了适应竞争，企业需要实行合作，合作的结果是出现了关系销售和战略联盟。

第四，企业销售竞争从单一手段到多元手段，整合销售成为时代潮流。

传统的销售竞争以价格战为主，而现今环境下的销售竞争集价格、质量、服务、渠道等于一体，形成整合销售优势。例如：企业在促销策略上，促销行为从间接到直接，终端促销和最终消费者促销成为重点；在服务上，提倡全程服务。如春兰集团提出的“大服务观”受到理论界、企业界和消费者的关注和肯定。其“大服务观”简而言之就是以消费者为中心，将服务贯穿到从产品设计到售后服务的每一个环节。

其具体内涵是：设计阶段不断满足消费者的现实需要和潜在需要；制造阶段出产一流的产品，不断实现厂家对消费者的质量承诺；经营管理阶段千方百计降低出产成本，让消费者买到物有所值、物超所值的产品；销售阶段保证消费者得到必需、及时、优质的服务；在客户经营管理上，提出了“锁定客户”的新策略等。

课堂测试

销售竞争特点有哪些？

课堂延伸

王老吉与加多宝之争

一、背景

1992年，广药王老吉公司的前身——羊城药业，利用传承了一百多年的凉茶配方生产出盒装王老吉和罐装王老吉凉茶，这种凉茶在华南市场上广受追捧。

1995年，羊城药业授权香港鸿道集团（加多宝母公司）在一定时间内生产经营红色罐装和红色瓶装王老吉，而羊城药业自己经营绿色盒装王老吉。

1996年，广药集团正式成立，王老吉商标等无形资产按有关规定划归广药集团持有。

2000年，广药集团授权香港鸿道集团使用“王老吉”商标，期限为10年，从2000年5月至2010年5月。根据合同，香港鸿道集团每年交给广药集团的商标使用费从450万元增加到506万元。

2002年至2003年间，香港鸿道集团又先后两次与广药集团签署补充协议，将“王老吉”商标的使用权分别延长至2013年和2020年。根据协议，到2010年，香港鸿道集团每年给广药集团的商标使用费仅为537万元。

2003年，“怕上火喝王老吉”的广告语火遍全国，王老吉凉茶销量大增。

二、第一次冲突：授权

2004年，香港鸿道集团的主席陈鸿道向广药集团副董事长李益民行贿300万港元事件被揭发，李益民和陈鸿道相继被捕。

2005年，李益民被判处无期徒刑，而陈鸿道则在被捕后弃保潜逃，至今未归案。

2007年，香港鸿道集团经营的红罐王老吉凉茶总销量突破50亿元，不仅超过了红牛，还超过了百事可乐、可口可乐。

2010年，广药集团认为“王老吉”商标是在行贿的背景下被“贱租”的，向香港鸿道集团发出律师函，申诉李益民签署的两个补充协议无效。

2011年5月，“王老吉”商标案立案。同年，香港鸿道集团经营的红罐王老吉，销售额全线超过可口可乐，达到160亿元；而广药集团的绿盒王老吉销售额不足20亿元。

2012年5月，在经历调解失败以后，经济贸易仲裁委员会裁定，广药集团与香港鸿道集团签订的两份补充协议无效，后者停止使用“王老吉”商标。同月，香港鸿道集团向法院申请撤销裁决，称加多宝非法利润达75亿元。

在一系列争议之后，香港鸿道集团被停止使用“王老吉”商标。然而第一次冲突的开始，却引发了接下来关于包装、广告、配方等更多事件的发酵。

三、第二次冲突：包装

2012年7月6日，广药集团与加多宝公司分别向法院提起诉讼，均主张享有“红罐王老吉凉茶”知名商品特有包装装潢的权益，并据此诉指对方生产销售的红罐凉茶商品的包装装潢构成侵权。广东省高级人民法院一审认为，“红罐王老吉凉茶”包装装潢的权益享有者应为广药集团，大健康公司经广药集团授权生产销售的红罐凉茶不构成侵权。由于加多宝公司不享有涉案包装装潢权益，故其生产销售的一面“王老吉”、一面“加多宝”和两面“加多宝”的红罐凉茶均构成侵权。一审法院遂判令加多宝公司停止侵权行为，刊登声明以消除影响，并赔偿广药集团经济损失1.5亿元及合理维权费用26万余元。

加多宝公司不服两案一审判决，向最高人民法院提起上诉。最高人民法院终审判决认为，本案中的知名商品为“红罐王老吉凉茶”，在红罐王老吉凉茶产品的罐体上包括“黄色王老吉文字、红色底色等色彩、图案及其排列组合等组成部分在内的整体内容”，为知名商品的特有包装装潢。

广药集团与加多宝公司均主张对“红罐王老吉凉茶”的特有包装装潢享有权益，具体而言，作为“王老吉”注册商标的权利人，广药集团认为，因“王老吉”商标是包装装潢不可分割的组成部分，并发挥了指示商品来源的显著识别作用，消费者当然会认为“红罐王老吉凉茶”来源于“王老吉”商标的权利人，而配方、口味并不会影响消费者对商品的识别和判断。

作为“红罐王老吉凉茶”曾经的实际经营者，加多宝公司认为，包装装潢权益与“王老吉”商标权的归属问题各自独立，互不影响。消费者喜爱的是由加多宝公司生产并选用特定配方的红罐王老吉凉茶，本案包装装潢由加多宝公司使用并与前述商品紧密结合，包装装潢的相关权益应归属于加多宝公司。

最高人民法院对此认为，结合“红罐王老吉凉茶”的历史发展过程、双方的合作背景、消费者的认知及公平原则的考量，广药集团及其前身、加多宝公司及其关联企业，均对涉案包装装潢权益的形成、发展和商誉建树发挥了积极的作用，将涉案包装装潢权益完全判归一方所有，均会导致显失公平的结果，并可能损及社会公众利益。因此，涉案知名商品特有包装装潢权益，在遵循诚实信用原则和尊重消费者认知并不损害他人合法权益的前提下，可由广药集团与加多宝公司共同享有。在此基础上，广药集团所称加多宝公司生产销售的红罐凉茶商品，以及加多宝公司所称大健康公司根据广药集团授权生产销售的红罐凉茶商品构成擅自使用他人知名商品特有包装装潢权益的主张，均不能成立，对广药集团及加多宝公司的诉讼请求均予以驳回。

四、第三次冲突：广告

2012 年，广药集团以加多宝“全国销量领先的红罐凉茶改名为加多宝”等广告语涉及虚假宣传行为，构成不正当竞争为由，向广州市中级人民法院提起诉讼。

2013 年，广州市中级人民法院一审宣判，认定“全国销量领先的红罐凉茶改名为加多宝”等是虚假广告。

2014 年，王老吉诉加多宝“加多宝凉茶连续 7 年荣获‘中国饮料第一罐’”“加多宝连续 7 年荣获‘中国饮料第一罐’”“加多宝凉茶荣获中国罐装饮料市场‘七连冠’”等广告宣传语涉嫌不正当竞争。

2014 年 12 月，北京市第三中级人民法院判定上述广告语侵犯了王老吉的正当利益，损害了公平平等的竞争秩序，构成了虚假宣传，判令加多宝停止侵权行为，在《南方日报》上连续七日刊登声明以消除影响，并赔偿王老吉 300 万元。同年，加多宝又因“怕上火喝加多宝”广告语涉嫌不正当竞争被王老吉告上法庭。

2015 年，广州市中级人民法院一审判定“怕上火”广告语专属王老吉品牌，加多宝须立即停止使用该广告语，并赔偿王老吉经济损失 500 万元。

关于广告宣传的案件，结果呈现一边倒的现象，都是广药王老吉获胜。

五、第四次冲突：配方

自 2013 年起，加多宝公司、王泽邦第五代玄孙王健仪先后以发表声明、召开发布会的方式，传递“我将独有家传秘方独家授给了加多宝集团”“从未传授王老吉秘方给广药集团”等信息。

2015 年，加多宝推出全新广告《传人篇》，热播于多家高收视率电视台。广告以曾经香港王老吉的法人王健仪为代言人，再次炒作王健仪的“传人”身份，以证明自己拥有正宗秘方。

在 2015 年，广州市中级人民法院做出一审判决：加多宝立即停止涉案虚假宣传及商业诋毁的侵权行为，并赔偿王老吉经济损失及合理维权费用 500 万元。同时，还需在《广州日报》及加多宝集团官网首页刊登声明并公开道歉。

这是王老吉和加多宝的案件中，唯一一次出现商业诋毁的认定。

六、新的冲突：商标

2014 年，广药集团向广东省高院提起诉讼，要求判令 6 家加多宝公司因侵害广药集团“王老吉”注册商标造成广药集团经济损失 10 亿元，后又将原 10 亿元赔偿金额变更为29亿元。随后6家加多宝公司向广东省高院提起反诉。

2018年，广东省高院“一审判决书”决定，判处加多宝集团相关6家公司自判决发生法律效力起十日内，赔偿广药集团相关经济损失及合理维权费用共计14.41亿元。宣判当日，加多宝不服，并立即向最高人民法院提起上诉。

2019年7月，最高人民法院裁定书认定：一审判决采信的证据在内容与形式上均存在重大缺陷，不能作为认定本案事实的依据。本案发回广东省高级人民法院重审。

七、最终结果：王老吉打赢官司

2019年8月16日，广药集团与加多宝分别发布公告，最高人民法院对二者之争已经有了判决结果：

(1) 判决加多宝立即停止使用“中国每卖10罐凉茶7罐加多宝”广告词、销毁印有“全国销量领先的红罐凉茶——加多宝”广告词的产品包装。

(2) 武汉加多宝饮料有限公司赔偿广州医药集团有限公司、广州医药集团子公司、广州王老吉大健康产业有限公司经济损失和合理费用共100万元。

加多宝在商标许可合同终止后，为保有在商标许可期间对红罐凉茶商誉提升所做出的贡献而享有的权益，将红罐凉茶改名为“加多宝”的基本事实向消费者告知，主观上并无明显不当；在客观上，加多宝使用“全国销量领先的红罐凉茶改名加多宝”“原来的红罐王老吉改名加多宝凉茶了”等广告语并不产生引人误解的效果，并未损害公平竞争的市场秩序和消费者合法权益，不构成虚假宣传。

但之后的一系列诉讼让大量消费者从王老吉“出走”，坚定地前往加多宝。最初的诉讼结束后，如果王老吉修改公关策略，后一种情况就不会发生。之后的一系列诉讼也意味着“紧逼”，但这一系列诉讼带来的市场效应被加多宝巧妙地化解，广告语言和包装也随之改变。然而，对于王老吉来说，消费者心目中的形象是无法修复的，引起了消费者的反感，甚至把一批消费者推向了加多宝。

训练营

训练任务——竞争产生原因和表现特点研讨

【任务目标】

帮助学生掌握销售竞争产生的原因和销售竞争的特点。

【任务内容】

(1) 每个小组成员寻找相关案例。

(2) 小组成员选择一个较好的案例进行汇报。

【任务要求】

(1) 每个小组准备好汇报内容。

（2）其他小组成员认真思考并提出异议。

（3）准备时间 10 分钟。

【任务组织】

竞争产生原因和表现特点研讨团队任务组织表如表 6-1 所示。

表 6-1 竞争产生原因和表现特点研讨团队任务组织表

活动项目	具体实施	时间	备注
竞争产生的原因和表现特点研讨	（1）假设全班有 48 人，将学生分成 8 个小组。 （2）每组成员共同寻找相关案例。 （3）小组成员选择较好的一个案例进行汇报。 （4）组织学生讨论过程中遇到的问题。	30 分钟	教室中桌椅灵活可动

【任务评价】

竞争产生原因和表现特点研讨团队任务评价表如表 6-2 所示。

表 6-2 竞争产生原因和表现特点研讨团队任务评价表

评价指标	评价标准	分值	评估成绩	所占比例
竞争产生原因和表现特点研讨汇报情况效果	1. 案例恰当	20		70%
	2. 能简要说出销售竞争的原因和特点	30		
	3. 能解决在其他小组的异议	20		
	4. 遵守活动时间	10		
	5. 效果明显	10		
	6. 活动评估	10		
教学过程	出勤、态度热情	100		30%
小组综合得分				

任务二 销售竞争策略

故事导入

大雪啤酒

大雪啤酒在发展中全力开辟农村“根据地”，实现“农村包围城市”。大雪的所在地普兰店处于辽宁省重要城市大连与鞍山之间，这里有广阔的辽南农村市场，而当时大连的两家啤酒企业还无暇北顾，这就给大雪实现自己的战略目标提供了机会。

“农村包围城市”的战略说到底就是总成本最低战略。农村市场的特点是有便宜的不要贵的，对价格高度敏感；但市场卖点分散，物流成本很高，要在这一市场获取利润，唯一的办法就是将成本压低再压低。大雪集团通过严格管理，不但做到了而且做得非常成功。

首先，大雪集团极力压低采购成本。大雪集团原辅材料的平均采购价格要比市场平均价格低10%以上，但愿意和大雪合作的供应商很多，大雪凭借一诺千金的信誉和优惠的付款条件获取价格谈判的主动权。

大雪集团前后经六次大型技术改造，已形成整体配套30万吨，其中糖化40万吨的生产能力。而固定资产仅3.5亿元，就是说每万吨啤酒投资仅千万元。仅此一项就比常规投资每吨啤酒降低固定成本百元以上。

大雪集团在早期的技术改造中采用了大罐氨直接冷却、麦汁一段冷却、变频技术等高效节能措施，为降低生产成本奠定了基础。

大雪集团还将增加效益指标分配到每一部门，成效显著。如技术部门通过优化原料配比、优选工艺取得了降低制造成本的明显成果。总经理王明瑞深谙大雪员工的特点，始终强调“以勤补拙”的管理思想，极大地提高了工作效率。大雪5个月就可完成6万吨糖化改造，神话般的速度不但节约了可观的资金成本，更重要的是降低了机会成本，赢得了介入市场的宝贵时间。

以最低的总成本做后盾，大雪集团有条件出手更优惠的价格参与竞争。目前大雪啤酒不但占领了大连北三市市场，对大连市内也进行了成功渗透，还北上营口、盘锦、鞍山、沈阳、赤峰、大庆，剑指之处所向披靡。市场占有率的提高又进一步降低了固定成本，使大雪实现了资本的良性循环。

教师启发：低成本战略是销售竞争策略中很重要的策略之一，可以帮助企业降低成本，从而获得竞争优势。

课前提问：竞争策略有哪些呢？

相关知识点

一、市场领导者策略

多数行业都有一家公司作为公认的市场领导者。这一公司在相关的产品市场上占有最大的市场份额，并在价格变动、新产品开发、分销覆盖和促销力度等方面均领导其他公司。

（一）开发整个市场

1. 寻找新的使用者

每一种产品都有吸引顾客的潜力，顾客不想购买它是因为有些人不知道这种产品，或者因为价格不当或缺乏某些特点。

2. 开发新用途

可以通过发现并推广产品的新用途来扩大市场。比如杜邦公司的尼龙。尼龙最早是作为降落伞的合成纤维，然后是用作女袜的纤维，后来又成为汽车轮胎、沙发椅套和地毯的原料。

3. 扩大使用量

这种策略是说服人们在每次使用产品时增加使用量。

（二）保有市场份额

居于领导地位的公司在扩大整个市场规模时，必须继续保护自己现有的业务，以防受到竞争对手的攻击。

（三）扩大市场份额

扩大市场份额的目的是大幅度提高而且持续地增加企业的市场占有率。因此，这个战略一般要求企业改变原有的竞争地位。例如：该战略会要求一个竞争能力差的企业成为一个具有中等竞争水平的企业，或使一个具有中等竞争水平的企业成为一个市场领先的企业。

二、市场挑战者策略

市场挑战者在所在行业中位居第二、第三或更靠后，可称为追赶公司。这些公司有两种策略可供选择，要么向市场领导者和其他竞争对手发起猛攻，以夺取更大的市场份额；要么小心谨慎，维持原状，以免自身难保。

（一）价格折扣策略

价格折扣策略是以较低的价格向顾客提供与市场领导者相似的产品。比如富士公司曾用这一策略向照相纸行业的领导者——柯达公司发起挑战，富士胶卷在质量上与柯达产品不相上下，价格却低 10%。价格折扣策略要想奏效，必须做到以下三条：

（1）挑战者必须使顾客信服自己的产品和服务水平与领导者不相上下。

（2）顾客必须被这种价格差异触动。

（3）市场领导者必须能不理会竞争者的进攻，拒绝实行降价报复。

（二）廉价产品策略

廉价产品策略是指用很低的价格向顾客提供质量普通或质量不高的产品或服务。这种策略只有在某细分市场内对价格关注的消费者占有相当的数量时才会有效。但要防止产品更便宜的公司的攻击。

（三）声望策略

声望策略是指市场挑战者可以开发出比市场领导者品质更优的产品，并且标定更高的价格。

（四）产品繁衍策略

产品繁衍策略是指可以通过推出大量不同式样的产品，向顾客提供更多的选择。

（五）产品革新策略

产品革新策略是指可以对产品进行革新，来攻击领导者的地位。

（六）改进服务策略

改进服务策略是指可以通过多种方式向顾客提供新的或更好的服务。

（七）分销革新策略

分销革新策略是指可以去发现或发掘新的分销渠道。比如雅芳公司曾通过挨家挨户推销的战术迅速发展成为一家大型化妆品公司。

（八）降低生产成本策略

降低生产成本策略是指可以通过提高采购效率、降低劳动成本、运用更先进的生产设备等手段，使自己的生产成本比竞争者更低。

（九）密集的广告促销策略

密集的广告促销策略是指通过实施大量的广告和促销来对市场领导者发起进攻。

三、市场追随者策略

（一）市场追随者

许多在行业中位于第二位的公司甘愿居于领导者之下，采取追随者的策略。市场追随者必须知道怎样维持现有的顾客，以及怎样去争取一定数量的新顾客。每个追随者都在力图给目标市场带来某些新的利益。市场追随者必须保持低廉的制造成本和优良的产品与服务质量。

（二）追随策略

(1) 寄生者。努力在各个细分市场和营销组合方面模仿领导者。它们并不进行任何创新，有时成为“伪造者”，甚至模仿领导者生产出“赝品”。

(2) 有限模仿者。从领导者那里借鉴了一些东西，但仍然在包装、广告、定价等方面与之保持一定距离。

(3) 改进者。改进者对领导者的产品进行学习和改进，甚至使它们有所提高。

四、市场补缺者策略

（一）市场补缺者

在整个市场上占有较低份额的公司可以通过灵活巧妙地拾遗补阙、见缝插针，从而实现高额利润。

市场补缺型公司应充分了解目标顾客群，能够比其他公司更好、更完善地满足消费者的需求。

（二）理想的补缺市场的特征

(1) 该市场具有足够的规模和购买力，能够盈利。

(2) 该市场具备发展的潜力。

(3) 强大的竞争者对该市场不屑一顾。

(4) 公司具备所必需的能力和资源以对这个市场提供优质的服务。

(5) 公司已在顾客中建立了良好的声誉，能够以此抵挡强大竞争者的入侵。

（三）市场补缺者的专业化选择

(1) 最终用户专业化。为某一类型的最终用户提供服务。如某些法律事务所，专门为机场建设提供法律服务。

(2) 垂直专业化。为处于生产、分销过程中的某些纵向相关层次提供服务。如铜制品公司可以专门生产铜、铜部件或铜制品。

(3) 特殊顾客专业化。公司可以专门向一个或几个大客户销售产品。

(4) 地理市场专业化。只在全球某一地点、地区或范围内经营业务。

(5) 产品专业化。只经营某一种产品。比如在实验设备行业中，某公司只生产显微镜或显微镜镜头。

(6) 加工专业化。只为订购客户生产特制产品。

(7) 服务专业化。向大众提供一种或数种其他公司所没有的服务。比如招商银行的一网通。

(8) 销售渠道专业化。只为一类销售渠道提供服务。比如饮料公司只为加油站提供一种大容器包装的软饮料。

(9) 市场补缺者的任务。市场补缺者要完成三个任务：创造补缺市场、扩大补缺市场、保护补缺市场。企业应该意识到补缺市场也不是一劳永逸的市场，必须不断地进行拾遗补阙，开辟“多头补缺市场”要比局限于“单一补缺市场”好得多。

课堂测试

销售竞争策略具体有哪些？

课堂延伸

某皮鞋公司的销售策略

某皮鞋公司在经营上常出别人不敢轻易尝试的新招，并能取得意想不到的成绩。一天，某皮鞋公司门口，挂出了“不二价”的特大招牌。所谓“不二价”即不还价。这在当时可谓风险冒得太大。因为人们买东西，即使打心眼里喜欢某物，也还要还点价，否则就觉得吃了亏。人们已形成观念：买东西照标价付钱是最傻不过的。久而久之，厂商们索性把售价提高两倍左右，以便还价后的价格也好让买卖双方都满意。某公司实施“不二价”不久，很多顾客对某双皮鞋非常中意，可就是由于根深蒂固的“怕吃亏”心理，总觉得照标价付钱亏了，使许多眼见成交的生意吹了。某皮鞋公司品牌皮鞋遇到了历史上最冷清的时期。许多职工抱怨：“创什么新，干脆恢复原先的做法，制定虚泛价格，来满足顾客捡便宜的心理。”公司老板听到职工们的抱怨，便说：“以我多年经营皮鞋的经验来看，此次打出‘不二价’新招，是有点令人发寒；但从价格上看，公司售价是依据皮鞋质料、做工、市场状况而确定的，且比别人的标价低一半，没有亏待顾客。”经再三权衡，他认为顾客会货比数家，再来某公司购买的。他决定再挺一阵子。果然不出老板所料，时隔不久，某皮鞋公司门庭若市，许多顾客到可以讨价的商店购买，打折后，皮鞋价格往往更高。因此，顾客们纷纷回头光顾某皮鞋公司。“不二价”的真正用意总算被顾客了解并接受了。职员们愁眉锁眼的脸上也露出了笑颜。许多厂商看到某皮鞋公司的成功，纷纷效法，渐渐地搞起了“不二价”和公开标价。

训练营

训练任务——销售竞争策略研讨

【任务目标】

帮助学生掌握销售竞争技巧。

【任务内容】

(1) 每个小组成立销售竞争研讨会。

(2) 小组成员分成两部分，一半同学负责撰写稿件，准备问题，布置会场；另外一半同学作为汇报员，参与汇报。

【任务要求】

(1) 每个小组需要制作一张海报，用彩笔、剪刀、海报纸制作。

(2) 每个小组需要准备若干题目，并且准备好备选答案。

(3) 教室需要桌椅可以灵活搬动，小组根据需要布置会场。

(4) 销售竞争研讨开始后，要求每组有同学负责会场秩序和拍照，摄影。

(5) 准备时间为 10 分钟。

【任务组织】

模拟销售竞争训练任务组织表如表 6-3 所示。

表 6-3 模拟销售竞争训练任务组织表

活动项目	具体实施	时间	备注
模拟销售竞争训练	(1) 假设全班有 48 人，将学生分成 8 个小组，每个小组 6 个人。 (2) 8 个小组进行模拟销售竞争研讨训练，然后分别汇报销售竞争结果。 (3) 组织学生讨论销售竞争过程中遇到的问题。	30 分钟	教室中桌椅灵活可动、分组资料(公司名称、人员安排)、海报制作

【任务评价】

模拟销售竞争训练任务评价表如表 6-4 所示。

表 6-4 模拟销售竞争训练任务评价表

评价指标	评价标准	分值	评估成绩	所占比例
模拟销售竞争情况表演情况效果	1. 销售竞争研讨中理解销售竞争的技巧和流程	20		70%
	2. 能灵活运用销售竞争的方法	20		
	3. 能解决在销售竞争中遇到的问题	20		
	4. 遵守活动时间	10		
	5. 表述清晰	10		
	6. 效果明显	10		
	7. 活动评估	10		
教学过程	出勤、态度热情	100		30%
小组综合得分				

任务三 销售核心竞争力

故事导入

小米的销售核心竞争力

一、高性价比的智能硬件

小米致力于将产品定位在广大用户可接受的价位，以确保广泛的接受程度及高留存水平。这句话简单来说就是高性价比，目前小米的收入大部分仍来自智能手机（约占68%）。

但小米通过投资和管理建立了由超过210家公司组成的小米生态链，连接了超过1亿台设备（不包括智能手机及笔记本电脑）。小米主要投资对象为充电宝、智能手环、插线板等效率不高、触达用户能力不强的企业或市场，将这些企业或市场进行收编与整合，推出更多高性价比的产品。

二、高效新零售

小米一直专注于产品的在线直销，以达到最大效率，并与用户建立直接的数字化互动关系。2016年，由于智能手机销量下滑，电商直营模式不再吃香，小米迅速转型在全国各地的大型商场设立直营店。2017年销量再次上升，小米在实行线上线下同品同价的同时，保持了与线上渠道相似的运营效率，并且透过小米生态链的产品，增加产品种类，提高用户购买频率（低频变高频）。

三、丰富的互联网服务

小米通过提供互联网服务让其用户拥有完整的移动互联网体验。互联网服务营收占比虽不到10%，但毛利率高达60%～65%。互联网服务是小米主要的利润来源。2018年3月，小米自有操作系统MIUI拥有大约190万月活跃用户。小米开发了38个月活跃用户超过1 000万的应用程序和18个月活跃用户超过5 000万的应用程序，例如小米应用商店、小米浏览器、小米音乐和小米视频等。通过小米的互联网服务，可以增加用户黏性，带来新的变现机会。

教师启发：销售核心竞争力就是企业的“护城河”，每家企业都应该有销售核心竞争力。

课前提问：你认为企业应当具备哪些销售核心竞争力？

相关知识点

一、核心竞争力

核心竞争力理论是当代经济学和管理学相互交融的最新、最高成就之一，“核心竞争力”这一术语首次出现在 1990 年，是由美国经济学家普拉哈拉德和哈默（Prahalad & Hamel）在《哈佛商业评论》上发表的文章中提出的。他们指出：“核心竞争力”是在某一组织内部经过整合了的知识和技能，是企业在经营过程中形成的不易被竞争对手效仿的、能带来超额利润的、独特的能力。

“核心竞争力”可以更详细地表达为：是企业长期形成的，蕴含于企业内质中的，企业独具的，支撑企业过去、现在和未来的竞争优势，并使企业长期在竞争环境中能取得主动权的核心能力。

二、销售核心竞争力概述

（一）销售核心竞争力的含义

企业销售核心竞争力是指企业整体拥有的，决定企业持久开拓市场、增加销售额和创造利润情况的能力。

（二）培养销售核心竞争力的措施

（1）实行整合销售战略，构建集成化的销售网络。

（2）加强销售队伍的建设，提高团队销售能力。

（3）实行战略联盟，加强与客户的合作。

（4）制定顾客锁定策略。

（5）建立互动式的电子化销售服务体系。

（三）核心竞争力的构建方法

（1）企业的规范化管理。企业的规范化管理也是基础竞争力的管理。

（2）资源竞争分析。通过资源竞争分析，明确企业有哪些有价值的资源可以用于构建核心竞争力，具体应该怎样运用。

（3）竞争对手分析。对竞争对手的分析能够让企业知道自己的优势和劣势，企业平时要注意收集竞争对手的信息和市场信息，及时掌握对手的动态。

（4）市场竞争分析。对市场的理解直接影响到企业的战略决策。

（5）无差异竞争。无差异竞争是指企业在其他方面都不重视，只强调一项，那就是价格，也就是打价格战。很多企业经常使用这种竞争方法，可是事实上，有实力、有基础的大企业轻易不用这一方法。

（6）差异化竞争。差异化竞争与无差异竞争相反，是指企业不依靠价格战，而是另辟蹊径，出奇招取胜。

（7）标杆竞争。标杆竞争就是找到自己有哪些地方不如竞争对手，在超越竞争对手的时候设立标杆，每次跳过一个标杆，再设新的标杆，这样督促自己不断进步。

（8）人力资源的竞争。人力资源的竞争直接关系到企业的核心竞争力，尤其是在 21 世纪，人才最重要，企业必须重视人才、培养人才、留住人才。

（四）核心竞争力的内容构成

（1）具备创新的技术。企业是否具备创新技术往往对其发展有着决定性作用。技术创新要求实现的是产品的功能性、独特性以及超越行业平均水平的尖端性。这种优势的技术，会为企业带来超过普通企业的客户关注度以及市场广泛度。

（2）具备创新能力的人才。即便在信息时代，各种智能化设备的出现大大降低了对人力资源的要求，但是具备创新能力的人才依旧是这个时代不可多得的财富。因为创新技术最终也必须是有创造才能的人才来完成开发设计，所以创新人才始终是一个企业能否引领行业潮流最重要的因素，它是企业构建核心竞争力的必要条件。

（3）优秀的企业文化。企业文化同样属于抽象意识的范畴，与一些生产要素相比，企业文化的价值往往很难被评判。尽管如此，在现代化的企业制度中，企业文化的地位却是被普遍认可和尊重的。这是因为一个企业的文化内涵影响着企业的管理工作、人才队伍建设水平等较为具体的方面。当前，一个企业是否具备优秀的文化，已经不再是企业内部员工重视的问题，越来越多的消费者在选择产品时，会考虑企业的文化。这是因为，一个有着优秀文化内涵的企业，会在社会责任承担、质量安全等方面获得消费者的信任，这是企业建设重要的软实力。

（4）品牌影响力。品牌是市场竞争加剧的产物，越来越多的企业重视品牌战略的打造。在商品高度趋同的今天，消费者已经很难从使用价值的层面来判断究竟哪一种产品是满足自己需要的，使用价值已经成为一种较低层次的需求。品牌是一个企业的产品区别于其他企业产品的重要标志，它也是表示企业文化、价值、特色的符号。在现代社会，品牌影响力意味着财富的积聚程度，拥有广泛影响力、口碑良好的品牌对企业的发展有着至关重要的作用。品牌的建立是一条漫长积累的道路，但是毁灭品牌却是朝夕之间的事，所以，品牌影响力的打造，需要企业长期的坚持。

课堂测试

培养销售核心竞争力的措施有哪些？

课堂延伸

海尔的销售核心竞争力

海尔集团于1984年创立于中国青岛，现任董事局主席、首席执行官张瑞敏是海尔的主要创始人。截至2009年，海尔集团在全球建立了29个制造基地，8个综合研发中心，19个海外贸易公司，全球员工超过6万人。2009年，海尔集团全球营业额实现1 243亿元（182亿美元），品牌价值812亿元，自2002年以来连续8年蝉联中国最有价值品牌榜榜首。创业39年来，海尔集团坚持以创业和创新精神创世界名牌，已经从一家濒临倒闭的集体小厂发展为全球拥有7万多名员工、2011年营业额1 509亿元的全球化集团公司，稳居中国企业500强前列。海尔已跃升为全球白色家电第一品牌，并被美国《新闻周刊》网站评为全球十大创新公司。海尔集团完成如此华丽的转变并取得如此骄人的业绩，是因为海尔集团在发展中形成了坚不可摧的企业核心竞争力。

一、海尔的创新竞争力

（一）研发战略

在世界公认的名牌企业所具备的要素中，技术是创新最重要的要素之一。技术是名牌的计量，世界上所有的名牌均以独创性闻名于世。技术主要是依靠企业和实验室的研发和对市场的把握。唯有市场才能决定企业的生死存亡。正因为如此，海尔提出：“买家开发先于市场开发，市场开发先于产品开发。”

1. 企业家是海尔创新的发动机和灵魂

以张瑞敏为代表的海尔领导人制定了海尔的技术创新目标——创世界名牌。只有质量过硬、性价比合适，才能够赢得市场、创立名牌。

2. 海尔创新的主要制度——市场链

海尔的市场链就是在集团的宏观调控下，把原来单纯的行政机制转变为平等的买卖关系和契约关系，通过这些关系把外部市场订单转变为一系列内部市场订单，形成以订单为中心，上下工序和左右岗位之间互相咬合，自行调节运行的业务链，也就是“市场链”。

3. 市场工资是市场链的支点

海尔的市场链中把全体员工变为经营者和创新者支点的就是利益。海尔在利益方面处理得恰到好处，使企业利益和员工利益、企业发展和员工发展有机融合在一起，是中国乃至世界企业学习的样板。

（二）物流模式创新

海尔的物流创新模式是海尔制胜的强大武器，也是海尔核心竞争力的重要表现，具体表现在：

（1）海尔的“一流三网”。“一流”是指订单信息一流，“三网”是指全球供应链资源网、全球用户资源网和计算机信息网。海尔利用计算机互联网为企业商流、物流、信息流服务，实现了三者的精巧结合。

(2) 海尔的"购运存"。海尔利用互联网的优势，将客户管理、满足用户个性化需求和物流创新结合起来，这样能够引领海尔客户关系不断改进，成倍增效应扩大海尔产品的销售量，大大提高了海尔的无形资产。

(3) 海尔物流模式实现的条件。海尔物流模式涉及业务流程再造、质量战略、组建供应链、供应链的管理、互联网支撑的物流信息管理等多个方面。

(三) 企业文化创新

张瑞敏曾说："企业发展的灵魂是文化，海尔过去的成功是观念和思维方式的成功，这便是文化在企业发展中的地位和作用。"

1. 企业的灵魂

海尔的价值观只有两个字——创新。多年来，海尔一直致力于企业文化的建设，海尔企业文化包括以下几个最重要的方面：(1) 企业员工的责任感和主动性；(2) 持续进步和不断创新的可能性；(3) 对客户需求的满足。

2. 企业文化建设

海尔集团中有一个很重要的管理部门，即企业文化中心。这个部门主要负责运营品牌，利用自己的无形资产，并输入文化和管理。把海尔的模式进行复制，用无形资产盘活有形资产，从而积累企业竞争实力，是海尔的一大法宝。

二、海尔提升企业核心竞争力

(一) 流程再造

要想搞信息化，组织流程必须要改变，把原来的直线职能式管理改成全部直接面对市场。

在海尔的市场链流程图上，第一个大圈是全球供应商资源。通过互联网可以在全球范围内找到最好的供应商，分销商也可以去满足客户的需求，物流把全集团的资源整合起来，找到最好的供应商。第二个大圈是产品制造部门，包括ODM、OEM。第三个大圈是全球用户的资源，寻求有价值订单。实际上是否采购、是否生产关键是看是否拿到订单，原来职能关系的各部门全部变成市场关系，像设计、全面质量管理等，全是直接为用户服务的。

进行流程再造前，海尔各产品事业部的车间要维修的设备必须层层上报，从事业部长开始层层批准，逐级分解，而且维修人员修得越多，工作效果就越好。再造后，设备事业部与生产车间之间是市场关系，目标是零停机，设备事业部必须提前维护设备，预防问题的发生，否则生产车间按设备停机的时间向设备事业部索赔。

在企业的外部，从纵向的角度，上游就是分销商，下游就是客户，过去分销商和企业的关系就是讨价还价，分销商希望给企业供的货能得到更高的价格，企业则希望货的价格降得更低，现在分销商整合到一起，联合起来共同满足用户的需求。

(二) 速度制胜，直接感受和满足用户的需求

海尔从得知用户的需求到生产出满足用户的产品，是输入输出的过程。输入用户的需

求或用户的不满意，输出的一定是用户的满意。他们把技术开发人员叫作“型号经理”，你为哪一个型号设计，就负责到底，所有其他的都支持你的流程，比如型号经理在市场上得知几个部位需要改动，要一票到底地满足用户需求，海尔外部叫作“一站到位”的服务，内部叫作“一票到底”的流程，就是从设计、开发到销售都是一个人负责到底。

（三）全员经营

要做到全员经营，必须每个人与市场零距离，即每个人都要成为经营者，成为 SBU。

海尔市场链的一个中心思想是每个人都成为经营者。一个企业的经营情况主要体现在三张表上：资产负债表、利润表、现金流量表。现在把这三张表转化到每个人身上，三张表的内容合到一张表上，叫 SBU 经营效果兑现表，经营收入要看现金流量表。不是每个人发张表就行了，而是要每个员工都有创新的精神，把员工的自身价值体现在为用户创造价值上。只有为用户创造了价值，才能体现员工自身的价值。

训练营

训练任务——销售竞争辩论赛

【任务目标】

帮助学生熟悉和运用销售竞争的相关知识。

【任务内容】

(1) 将班级划分为几个辩论小组。

(2) 发布辩论主题，分布正反方；给学生一定的时间进行准备分工以及收集资料，在课堂上开展销售竞争主题的辩论赛。

【任务要求】

(1) 每个小组需要准备辩论稿，制定大致策略和思路。

(2) 每个小组需要准备若干问题向对手提出，并且准备好应对的问题。

(3) 教室需要桌椅可以灵活搬动，小组根据需要布置辩论会场。

(4) 辩论开始后，要求每组有学生负责会场秩序和拍照，摄影。

(5) 活动结束后，各组要认真总结辩论情况，要求每组选出一名代表在课堂上叙述活动过程。

(6) 教师进行点评，并进行教育。

【任务组织】

销售竞争辩论赛训练任务组织表如表 6-5 所示。

表 6-5 销售竞争辩论赛训练任务组织表

活动项目	具体实施	时间	备注
销售竞争辩论赛	(1) 假设全班有 48 人，将学生分成 8 个小组，每小组 6 个人。 (2) 由教师决定辩论主题并分配正反方，给予足够的准备时间。 (3) 8 个小组分别进行辩论，最后总结汇报。 (4) 组织学生讨论辩论过程中遇到的问题，并进行进一步教育。	30 分钟	教室中桌椅灵活可动、分组资料

【任务评价】

销售竞争辩论赛训练任务评价表如表 6-6 所示。

表 6-6 销售竞争辩论赛训练任务评价表

评价指标	评价标准	分值	评估成绩	所占比例
销售竞争辩论赛表演情况效果	1. 在辩论中理解辩论的技巧和流程	20		70%
	2. 能灵活运用本任务学到的知识	20		
	3. 能解决在辩论中遇到的问题	20		
	4. 遵守活动时间	10		
	5. 表达得当	10		
	6. 遵守规则	10		
	7. 活动评估	10		
教学过程	出勤、态度热情	100		30%
小组综合得分				

任务四 销售道德伦理

故事导入

销售道德伦理之三鹿奶粉事件

一、案件概述

从 2008 年 3 月开始，三鹿集团陆续接到一些婴幼儿食用三鹿婴幼儿奶粉后患泌尿系统结石病的投诉。8 月初，经专家鉴定，三鹿公司涉嫌问题奶粉中有大量致肾病的三聚氰胺，并未对外公布。9 月，三鹿集团向消费者宣称已委托甘肃省质量技术监督局对本公司产品进行检验，结果显示符合国家的各项质量标准。直到 2008 年 9 月 13 日，卫计委把"三鹿牌婴幼儿配方奶粉"事故定性为一起重大的食品安全事故时，三鹿集团仍未就此事向社会民众、媒体以及政府做出合理解释。随后，三聚氰胺事件成为2008年家喻户晓的事件，企业的社会责任问题被人们提到了首要位置。

二、评论分析

问题：

综观任何健康的社会，经济水平可有高低之分，各种职业也可有不同的特点，但不管从事哪一类职业的人，都需在本职业范围内具备职业道德。

"三鹿奶粉"事件向全社会发出了预警信号。道德是一切制度运行的社会土壤，在一个国家的文明框架中，道德与法律唇齿相依，缺一不可，必须做到依法治国与以德治国并举。在我们完善社会主义市场经济、推进现代化的进程中，一刻也不能放松道德建设。只有在全社会深入开展社会主义荣辱观教育，大力加强公民道德、职业道德、企业道德、社会道德建设，在全社会形成诚信守法的良好环境，才能有效构筑牢固的社会文明防线，全面推进经济社会的科学发展。诚信就是社会契约的前提，道德就是商业文明的基石。作为人们共同的行为准则与规范，道德就是构成社会文明的重要因素，也就是维系和谐人际关系、良好社会秩序的基本条件。我们放心走路，就是因为我们相信车流会在红灯前停下来；我们安心睡觉，就是因为相信屋顶不会无缘无故塌下来。没有这种基本信任，社会就不可能正常运行，市场经济的基本秩序也就无法存在。

教师启发：三鹿奶粉事件中关系道德伦理问题综合起来有几个方面：企业与政府之间的伦理关系；相互竞争的商业企业之间的伦理关系；企业与消费者之间的伦理关系；企业、消费者及政府之间的伦理关系。

(1) 任何一个企业都应该合法经营，这也是企业与政府间最基本的伦理关系。而三鹿集团显然违背了这一条最基本的准则。三聚氰胺是国家明令禁止的有毒物品，但三鹿集团仗着其作为国家免检产品而肆意妄为，使用过量的三聚氰胺以致危害到消费者的利益。同时，国家有权利以及义务监督企业的商业行为是否合法。

(2) 企业与消费者之间存在着信任的问题。企业诚信是其在社会立足的根本所在，也是企业经营成败的关键。三鹿集团违背了最基本的诚信原则，欺骗消费者，极大地损害了消费者的利益。

课前提问：销售道德伦理都包括哪些内容呢？

相关知识点

一、销售道德伦理的本质

销售伦理乃是企业管理伦理的一部分，它服从和服务于整个社会的伦理。销售伦理是营销主体在从事营销活动中应具有的基本的道德准则，即企业营销活动是否符合消费者及社会的利益，能否给广大消费者及社会带来最大幸福的一种价值判断标准。企业与消费者和社会的关系，最主要的是经济关系，直接表现为某种利益关系。这种关系的正确处理，除依靠法律外，还需要正确的伦理观念指导。

销售伦理涉及企业组织和营销人员两个层次。一方面，从企业这个主体看，现代企业处于一个复杂的社会大系统中，企业的经营行为在相当程度上是通过营销活动表现出来的。另一方面，从营销人员的行为看，他们在营销活动中代表了企业行为，即销售伦理由营销活动中的个体表现出来。反过来，消费者及社会公众则是通过企业营销行为来判断其是否符合法律规定和社会道德要求。

二、销售道德伦理的必然性

按照企业销售伦理的要求进行营销活动，可以使企业做到义利兼顾，谋利而不失义。义利兼顾是现代市场经济发展的必然要求。企业只有遵循销售伦理的要求，才能在尽到自己社会责任的同时获得应有的利润。因此可以说，销售伦理是企业营销的必然要求。

三、销售道德伦理的影响因素

（一）外部因素

外部因素主要有市场因素、文化因素及政府因素。市场因素如一些企业在市场供不应求、产品不愁销路时，就会凭借其对某些产品的垄断地位，采用某些非经济手段参与市场竞争，而很少考虑社会及消费者的利益。当今，各种文化交融在一起，对企业经营理念及企业文化会产生复杂的影响，从而影响企业销售伦理。政府因素主要包括政府立法调控体系是否健全，政府对企业违法及违德行为采取何种态度等。如果政府立法完善、执法有力，就会对企业形成一种外在的压力，使之不敢违规。反之，政府立法不全、执法不严，则必然给某些企业违法与违德行为以可乘之机，加剧及扩大企业的非道德行为。

（二）内部因素

内部因素如领导者的经营理念、企业文化及企业职工素质等。企业领导者是企业的人格化，是企业的头脑和心灵，其个人理念必然会融入企业经营决策中。如果领导者具有正确的经营理念，在制定营销决策时，就能既考虑企业的利润目标，又考虑消费者及社会的利益，而体现出企业营销决策的道德性。反之，如果企业领导者片面追求利润最大化而损害社会与消费者利益，营销决策必然会偏离道德的轨迹。企业文化是直接影响企业销售伦理的重要内部因素。企业文化制约着营销决策的动机，规范着营销决策的内容，对营销决策的实施也起着不可忽视的作用。另外，企业职工素质的高低对企业营销伦理水准有极大影响。许多企业发展的事实表明，企业职工的文化、业务及思想素质高低同企业营销道德水准呈正相关的关系。

上述表明，制约企业销售伦理水准的因素有很多，这些因素对营销伦理的作用不是孤立发生的，它们相互联系、彼此渗透而交融在一起共同起作用。要提高我国企业营销伦理水准，必须不断完善外部因素与内部环境。一是借助企业外部的社会压力，如法律的、社会道德的、社会舆论的等，主要起促进作用；二是来自企业内部的自我压力，即自我约束力，主要起规范作用。在二者的共同作用下，企业才能建立和维持一定的营销伦理水平。

课堂测试

如何看待销售道德伦理与诚信经营？

课堂延伸

诚信经营成就平价美味

“超意兴”品牌自创业伊始，便致力于传承弘扬鲁菜饮食文化，挖掘地方传统名吃，主打产品“把子肉”“四喜丸子”等被中国烹饪协会评为“中华名小吃”“中华名菜”，特色产品“五香酱豆腐”“五香面筋”“老济南甜沫”等被评为“山东名小吃”“济南名优风味小吃”等。

“超意兴”快餐品牌由淄博市商务局于2012年3月由济南市引进，并于2014年5月成立淄博超意兴餐饮管理有限公司对淄博各分店进行独立服务管理，是“淄博市放心早餐工程示范单位”“淄博市饭店业协会理事单位”，先后获2012年淄博市特色餐饮店、2013年淄博市优秀餐饮店、2015年度文明诚信示范民营企业、2019年战疫情促发展突出贡献企业等荣誉称号。连续八年被山东省糖酒会组委会指定为供餐合作单位。2020年首届淄博青岛啤酒节、2020年麦田音乐节指定为供餐合作单位。经过8年的精心耕耘，截至目前，淄博超意兴餐饮管理有限公司已经发展了39家分店，管理服务员工400余人，范围辐射淄博市多个区县。

作为首批淄博市政府放心早餐示范企业，超意兴快餐始终把食品安全放在心上，并将“采购优质的原材料，不人为添加食品添加剂，精心烹制美味可口的菜品，平价销售给顾客”的经营理念带到淄博，让老百姓5元就能吃好一顿早餐，10至15元就能吃好一顿午餐或晚餐，极大地满足了市民对中式快餐的需求。

为保证顾客的利益，诚信经营，做好良心、放心、健康餐饮，超意兴在原材料进货及加工配送中的每个环节都严格把关，真正做到不合格的原材料不购买，不合格的蔬菜不配送，不合格的产品不销售，并与供货单位全部签订了安全供货协议书及承诺书。同时，在各分店宣传栏进行了公告。淄博超意兴餐饮管理公司的所有熟食由济南总公司统一配送，确保主打产品的卫生和新鲜。各类蔬菜提前一天进行统一购买，坚决不购买腐败、变色、有异味的蔬菜，确保蔬菜的卫生新鲜。产品销售制定了 12 小时、24 小时、36 小时销售制度，切实保证了销售产品的口感和质量。

淄博超意兴餐饮管理有限公司热心社会公益事业、感恩回报社会。每逢端午节、腊八节、元宵节主动为社区居民、环卫工人送粽子、送腊八粥、送元宵；2016 年 5 月积极对接张店区环卫局，在张店城区依附超意兴快餐连锁店设立了 14 家环卫工人休息点，免费为环卫工人饮水、休息提供方便，常年为环卫工人提供免费粥，用实际行动回报社会。

淄博超意兴餐饮管理有限公司在自身健康发展的同时，为广大农村来城务工人员提供了广阔的发展平台，许多农村来的有志青年经过几年锻炼，从普通的服务员晋升为各店的店长、厨师长、助理、主管，收入明显增加，生活大幅度改善。为菏泽、济宁、莱芜等地区近 300 多名农民工在淄博就业提供了广阔的发展平台，帮助近几十名农民工在淄博安家落户。

训练营

训练任务——团队销售道德伦理话剧表演

【任务目标】

帮助学生掌握销售竞争道德伦理相关知识。

【任务内容】

（1）每个小组成立剧组。

（2）小组成员分成两部分，一部分同学负责演绎，另一部分负责后勤工作，参与互评，布置会场。

【任务要求】

（1）每个小组需要制作一张海报，用彩笔、剪刀、海报纸制作。

（2）每个小组需要制定评分标准。

（3）教室需要桌椅可以灵活搬动，小组根据需要张贴海报、布置会场。

（4）开始后，要求每组有同学负责会场秩序和拍照，摄影。

（5）活动结束后，各组要认真总结情况，要求每组选出一名代表在课堂上叙述活动过程。

（6）准备时间为 10 分钟。

【任务组织】

团队销售道德伦理话剧表演任务组织表如表 6－7 所示。

表 6－7　团队销售道德伦理话剧表演任务组织表

活动项目	具体实施	时间	备注
团队销售道德伦理话剧表演	(1) 假设全班有 48 人，将学生分成 6 个小组，每个小组建立一个剧组。每个剧组 8 个人。 (2) 每组中 4 人作为表演方；另外 4 人负责后勤工作并参与互相评分。 (3) 6 个剧组同时进行销售道德伦理话剧表演，然后分别汇报结果。 (4) 组织学生讨论表演过程中遇到的问题。	30 分钟	教室中桌椅灵活可动、分组资料（公司名称、人员安排）、海报制作

【任务评价】

销售道德伦理话剧表演任务评价表如表 6－8 所示。

表 6－8　销售道德伦理话剧表演任务评价表

评价指标	评价标准	分值	评估成绩	所占比例
销售道德伦理话剧表演情况效果	1. 在销售道德伦理话剧表演中理解招聘的技巧和流程	20		70%
	2. 能灵活运用招聘的方法	20		
	3. 能解决在招聘中遇到的问题	20		
	4. 遵守活动时间	10		
	5. 表演真实	10		
	6. 效果明显	10		
	7. 活动评估	10		
教学过程	出勤、态度热情	100		30%
小组综合得分				

超链接：德国安联保险集团

项目小结

销售竞争特点表现在：促销行为从间接到直接，销售终端成为促销的重点；销售由原来的只重价格战到价格战与非价格战并重；销售行为从内扩展到外，关系销售和战略联盟成为竞争的新形式；企业销售竞争从单一手段到多元手段，整合销售成为时代潮流。竞争策略包括市场领导者策略、市场挑战者策略、市场追随者策略和市场补缺者策略。“销售核心竞争力”是企业销售核心竞争力，是指企业整体拥有的，决定企业持久开拓市场、增加销售额和创造利润情况的能力。

项目练习

一、单项选择题

1. 随着（　　）的加剧，企业的销售方式开始向立体化、系统化和网络化方向进展。其特点是：企业利用一切可以使用的资源，包含人力、财力、物力、技术、服务、产品、组织关系等因素来为企业的销售服务。销售已从原来的只注重中间商扩展到零售商，从注重供应环节转为关注产品流通的全流程。

A. 市场竞争　　B. 市场领导者　　C. 市场挑战者　　D. 市场补缺者

2. 多数行业都有一家公司作为公认的（　　）。这一公司在相关的产品市场上占有最大的市场份额，并在价格变动、新产品开发、分销覆盖和促销力度等方面均领导其他公司。

A. 市场竞争　　B. 市场领导者　　C. 市场挑战者　　D. 市场补缺者

3. （　　）在所在行业中位居第二、第三或更靠后的公司，可称为追赶公司。这些公司有两种策略可供选择，要么向市场领导者和其他竞争对手发起猛攻，以夺取更大的市场份额；要么小心谨慎，维持原状，以免自身难保。

A. 市场竞争　　B. 市场领导者　　C. 市场挑战者　　D. 市场补缺者

4. （　　）是在整个市场上占有较低份额的公司，可以通过灵活巧妙地拾遗补阙、见缝插针，从而实现高额利润。

A. 市场竞争　　B. 市场领导者　　C. 市场挑战者　　D. 市场补缺者

5. 企业（　　）是指企业整体拥有的，决定企业持久开拓市场、增加销售额和创造利润情况的能力。

A. 销售核心竞争力　　B. 市场领导者

C. 市场挑战者　　D. 市场补缺者

二、简答题

1. 销售竞争的特点有哪些？
2. 市场领导者策略有哪些？
3. 市场补缺者有哪些专业化选择？
4. 培养销售核心竞争力的措施有哪些？
5. 销售核心竞争力的内容构成有哪些？

三、案例分析题

万科捐款事件

一、案例概要

2008 年 5 月 12 日汶川地震发生后，万科集团总部捐款 200 万元，万科员工的捐款合计 20 万元左右。就是这 220 万元的捐款，让万科及其集团董事长王石在全国人民爱心涌动，企业界动辄千万元、上亿元的捐款面前成为被质疑的对象。从反应速度来讲，万科走在了前面，但从数额上来看，万科却走在了其他企业的后面。

而王石的强硬表态和“10 元之说”更是很快在网上掀起声讨浪潮，很多网友认为“万科没有负担起企业责任”“万科在我们心中一落千丈”。而在资本市场，万科股份从 15 日至 20 日大跌。地产龙头万科遭遇了前所未有的品牌危机。

二、背景研究

首先我们来了解一下这场危机公关的主体——万科地产集团的背景：万科，作为房地产企业的第一品牌，因它所倡导的企业公民意识和在全国房地产市场的攻城略地，一直是媒体的宠儿。2007 年，万科销售额排名第一，超过 523 亿元，净利润超过 48 亿元，此次捐赠的善款仅占净利润的万分之四。而万科 2007 年的年报显示，万科职员合计 16 464 人。根据其报表中的管理费用超过 17.63 亿元，进行平摊，每人年均收入超过 10 万元。而若以此次万科员工捐款进行分摊，平均每人约 12 元。

而王石，作为一个明星企业家，以做“减法”闻名于财经界，以登山的特立独行成为广告模特，更以“拐点”“三年不买房”论成为地产界的代表人物。作为集团董事长的王石在其博客中表态说：“200 万是个适当的数额。中国是个灾害频发的国家，赈灾慈善活动是个常态，企业的捐赠活动应该可持续，而不应成为负担。万科对集团内部慈善的募捐活动中，有条提示：每次募捐，普通员工的捐款以 10 元为限。其意就是不要让慈善成为负担。”此回应立刻遭到网民的一致批评与指责。不少人甚至自发组织“抵制购买万科住宅、抵制持有万科股票”的活动。

一直是正面、积极、健康、负责的万科及万科品牌的形象代言人王石，在汶川地震后，也像地震中的房屋一样，在公众中的形象轰然倒塌。在以天涯为代表的网络论坛中，各路人等口诛笔伐，进而引发包括代表官方意见的人民网、新华网甚至纸媒的跟进，其中绝大多数文字表达了对万科及王石的谴责。

三、案例跟踪

5 月 12 日，汶川地震当天，万科集团决定向灾区捐款 200 万元。

5 月 15 日，王石在其博客中写道“200 万是个适当的数额”，并规定“普通员工限捐 10 元，不要让慈善成为负担”。一时间，网民的质疑、不满、嘲讽、谩骂遍布各大网络论坛，连万科的员工也对王石的“捐款负担论”表示出强烈的反感。

5 月 15 日到 20 日，万科股价大跌，6 个交易日内公司市值蒸发了 204 亿元。

5 月 16 日，处于舆论风口浪尖的万科在完成对集团当地项目结构评估之后，由董事长王石带领国内结构专家队前往都江堰勘测灾后建筑情况。

5 月 17 日，万科的工作人员分成两路，一路与抗震结构专家及房屋鉴定专家前往北川考察灾后房屋状况；另一路出发向绵竹市遵道镇运送赈灾物资。

5 月 18 日，万科派出 45 名员工护送赈灾物资前往绵竹县遵道镇，同时约有 110 名工人一同前往灾区进行帐篷搭建。

5 月 20 日，万科员工不满王石的言论："我们没有低于百元的捐款。"

5 月 20 日，万科抢到"灾后重建第一单"。

5 月 20 日，万科关于参与灾后重建董事会公告全文。

5 月 21 日，迫于舆论压力，王石不得不就"捐款门"事件公开道歉，万科公司也随即提出捐助 1 亿元重建灾区资金的方案。

5 月 23 日，万科声明：无偿参与灾区重建，不回收任何成本。

5 月 24 日，网曝万科 1 亿元"善款"存变数，万科品牌管理部回应"现在只做不说"，"抗震救灾中花了多少钱，钱怎样花，随后会逐一公告"。

5 月 26 日，万科集团向各大媒体发布了其抗震救灾工作情况介绍，其中详细记录了王石及万科在抗震救灾过程中做的事情。

四、公关措施

（一）利用互联网与社会公众沟通

在危机发生初期，王石脱离了自己的团队，单枪匹马，把个人博客、凤凰卫视作为自己的发言舞台，或挑战网友的指责，或公开表示道歉，充分显示了王石一贯的"敢言能言"的作风。但是，"敢说能说"的王石未顾及企业利益，严重低估了个人意见挑战公众道德底线的后果；当网络负面评价甚至指责、谩骂延续开来时，王石依然是孤军奋战，个人出面道歉。这样的行为无疑高估了自己的力量以及低估了此次"捐款门"危机给自己和企业带来的负面影响。面对突发事件时，这样未经深思熟虑的个人行为无疑是不明智并且彻底失败的。

（二）通过新闻媒体等公开道歉

当万科"捐款门"的危机扩大到"全民参与声讨"阶段的时候，作为组织的企业才姗姗来迟，仓促地召开董事会并讨论决定参与灾后重建，紧接着向社会公众告知全文。再然后，董事长王石接受新闻媒体的采访，并就"捐款门"事件通过凤凰卫视进行公开道歉。但是，企业危机爆发的紧急性决定了危机发生时，争取第一时间、果断采取措施是战胜危机的关键因素，即在事态刚刚起步时道歉最合适。然而，整整一周后，王石和万科才做出回应，显然已经过了危机最佳修复时间。在这段时间里，舆论对王石和万科的不满已经全面扩大，此时道歉只能让公众认为万科是迫于压力的补救行为，对形象的补救成效不明显。

（三）从本职出发积极参与社会工作

我们可以了解到，一方面王石就该危机事件进行了公开道歉；另一方面，万科的工作人员积极深入地震灾区一线，积极参与灾后重建工作，而万科在最终也抢到了"灾后重建第一单”。万科作为一个地产集团，在灾后恢复中可以起到重要的作用，而在这方面，它也确实能够积极去参与灾后重建。尽管“第一单”很可能是危机出现后努力的结果，但不可否认，这样做对“补救形象”而言是有很大帮助的。

（四）自身发表声明

5 月 20 日，万科公司发布公告，宣布以纯公益性质参与四川地震灾区的临时安置、灾后恢复与重建，并以绵竹市遵道镇为重点，随即提出捐助 1 亿元重建灾区资金的方案。

但是，在突发事件出现后，能否合理运用各种方式、手段，迅速主动、真诚地与公众、媒体进行沟通，是能否有效控制局面、影响公众舆论、转变公众态度的关键。企业应本着“诚实”和“尊重公众感受”的要求，做好“危机沟通”。对于万科追加 1 亿元重建资金，多数公众质疑该 1 亿元“善款”存变数。这样的质疑恰是因为万科在公告细节上没有披露清楚。

其中存在许多值得商榷的细节，如“净支出额度人民币 1 亿元以内”，只有一个上限，无下限，没有具体数目；“将在未来 3 到 5 年内，根据实际需要逐年支出”，时间拉得较长，虽然客观上灾后重建确实非短期所能为。

请问：通过万科集团的“捐款门”事件，对于企业的危机，你可以得到哪些启示？

参考文献

[1] 戴维·乔布，杰夫·兰开斯特．销售与销售管理［M］．10版．李先国，焦腾啸译．北京：中国人民大学出版社，2020.

[2] 杰森·乔丹，米歇尔·法森那．99%的销售指标都用错了：破解销售管理的密码［M］．毛雪梅，译．北京：中国人民大学出版社，2017.

[3] 威廉·科恩，托马斯·德卡罗．销售管理［M］．10版．刘宝成，李霄松，译．北京：中国人民大学出版社，2017.

[4] 坦纳，霍尼克特，厄夫迈耶．销售管理［M］．陶向南，译．北京：中国人民大学出版社，2010.

[5] 拉尔夫·W. 杰克逊．销售管理［M］．李扣庆，译．北京：中国人民大学出版社，2001.

[6] 福特雷尔．销售管理：团队、领导与方法［M］．刘寅龙，译．北京：机械工业出版社，2004.

[7] 罗伯特·J. 卡尔文．销售管理［M］．周洁如，译．北京：中国财政经济出版社，2003.

[8] 查尔斯·M. 富特雷尔．销售学基础：顾客就是生命［M］．孟韬，译．大连：东北财经大学出版社，2011.

[9] 斯蒂芬·罗宾斯等．管理学［M］．刘刚，等译．北京：中国人民大学出版社，2017.

[10] 海特等．管理销售人员：一种关系管理方法［M］．张永伟，译．北京：中信出版社，2003.

[11] 安贺新．销售管理实务［M］．3版．北京：清华大学出版社，2019.

[12] 杜泉．销售管理［M］．2版．北京：中国人民大学出版社，2020.

[13] 汪秀英．销售管理学［M］．2版．北京：中国人民大学出版社，2019.

[14] 顾金兰，肖萍，尚德萍．销售管理［M］．3版．大连：东北财经大学出版社，2019.

[15] 范厚华．华为铁三角工作法：成就华为8900亿战绩的销售管理法则［M］．北京：中信出版社，2021.

[16] 陈涛，孙伟．销售管理［M］．北京：机械工业大学出版社，2016.

[17] 张晓娟，李桂陵．销售管理［M］．上海：华东师范大学出版社，2013.

[18] 任广新．销售管理——技能与实务［M］．北京：北京大学出版社，2013.